格隆／著

格隆廿年 投研札记

关于家国 关于投资

上／投资篇

上海财经大学出版社

图书在版编目(CIP)数据

关于投资　关于家国:格隆廿年投研札记 / 格隆著.
—上海:上海财经大学出版社,2019.6
ISBN 978-7-5642-2848-4/F·2848

Ⅰ.①关… Ⅱ.①格… Ⅲ.①投资－研究 Ⅳ.①F830.59

中国版本图书馆 CIP 数据核字(2019)第 101393 号

□ 责任编辑　刘　兵
□ 封面设计　格隆汇

关于投资　关于家国
——格隆廿年投研札记
格　隆　著

上海财经大学出版社出版发行
(上海市中山北一路 369 号　邮编 200083)
网　　址:http://www.sufep.com
电子邮箱:webmaster@sufep.com
全国新华书店经销
江苏苏中印刷有限公司印刷装订
2019 年 6 月第 1 版　2020 年 5 月第 8 次印刷

710mm×1000mm　1/16　37.25 印张　608 千字
定价:138.00 元(上、下册)

献给生我养我的江汉平原

献给 Lucia、Leo、Ivan——你们是我的全部

序一
穿越历史的河流
——格隆走马美国随笔

一个国家到底因何而强大？（Why Nations Fail？）：应纽约侨社以及藤校中国同学会之邀，2019年春节前，格隆博士随驾穿越了美国最发达的东部华盛顿特区、马里兰州、宾夕法尼亚州、特拉华州、新泽西州、纽约州、康涅狄格州、马萨诸塞州，深度拜访了普林斯顿大学、宾夕法尼亚大学、哥伦比亚大学、耶鲁大学、哈佛大学、麻省理工学院等著名院校。走马观花，肤浅感触，基本代表了我的投资观与家国历史观，草集于此，权充新年问候并以为序：祝福我们的祖国，祝福这块土地上的每一个人。

▷ 走马美国随笔（之一）——【1月22日】

普林斯顿大学，藤校最顶尖的三子星座，与哈佛、耶鲁齐名（合称HYP），本科教育全美排名第一。1746年建校以来，培养了65位诺贝尔奖、15位菲尔兹奖、13位图灵奖及60枚奥运奖牌获得者。

置身校园，厚重，淡静，一股浓浓的与世无争、超然物外的学研氛围。尤其普林斯顿高等研究院（该院并不隶属普林斯顿大学），建筑和环境，自然得近乎野趣，简朴得近乎寒碜，爱因斯坦办公室的沙发已经斑驳掉皮。

这所高等研究院，每年从世界各地甄选200名各领域的顶尖学者，给予堪称奢侈充裕的资金支持，却不下任何指标也不要求任务，你可以每天都只是在湖边发呆。

或许只有这样，才能有人愿意站在全人类、站在上帝的视角，做出一些令我们惊诧的研究。也只有这样，华盛顿才会如此评价普林斯顿：没有一所学校能比它产生更好的学者和给人以更值得尊重的教养！

普林斯顿大学古朴的校园

普林斯顿高等研究院内的爱因斯坦像

普林斯顿建校的 1746 年,恰逢康乾盛世鼎盛期的乾隆十一年。也恰在这一年,乾隆极大强化了边禁与海禁,"片板不许下海"。乾隆四十一年,即 1776 年,经过多年艰辛的独立战争,美洲大陆上建立了一个以"三权分立"为基础的崭新国家,亚当·斯密也在当年出版了巨著《国富论》,蒸汽机在这一年以一种强大的范式在整个欧美推广蔓延,而乾隆在这一年开始更严格的思想禁锢,在全国范围内"删销书籍"。1792 年,即乾隆五十七年,纽约证券交易所成立,大洋彼岸的蛮夷之地美国开始插上资本的翅膀,而乾隆则在为如何接待即将到来的第一个蛮夷外国(英国)使团而烦恼:到底应不应该要他们下跪,以及应该双腿跪,还是单腿跪?

1799 年,世纪之交,华盛顿在大洋彼岸去世,给这块土地上的子孙留下了一部宪法以及一个蒸蒸日上的现代国家。同一年,极度能活的乾隆终于寿终正寝。爱新觉罗家族用几代人,穷上百年的时间,打造了一个愈来愈坚固的奴化牢笼。康乾盛世,以空前稳定的政治,养活了空前数量的人口,但也同时是中国历史上国民权利被剥夺得最干净、意志最萎靡、创造力最匮乏的时期。乾隆死后,清王朝开始了自由落体式的末路狂奔,大洋两岸的两个民族自此走上了截然不同的两条路径。

也许我们到现在才勉强弄懂,同治八年(1869 年)一家叫高盛的公司的诞生意味着什么,但整个民族已绕了太多太多的弯路,付出了太多太多的代价。我们唯一能自我安慰的是,只要醒悟,或许任何时候都不晚。毕竟高盛成立那年,我们近邻日本的维新刚刚开始,但短短 27 年后,这个我们从不放在眼里的倭寇小国,就把大清号称亚太最强大的舰队一举消灭殆尽。

感谢好友教授带着我详尽参观。教授夫妇俩都是典型中国人的骄傲,都毕业于藤校中的藤校。教授本人通过层层遴选进入普林斯顿高等研究院全球 200 人名单,得以与全球最精英的 198 人一起做研究。问有没有回国打算,他们说暂时没有,因为这里更适合做研究。

▷ 走马美国随笔(之二)——【1 月 24 日】

今天是美国政府停摆的第 34 天。

商务部门口是无所顾忌摆摊的小摊贩,财政部门口是弹吉他的流浪歌手,白宫门口则是两个高声抗议的老兵,为数不多的几个警察在闲聊,对这些视而不见。但这丝毫没有影响这个全球最强大国家的运转,没有了最高指示,大家日子该怎么过还怎么过。反倒是近邻委内瑞拉,没有兵变,没有流血,一个看似强大无比的政权,半小时内近乎土崩瓦解。

华盛顿中轴线上,唯一的纪念堂是林肯纪念堂。

华盛顿林肯纪念堂

之所以如此,是因为他保住了联邦、废除了奴隶制、弥合了民族撕裂。美国超级大国的地位,就是从那时完成奠基,并一路向上的。美国南北战争是人类历史上第一场现代战争,而在同一时期,中国也发生了被称作人类历史上最后一场冷兵器战争——太平天国战争。大概也是从这个时候开始,太平洋两岸的两个大国从此国运颠倒。美利坚欣欣向荣,而大清国每况愈下。

太平天国是整个人类历史上损失人数最多的一场战争,没有之一。数量估计最多的认为有2亿人,最少也有5 000万人。中国最富庶的江南在战争里被毁坏殆尽,而战争结束以后,就是疯狂的报复与屠戮。这场战争没有丝毫敌对之间的宽容。曾国荃攻占天京后,大肆屠城,清人记载:"金陵之役,伏尸百万。"天京的杀戮在后来的中国史书上几乎不被提及,无他,只因为中国历史上,成王败寇,赶尽杀绝是常态。宽容,合作,则是特例。

美国南北战争中共有62万人丧生。大约每60个美国人里,就有一个死于战火。照常理,总得有人为这场残酷的战争负责,但没有。美国内战没有产生一个战犯,也没有一兵一卒在未来的岁月里遭到清算和迫害。纽约河边公园矗立的"南北战争阵亡纪念碑"是为南北双方每一个阵亡的战士而立。因为"一个人不能将自己的剑指向自己的家乡"而毅然脱离北方军队,"分裂国家"的南方"叛军"主帅罗伯特·李在战后被给予极高荣誉,他的塑像一直伫立在美国国会里。美国人很清楚——内战本来就是民族的灾难,绝不能让这种内耗和灾难没完没了地延续。

一个沾沾自喜于内部征伐的民族,是很难有远大前景的。

今天我花了大量时间,从不同角度拍摄中轴线中点的华盛顿纪念方碑。这座标志性建筑里摆满了世界各国的祝贺碑文,其中有一块刻满了中文的石碑,碑文出自中国近代开眼看世界的伟大先驱之一、《瀛寰志略》作者、咸丰年福建巡抚徐继畬之手,并于1853年由中国政府刻成碑文,作为礼物送给美国。碑文充分体现了哪怕一百多年前一个封建士大夫对三权分立制度优势丝毫不逊,乃至超越今人的总结认识:按华盛顿,异人也……既已提三尺剑,开疆万里,乃不僭位号,不传子孙,而创为推举之法,几于天下为公,骎骎乎三代之遗意……米利坚合众国以为国,幅员万里,不设王侯之号,不循世及之规,公器付之公论,创古今未有之局,一何奇也?

1867年,美国第十七任总统约翰逊让人画了一幅华盛顿的画像,由当时的驻美大臣蒲安臣转赠徐继畬,蒲安臣在赠与仪式上说了这段话:"华盛顿与中国人民一样,坚信世界上每一个人都能呼吸自由的空气;与中国人民一样,坚持孔

夕阳下的华盛顿纪念碑

子在两千三百年前就提出的一个原则：己所不欲勿施于人！"

我们绝大多数人，或许根本不知徐继畲何许人也。

有的人不值得记取，有些人不应该忘记。可是，人们常常搞错。

▷ 走马美国随笔（之三）——【1月27日】

在美国的所有州里，宾夕法尼亚州无疑是最像美国的。

该州是立国十三州之一，其州训为"美德、独立与自由"，从建州之初就以追求宗教自由和政治民主而著称，在北美有旗帜一样的标志性影响。美国历史上诸多标志性篇章都是在宾州谱写的，包括1776年，13州代表聚集在该州东部的费城签署《独立宣言》[1]，包括1863年7月1日至7月3日，在州南部的葛底斯

---

[1] 三夺NBA总冠军的费城76人队的命名，就是为了纪念1776年的独立宣言。

宾夕法尼亚大学沃顿商学院校区

堡,米德少将率领的波托马克军团完败罗伯特·李将军所率北弗吉尼亚军团,国家统一的联邦得以保存。

从宾州名字的来历,也可管窥这块土地骨子里的基因。

1664年英国人从荷兰人手中夺取了这块殖民地,17年后英王查理二世签署特许状,把这块地方送给舰队总司令小威廉·佩恩(William Penn),以偿还欠他父亲的16 000镑债款,并指定以"宾(Penn)"的名字命名这一地区,同时应小威廉·佩恩的请求,加上"夕法尼亚"(林地)一词,形成了现在的州名,州名的含义即"宾(佩恩)的林地"。

但问题在于,宾州的土地向来崇尚自由,一切权力取决于人民和议会,其结果是,这个殖民地不但没有给威廉带来任何好处,反而使他负债累累,1701年回到英国锒铛入狱,宾州也没有给他任何税收来挽救他。Penn死于1718年,不知他临死前有没有后悔接受这块英皇用来抵债的土地,有没有弄明白,美洲土地上,从此再也没有王权?

秉承自由与独立,带来的不单是人性的解放,更是生产力的解放。1941年,日本偷袭珍珠港,美国太平洋舰队仅有的3艘航母恰巧不在港内,得以侥幸逃脱。不少人都在意淫,如果大日本帝国当时干掉了这3艘航母,其国运说不定能改写。但事实上,仅仅一年后(1942年),美国就已经拥有了超过50艘航母。它们来自哪里?来自美国经济强大的生产能力。到第二次世界大战末期,美国已经拥有了近200艘航母,其中绝大多数是在宾州完成建造的。

日本与美国的比拼,是独裁帝国与自由民主的比拼,绝无胜算。大国崛起,靠的是人性与生产力的解放,奴隶是造不出金字塔的。

令人唏嘘的是,日本虽然输掉了第二次世界大战,却鬼使神差收获了日后三权分立的民主体制。而苏联(俄罗斯)以惨烈的胜利,换取的却是第二次世界大战后五十多年的专制,以及唯唯诺诺的顺民。到底谁赢得了那场战争,殊未可知。

历史经常有很多黑色幽默的吊诡,但依然会遵循大的人类进化规律。

▷ 走马美国随笔(插播)——【1月28日】

华尔街!

这里是天堂之门,这里也是地狱之眼;这里睿智,这里愚昧;这里豁达,这里贪婪;这里充满梦想,这里满是绝望;这里是无数公司的起点,这里也是无数公司的终点!

如果你爱他,送他去华尔街吧!如果你恨他,也送他去华尔街吧!

▷ 走马美国随笔(之四)——【1月29日】

感谢纽约侨领细致安排今天哥伦比亚大学的深度交流,并深入走访纽约两个最特别的地方:自由女神像、世贸大厦遗址。

最深的感受是:没有谁是一帆风顺的,无论个体、国家,还是民族。

哪怕只有短短242年历史的美国,也历经磨难:独立战争,南北内战,第一次世界大战,第二次世界大战,朝鲜战争,越南战争,美苏对抗,9·11……但这并没有阻碍这个国家成为人类历史上创造最多物质财富、最多科技文明财富、最强大的国家。整个20世纪人类所有最关键的发明和突破,大多来自这个3亿人口的国家。最关键的是,这种强大一再自我验证了,是经受得住考验的、可复制、可持续的强大。

序一　穿越历史的河流

华尔街铜牛

格隆汇在纽约 Nasdaq 的广告

哥伦比亚大学图书馆一角——巴菲特求学之处

世界历史上曾经有众多国家先后崛起并各领风骚二三十年。世界上第一个喊出"朕的天下日不落"的人,不是英国女王伊丽莎白,而是西班牙国王卡洛斯一世。人类有记载的经济史上,还没有任何一个国家的年均经济增速,超过了西班牙在1469~1500年这30年的增速。我们只是看到了大英帝国17世纪从一个边陲岛国崛起并屹立于世间几百年不倒,却忽略了相比更早期崛起的意大利、荷兰、西班牙,英帝国曾经那般落后。就算是我们一直看不上的拉美国家,阿根廷、玻利维亚,也都曾经有几十年经济高速发展的历史,但如今,这些国家都已湮没和寂静于历史的长河中。

可能多数人想象不到,第二次世界大战后,亚洲人均GDP最高的国家是缅甸。但经过军政府第二次世界大战后七十多年的独裁统治,这个国家几乎沦为全亚洲最穷的国家。

纽约把世贸双子塔的原址改成了两个巨型水池,水池边刻上了每一个在

17年前那场灾难中殉难的人的名字。在一个殉难者的名字上,插着一朵小花,在冬日凛冽的寒风中,那样突兀脆弱,却又充满和谐与力量,那是一种对邪恶的蔑视与嘲讽,一种对生命的眷恋与赞美!

世贸原址上的巨型纪念水池

▷ 走马美国随笔(之五)——【1月31日】

这次来美国,之所以把藤校走个遍,目的很简单:都说大学代表了一个国家真正的内核与竞争力,我想知道,藤校,以及藤校背后代表的教育体制、方式与理念,对美国到底意味着什么?

"我心里一直都在暗暗设想,天堂应该是图书馆的模样。"这是1955年阿根廷国家图书馆馆长博尔赫斯在双眼近乎失明时写下的一句话。

站在全美最大的图书馆之一——耶鲁大学斯特林图书馆里,除了敬畏

序一　穿越历史的河流

全美最大的图书馆之一——耶鲁大学斯特林图书馆

与虔诚,同时还想到的是另一幅画面:2010年,高瓴资本的张磊向耶鲁大学管理学院捐款888.8888万美元。国内不少人士义愤填膺指责张磊,质问张磊为何不向自己国内就读的本科院校捐款,张磊的回答是:"是耶鲁管理学院改变了我的一生,我在这里学到的不仅仅是金融或企业家精神,还有给予的精神。"

张磊的话,我信。在美国藤校,我看到的更多的是一种精神,一种以近乎严苛的学术标准,鼓励追求纯粹的知识,并以天下为己任,用知识推动人类进步的精神。这种院校自然会赢得诸多的社会捐赠(耶鲁斯特林图书馆就是靠捐赠建造的),这种院校的学生永不会耗费科研经费去研究总统在想什么,这种院校大师咸聚,断不会有校长在致辞中错(别)字频出。

所以它们的校史荣誉榜相互会比拼的一个优先项目,是各自培养了多少诺贝尔奖、菲尔兹奖、图灵奖。我们只获得了一个文学奖与一个医学奖。某种角度而言,屠呦呦的获奖,是对三千年中国文化的一个致敬,是一个特别的个案。

重点不在于我们是拿了一个,还是两个,这都是一个数量级,与耶鲁大学的53个不可同日而语。而事实上,耶鲁只是美国诸多大学中的一个而已,哈佛大学有152个诺贝尔奖,哥伦比亚大学101个,芝加哥大学90人,麻省理工学院83个,加州大学伯克利分校70个,斯坦福大学59个,普林斯顿大学65个……这体现的才是一个民族的创造力与潜力。

在哈佛商学院散步时,看着周围行色匆匆、来自世界各地的最优秀学子,涌上心头的,则是一种更挥之不去、时不我待的压力与感慨。哈佛商学院是美国培养企业人才最著名的学府,在美国500家最大公司里担任最高职位的经理中,有1/5毕业于这所学院。

哈佛大学1636年建立,至今382年。在哈佛大学建立的同时,皇太极称帝,改国号为清。

1644年清军入关,自此之后,爱新觉罗家族开始了数百年的封建统治,专制与独裁的牢笼越扎越紧。与之对应的是,在遥远的英国,国王与议会的矛盾在这一年已无可调和,并导致战争的不可避免。英国资产阶级革命中第一场决定性战役——马斯顿荒原之战,就发生在这一年。有众多战争经验的将领和雇佣军帮助的国王军,最后还是输给了表面上实力更弱的克伦威尔议会军。五年之后,

查尔斯河边自成一体的哈佛商学院

英国人民把自己的国王查理一世送上了断头台,也催生了《权利法案》和后来英格兰的崛起。而在更遥远的美洲大陆,一个更开放、更自由、更具创新力量的崭新民族——美利坚民族——开始迅速成长,其间除了南北战争,国运总体平稳,一路昂扬向上。

庇护他们的,不是上帝,而是他们自身的努力:他们一直在努力脱离愚昧,他们一直在努力让人性得到更大的解放。

巴菲特说,人生就像滚雪球,要找长长的坡与厚厚的雪。美国三权分立,相互制约、制衡有纠错能力的制度体系,恰是拥有长长的坡与厚厚的雪的保证!

40年的改革开放,中国取得了过去几百年都没有取得的巨大成就,也必将值得拥有更光明的未来,但前提是,我们务必不可走回头路——改革开放是中国唯一的坡。

愿天佑中华!

▷ 走马美国随笔(之六)——【2月1日】

与哈佛大学几乎一墙之隔的麻省理工学院,是我美国之行最后拜访的一所高校。

MIT 标志性的圆顶图书馆

建校于1861年的麻省理工学院并非藤校,甚至建校前4年因为南北战争爆发而没有招到一个学生,但153年的教育,依然产生了93位诺贝尔奖、8位菲尔兹奖、25位图灵奖获得者。该校的工程专业与计算机专业是全球无可争议的第一,美国能打赢第二次世界大战并赢得冷战,很大程度上就拜这个校园的研究者心无旁骛对计算机、雷达以及惯性导航系统等高科技的超前研究。而这里良好的研究环境与充裕的科研经费,正在继续吸引世界各地顶尖的人才前仆后继,扎堆于此。

中国人才经过层层过滤后,最顶尖的人才无疑绝大多都聚集在了北大、清

华,但如果你意识到中国顶尖的北大、清华百年来没培养出一个诺贝尔奖,你才会明白这种科研鸿沟有多大。整个 19 世纪,人类所有重大发明创造,大多与我们无关。我们更多是拿来主义,就算我们哪天真要和美国人打一架,也不可能只靠"砖头瓦块"与嗓门。

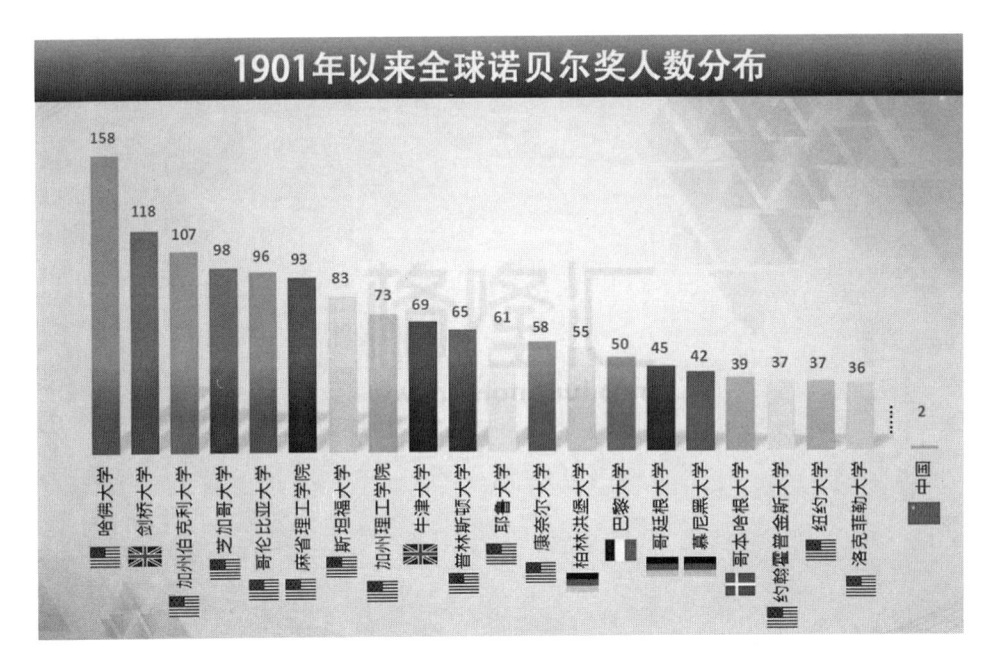

1901 年以来全球诺贝尔奖人数分布

哈佛大学	158
剑桥大学	118
加州伯克利大学	107
芝加哥大学	98
哥伦比亚大学	96
麻省理工学院	93
斯坦福大学	83
加州理工学院	73
牛津大学	69
普林斯顿大学	65
耶鲁大学	61
康奈尔大学	58
柏林洪堡大学	55
巴黎大学	50
哥廷根大学	45
慕尼黑大学	42
哥本哈根大学	39
约翰霍普金斯大学	37
纽约大学	37
洛克菲勒大学	36
中国	2

我们的家底其实远没有我们自己想象得厚实。几代人好不容易积累的几手好牌,其实都已被囫囵打出去了,留在手上的已没有太多硬牌了,已经不起更多折腾。此时最需要的是文景之治的休养生息,而非汉武的征伐开边:扎扎实实做强我们的大学基础教育与基础研究,扎扎实实做好我们的人性解放与生产力解放。

中国事实上已经取得了举世瞩目的成就,我们用最短的时间脱去了积贫积弱的帽子,我们养活了世界上最多的人口,我们创造了世界第二的 GDP。

我们必须想办法,让这种荣耀可以复制,我们必须把这种荣光延续下去。

哪天我们的北大、清华每年都能产生一个诺贝尔奖,或许我们才有底气去和这个世界真正叫板。或者换个说法,我们才能不卑不亢去和这个世界对话,告诉整个世界,我们不只是在搭便车,我们为整个人类进化,贡献良多!

▷ 尾声

2月3日中国香港赤腊角机场的晨曦

"飡六气而饮沆瀣兮,漱正阳而含朝霞。"

自美归来,落地香港,满眼霞光。《楚辞·远游》这句,最能表达心情。

Morning, Hong Kong! Morning, China!

您的一切如朝阳,蒸蒸日上!

感恩您一直都在!愿我们成就彼此!愿岁月温柔待你,愿阳光洒在你的脸上!

格隆　2019年2月4日　除夕

序二
日月悠长,山河无恙,行者无疆

港股明日开市。

这意味着,短暂的寂静、休憩与疗伤过程结束。凭栏处,潇潇雨未歇,边关酒觞冷,渔阳战鼓催,是时候披甲上马,再战江湖了。

此去山高路远,格隆在此祝福所有格隆认识以及认识格隆的朋友,一路珍重。

出征前,有些话,算是警勉,说给自己,也送给大家。

▷ 一

匹夫不辞家国死。这个死,不是捐卑微之躯,去成就某些集团或者个人,而是尽自己绵薄之力,让家国这辆大车,尽量走在正确方向上。

任何时候,都不要满足于做一个随波逐流的蝼蚁,务必让自己的成败得失与家国方向紧紧捆绑在一起。这是格隆新年想提醒的第一点,也是绝大多数人会忽略的一点。

仗剑走天涯,成败的关键是大方向。一旦我们出发,可能就再也回不了头。人言落日是天涯,望尽天涯不见家!

任何战役,战术问题不是问题,错了也死不了人。但战略错了,则极可能死无葬身之地。个体的终极战略,一定是我们整个群体的道路与方向。简而言之,国家在哪里,以及会去往哪里?在我们这样一个经济资源被高度集中、板结、固化的大环境里,于任何个体而言,在家国、时代潮流的裹挟之下,个体能动的空间其实是微乎其微的。

国家走一段很小很小的弯路,于你,却极可能是一生。

中国纪年,60年一个轮回。今年是农历戊戌年,120年前的戊戌年变法,没能挽救末路狂奔的清王朝。60年前的"反右"则令社会开始了另一次艰辛曲折的探索。

日月悠长,山河无恙,那只是对家国。对任何个体,60年,都意味着一辈子。

当我们感慨或者指责近代中国在每个历史风陵渡口的选择都那样诡异甚或愚蠢时,不要忘了,我们每个人都是对车辙方向投了赞成票的。

这个社会的前进,需要我们每个人去担当,去负重前行。如果天空是黑暗的,那就摸黑生存。如果发出声音是危险的,那就保持沉默。如果自觉无力发光,那就蜷伏于墙角。但千万不要为精致的苟且而得意,更不要嘲讽那些比自己更勇敢热情推动社会前行的人们。

我们可以卑微如尘土,但绝不可扭曲如蛆虫。

▷ 二

哪怕有再多的挫败与打击,也要永远心怀梦想,那才是你不屈的灵魂。这是格隆新年想警勉朋友们的第二点。

在我们至短至暂的生命里,希望永远不是聊胜于无的东西!它是冬日温暖的手套,夏日冰冷的啤酒,带着阳光味道的衬衫,它支撑着我们日复一日的梦想,让如此平凡甚至平庸的我们也能拥有一段感动自己的人生。

4年前,我说我要做一个服务千万投资人、市值千亿元的公司,以我的名字命名。那时,多数人是善意的嘲笑。

但我一点也不在意。我是如此享受这种内心永远激情澎湃的梦想并自得其乐,与他人完全无涉。它让我一直感恩父母和上天赐予了我平凡的生命,却能让我有机会如此不平凡地活一次。

你可以一辈子不登山,但你心中一定要有座山。它使你总有个奋斗的方向,它使你任何一刻抬起头,都能看到自己的希望。

而一旦没有了梦想与希望,哪怕你再年轻,你也是一个行将就木的老人。

没有人仅仅因为时光的流逝而变得衰老,只是随着理想的毁灭,人类才出现了老人。岁月可以在皮肤上留下皱纹,却无法为灵魂刻上一丝痕迹。忧虑、颓丧、缺乏梦想才使人佝偻于时间尘埃之中。

多数人在上路之初都有梦想,只是被坚硬冰冷的岁月逐渐打磨而消逝。此时,你唯一要记住的是《银魂》里那句经典的台词:有些人,光是活着,就已经竭尽全力了。

你还远没有那么艰难、不堪。

送上格隆在今年情人节、春节期间的祝福:愿我们永远心怀梦想!无论多么艰难,也要始终点燃希望的亮光。岁月不曾饶过谁,但岁月也从不曾亏待谁。愿以终为始,愿一直爱,愿一直努力!

▷ 三

行者无疆。永远不要停下你的脚步,这是格隆新年想警勉朋友们的第三条。

"全球视野,下注中国"的格隆汇,于2018年浪漫情人节,也是中国除夕前一日,登陆纽约时代广场的纳斯达克大屏,向全球华人致以双节问候。这距格隆汇上路之日,4年零45天。

这4年,我和我的核心团队,没有一个人休息过哪怕一天。

序二　日月悠长，山河无恙，行者无疆

从上路之初的一个人，一个公众号，到今年所有互联网产品形态齐全，全公司 130 人，平均年龄 26 岁，平均学历硕士以上，毕业学校遍及中国、美国、英国、澳洲、日本。没有官二代，没有富二代，有的，只是年轻、激情、梦想，以及跌倒了、摔痛了，自己抹干眼泪，爬起来再奔跑的百折不挠！

很多次，我都以为格隆汇办不下去了。尤其是当竞争对手无所不用其极地各种攻击，甚至人身攻击时，尤其是当身体长期高强度工作，最后终于支撑不住，前一刻台上光鲜，后一刻在北京寒冷的冬夜被一个素不相识的好心司机送到海军总医院的走道上打一晚上吊瓶的时候。

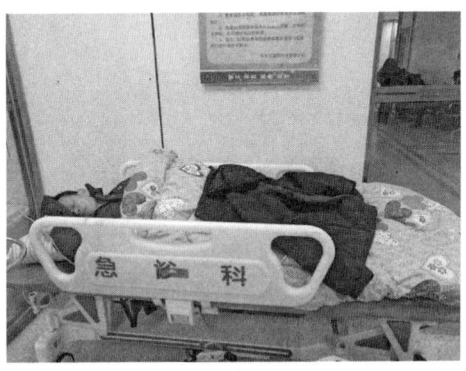

好在我们从未放弃，从未停下过脚步。人生如一条湍急的河，我们都在逆流，不进则退，并没有山腰给我们驻足停歇。我们也深知，只要我们一直保持在跑道上，就一定会到终点，哪怕脚步趔趄，哪怕走得很慢、很慢。

感谢每一个正在格隆汇战斗的兄弟，以及曾经在格隆汇战斗过的兄弟，感恩你们的信任，让如此平凡的我们，也能有机会在至短至暂的人生里，肩并肩一起、一直，做一点事业！

▷ 四

与一个靠谱的、好的团队并肩去战斗。这是格隆新年想警勉朋友们的第四条。

独行者速，众行者远。单打独斗成不了气候，手无缚鸡之力的刘邦能灭"力拔山兮气盖世"的项羽而得天下，无他，刘邦众而项羽寡，如此而已。

没有人是完美的,但一群不完美却靠谱的人合在一起,所有个体的瑕疵都将会被其他人的光芒所遮掩覆盖,尤其是在一些举步维艰的黑暗时刻。

万物皆有裂痕,那是光进来的地方。(There is a crack in everything, that's how the light gets in.)——莱昂纳德·科恩(Leonard Cohen)

在最黑暗的时候,人们会看到星星。它们一直都在,只是你要记得抬起头,往上看。

岁月从未静好,只是有人在为你负重前行。或许,每个人的生命里总会遇到几场措手不及的大雨。若你身陷雨中,愿有人为你撑伞;如果没有,也愿你有听雨的心情。披甲出征之际,格隆祈愿你能有勇气独自面对所有人生风雨,更祝福你能有幸运与一个团队,与诸多生命中的贵人、朋友一起跋涉,终见辉煌!

如果你所在的平台或者团队不那么靠谱,离开,一刻也不要犹豫。

▷ 尾声

开拔前,最后嘱托自己一句:做帅,而不是做将。

区别在于格局与胸怀。你的成就,不会超过你的格局。

棋局的赢家,往往是那些有着先予后取的度量、统筹全局的高度、运筹帷幄而决胜千里的方略与气势的棋手。在今天这个知识不断更新的时代,我们除了不断刷新自己的知识结构,最重要的,始终是尽量酝酿和保持一种大胸怀。

"想象你要去的地方,愿望就快实现了,保持队形,跟着我冲!如果发现自己落单了,迎着阳光独自驰骋在草原上时,不用担心,那是因为你在天堂,而且你已经阵亡了!兄弟们,我们生平的事迹将永垂不朽!勇气和荣誉!"这是格隆最喜欢的一段台词,来自《角斗士》里马克西默斯率军冲锋前的动员,送给大家!

"大圣,此去欲何?"

"踏南天,碎凌霄!"

"若一去不回?"

"便一去不回!"

2018年2月19日

目录 | Contents

序一　穿越历史的河流——格隆走马美国随笔 / 001
序二　日月悠长，山河无恙，行者无疆 / 001

上篇　投资篇

格隆对话虞锋：关于创业、投资的那点事 / 003

乱世带刀 / 021

阿里巴巴暴跌的幕后：互联网公司的 GAAP 与 Non GAAP / 028

滴滴、快的闪婚：与爱情无关　必须阻止他们 / 034

投资之外——关于牛市、财富、泡沫与江南文化 / 042

A 股的 4 000 点：一场已经闻到焦煳味的牛市"剩"宴 / 047

宏观经济学：伪科学还是工程师？/ 056

取势，明道，优术：财富因何而来，又因何而去？/ 071

这次也不会有什么不一样：泡沫化投资的纠结与选择 / 076

为什么一定要争夺港股定价权——兼论港股的调性与世纪机会 / 080

牛市杀人与斯德哥尔摩综合征 / 088

股灾与机会：火灾时逃离火场后，一定要再返回火场 / 092

牛市忏悔录：一场本该狂欢的牛市盛宴，为何成了一场屠杀？/ 095

十倍股与围棋俗手 / 101

投资中最重要的事：只有买得便宜，才能卖得便宜 / 107

你自己是自己最好的奖励——致所有参选新财富的研究员 / 113

为什么自己总是赚不到钱？/ 118

安纳塔汉岛上的女人，以及 A 股的自我救赎 / 125

对海外投资几个焦点问题的看法 / 131

那些改变人类历史的重大战役折射出的投资哲学系列之一：图尔战役 / 141

那些改变人类历史的重大战役折射出的投资哲学系列之二：布匿战争 / 147

那些改变人类历史的重大战役折射出的投资哲学系列之三：中途岛海战 / 156

"APPLE PAY＋银联"：中国移动支付行业的征与伐 / 165

一家伟大的企业是怎样炼成的 / 174

博弈的精髓：结硬寨，打呆仗 / 179

比 P2P 危害更大的又一款精美骗局：一级市场散户化 / 186

离开了牛市，你什么也不是 / 193

人民币的过去、现在与未来 / 199

特朗普与徐翔：两个顶级趋势投资者的狂欢 / 208

过去三年中国最牛的商业创新模式：摩拜单车，还能走多远？/ 214

不能安家　何以安邦 / 223

近乎疯狂的做空季：收割内地"韭菜"的崭新方式 / 229

究竟什么样的远方，才配得上这一路的颠沛流离？/ 237

长安不见使人愁——历史下的语境：斜阳与转机 / 246

资本市场的道德底线 / 257

币圈黑洞：再不抓人，江山没了 / 264

中美贸易争端："战争"与"和平" / 276

下篇　家国篇

如果必须背井离乡，你会去往何方？——中国省市的盛衰沉浮 / 287

那些乱世的枭雄们 / 299

成长中的中国 / 306

那年高考：致我逝去的青春，以及依然鲜活的梦想 / 315

大家小凯 / 321

减税：中国经济和股市的逃生之门 / 324

大国崛起与中国路径 / 331

印度：会否抄了我们的退路？ / 337

中国列车：到底是在上坡，还是在下坡？ / 348

历史的风陵渡口 / 357

谈股论金之"习马会"：待他年，整顿乾坤事了，为中国先生寿 / 365

曲终人不见　江上数峰青

　　——一个城市的坚守，一个家族的坚守，一个民族的坚守 / 370

原罪：有些罪是用来惩罚的，有些罪是用来原谅的 / 376

我们该恐惧的，不是阿法狗，而是阿法狗身后的谷歌与美国 / 384

你的善良必须有点锋芒：真话与诤言，投资与爱国 / 391

香港没有墙，但香港人有一堵心墙 / 399

我该如何在这个骗子横行的金融盛世存活下去？ / 405

你少交智商税，就是真的爱国 / 411

平庸之恶 / 419

千古一帝公孙鞅 / 428

科举、高考、启蒙运动与一个民族的救赎 / 436

"楢山节考"：国人为何越来越没有底线？ / 446

儿子，我为何要求你一定要用功读书？ / 453

不为大汉耻：爱国者耿恭与叛国者李陵（上） / 458

不为大汉耻：爱国者耿恭与叛国者李陵（下） / 467

关于投资，关于江南：投资是一生，苏曼殊，也是一生 / 481

人口雪崩：中国世纪的终结？ / 485

仇恨"流行"：愚蠢的底层相残，还是精明的集体错误？ / 496

勇气和荣誉（Strength and Honor）：端午祭乌里·斯特克

　　——那个和时间比赛的人 / 501

儒教的表里与文明的盛衰 / 510

借江山一用，转回身百年——在时代窗口与经济周期的轮回里 / 518

若我会见到你，事隔经年——祭父亲 / 526

日暮炊烟　乡关何处 / 531

新年寄语：我们在坚守些什么，又在放弃些什么？ / 541

戊戌 120 年祭 / 551

关于投资　关于家国

上篇　投资篇

格隆对话虞锋：关于创业、投资的那点事

题记：由格隆汇全力打造、中国香港联合交易所全程支持的2018"决战港股"海外投资系列峰会正相继在上海、深圳、北京三大核心城市隆重展开，共同探讨"资本寒冬"下的生存方式与投资机会。

在深圳站，云锋基金联合创始人、主席虞锋先生与格隆汇创始人格隆博士现场进行了一场"关于创业，关于投资"的对话。这场对话金句频出，思维火花不断，让全场所有观众享受了一场饕餮盛宴。无论你是创业者还是投资者，这场对话都会让你受益无穷。格隆汇第一时间整理于此，以飨读者。

格隆：早上好！

我先说一下为什么今天会有一次这样的对话。核心原因在于，这几天，到处

铺天盖地的都是各大券商说2019年开启超级大牛市,未来3~5年会是大牛市的年终策略报告,看得我胆战心惊。为什么资本市场,总比实业圈乐观这么多?我同时接触实业圈、风投圈与投资圈,三个圈子对未来的看法,从未撕裂得如此严重。

但我接触的实业圈不是这样的。我上周还在跟实业圈一批A股上市公司的老总在一起闭门会议,我问其中一个资产量足够大的人,对2019年是怎么判断的?他跟我说了一句很烧脑的话,他说2019年可能是过去十年最差的一年,但却极可能是未来十年最好的一年。

我不知道大家能不能听明白他说这句话的意思,但我总体的理解是:**投资圈是最乐观的,实业圈是最悲观的**。但中间层的风投圈,相对会综合一些,如果风投太悲观,就没法去投资企业;如果风投太乐观,也没办法把他投资的企业卖给二级市场,所以相对来说他们更客观、更中立,所以今天我们特意请了中国风投圈的代表人物,云锋基金主席虞锋先生。

▷ 关于创业

格隆:很高兴能有机会和虞总进行这场期待已久的对话。这场对话离虞总第一次在中国香港单独接见我已经快3年多了吧?当时我正在做人生最大的选择:是继续待在我熟悉的投资圈,还是去全身心做格隆汇?然后我去找虞总要钱,因为据说他是风投圈最有钱的人。后来我发现我去找他绝对是找对了。

钱给不给,给多给少是次要的,最关键的是,在格隆汇的创业过程中,虞总对创业战略与战术的各种直击要点与耳提面命,对我这种第一次创业的嫩雏帮助极大。所以,今天与虞总对话的第一个话题,就是有关创业。

首先是,我们要不要创业?一个人创业,往往要赌上全部身家,万一失败怎么办?

当下越来越多的中国人已开始投身创业,但中国经济在下行,贸易战也暂时看不到终局,而看得到的创业赛道上,要么巨头把持,要么人满为患,拿风投的钱也越来越难,所以很多人说中国创业黄金期已经过去了。在这种情况下,虞总您怎么看待当下中国的创业环境与机会?对所有有志创业的人有没有什么好的建议？

虞锋：谢谢大家！刚刚格隆博士讲的问题，市场明年好不好，悲观不悲观，要不要自己创业这些事，我们的看法是连在一起的。我的意见是，这个市场好不好，或者说整个大环境好不好，跟创业没什么关系。

这是什么意思呢？我的意思是，再好的情况下也有烂公司，再不好的时候也有好公司，关键看你怎么想、怎么干。今天和十多年前相比，我们的创业环境发生了巨大的变化，但我认为今天很多的企业家、创业者，哪怕是比较成功的企业家，这个思维路径依然没有改变。

十几年前在中国，什么都可以投资，那是市场极度空缺的时候，我们经常开玩笑说，那个时代，插个扁担都能开花，做什么都行，但你发展到今天，如果还是用原来粗犷式的思维路径来创业就不行了。

最近五年，市场的壁垒高了，创业者要更多地依靠自身的技术能力、竞争能力、团队能力，更多的时候我们讲企业好不好，要看这些核心能力。这两年很多人都在讨论国家要不要救民营企业，应该怎么救，我认为直接给钱解决不了问题。我们该问的核心问题是，这个企业本质上的核心战略、组织问题、人的问题、市场的问题，解决掉了没有？只给钱，可能会助长他做更多能力以外的兼并收购，更多地做多元化的投资，而不是去想他们自己的核心能力到底在哪里。

我们回过头来看成功的民营企业，尤其是大家经常讲的那些巨无霸，它们对自己的主业都极其专注，没有想外面的东西，它们做的投资也都是跟主业相关的东西，而我们今天出现了很多质押问题，多半是这些企业做其他东西去了。经常有人来跟我们讲，这些、那些都可以挣钱，我说你别跟我讲这么多，就讲你核心的东西是什么，不要跟我讲你五年以后的东西，就讲你今天核心的东西在哪里。

说到创业，我仍然认为在中国还是有巨大机会的。

中国尽管不再像十多年前那样，小企业很容易做得起来，但还是有巨大市场机会的。我们14亿人口，比欧洲加起来多，而且比欧洲好得多的是，我们一个省就相当于他们一个国家，我们自己跑来跑去没有壁垒，这里面的市场非常巨大。为什么互联网浪潮中只有中国和美国起来了？因为人多市场大。欧洲在互联网时代基本上 out 了，它们既不能形成大规模的市场，又没有办法共同协调，所以起不来,日本、韩国也是如此,只有中国和美国才有这个条件。

这种情况下,再加上中国的发展,东部、中部、西部阶梯性的需求差别很大。还有大家这一年说的四五线小镇青年的需求,比如拼多多的兴起,说明互联网在这部分地区的渗透率根本不高,用手机的人也不多,这里面的市场机会是巨大无比的。

所以我自己觉得,今天的创业还是有很大空间的。我觉得中国人跟犹太人比较像,都喜欢自己做老板,只要他想奋发向上,想独闯一面,那么机会是一定有的。

格隆: 谢谢虞总!

创业路上当然有很多艰难的地方。有人问马云,如果让他重新选择,还做不做阿里巴巴?他说不做。以前我觉得他是矫情,现在我觉得他说的绝对是真话。如果现在让我重选做不做格隆汇?我恐怕真没这个勇气。但我能明白每个人内心都一定存在的那份追求。您当初也是在复旦学了7年哲学,毕业后当了2年多"岁月静好"的大学老师,憋不住内心的召唤才去创业的。您世纪初的第一个大的创业项目"聚众传媒"就非常成功,大概是从无到有赚了16亿元,很大一笔钱。先撇开聚众传媒这个个案的细节,您就谈谈,除了偶然因素,有哪些可以从

中抽象出来,让大家都可以参考和复制的,创业核心的、必然的通用法则?

虞锋:格隆漏了一段啊,我其实在国企也做了很久,创业的时候我其实年纪不算小,将近40岁才出来创业的。但我觉得,过往管理的经验还是给我带来了很多帮助,这确实也是很幸运的事情。我今天也非常感激,我愿意投资,是因为当时的投资者给了我巨大的帮助。

人生有很多很巧合的东西。我很早在美国看到楼宇广告这东西,然后2002年底2003年初的时候,我去找LCD的液晶屏,当时找不到,只有三星做,但三星嫌我们的量小,价格定得比较高。当我们好不容易找到了一家厂,对方说正好有另一家也过来找我们定制,你说巧不巧?就是江南春的分众。我们那时候没有想过马上把这件事做成上市模式,其实只是想做这么一件事情而已,后来想,既然这件事情可以做,那我换个城市,到北京来做吧,然后就开始在北京铺起来了。

但真正让我形成变化的是投资我的投资者,美国的那个投资人。他一上来问我的问题就是:"你将来发展的面有多大?你有没有壁垒?你的团队是否能跟上?"这些问题就是问你的战略、团队。被他们这么一问,我就在想,如果我只在一个城市做,这样的模式要把它变成真正的商业模式是不成立的。挣点小钱可以,但如果作为一个公司,持续成长是不行的。所以这个时候我才认真地思考,是不是要拓展到全国去。那时候分众也正好拿到软银的钱,开始到全国去抢点布点。不过我们很幸运的是,做这件事情的时候才只有两家企业在做。其他人,有钱的人不懂广告,懂广告的人暂时拿不到钱,所以当时我们有这样一个机会。

现在比较残酷的是,当你刚刚想做一个行业,巨无霸会迅速铺上来,给你的思考时间很短,需要你的壁垒真的挖得很深。好在那时候我们有半年的时间,等到我们抢了二十几个城市后,后来者就很难进来了。市场上只有两家的时候,这个市场就很容易做起来。

一方面是因为比较幸运,电视广告需要去补充;另一方面,正好市场有这个需求,我们覆盖了那么多以后,大家觉得我们抓到了中产阶级的这一部分人群。

所以说创业有什么共性?我觉得一开始就要考虑长远,考虑战略。如果是做小买卖过日子,小富即安,这个没问题,但路迟早也会越来越窄。但你如果想做大,就一定要思考这种模式是不是能做得长久持续。如果你想把公司做远,你上来就要问自己,我确定的战略方向是什么?市场到底在不在?我的战略优势到底在什么地方?我的人才在哪里?思考这些问题的时候,慢慢就能把你的路打开。

格隆:刚才我问了虞总一些共性、法则,现在回到具体的细节上来。我可以给大家披露一个细节,虞总当时做聚众传媒的时候,江南春的分众已经在做,虞总采用的方式是贴身紧逼,你怎么做我就怎么做。所以我特别想问一下虞总,我现在看到诸多的创业公司,都在聚焦创新,如果不做创新,好像就没有活路。我的问题是,难道创业的核心竞争力不是创新吗?这种贴身复制也能行?

虞锋:我是这样想的,这个要看在什么阶段。你要想到一个别人完全想不到的东西,这个当然最好,但是光有点子在今天这个时代也不行,还要有强大的竞争力。你当年想做这件事,边上有个人也在做这件事,那他也是刚开始,你要问自己一个问题,这个市场到底在不在?这个更重要。如果在,马上就开始同步做,没什么时间差的时候,这个时候比拼的是执行力。

今天我跟江南春也成为很好的朋友,我们回过头来自己觉得,如果没有对方,这个市场不会打开得那么快。

我认为,如果没有对方的时候,我或许还是那个想法,只做一个城市,小富即安,当时江南春也是这么想的。因为有了对手,你会不断地想怎么战胜、怎么超越。两家从覆盖面、强度的角度来说,我们更深一点。但是怎么卖广告呢?我觉得江南春是中国最会卖广告的人,他想得更深,所以我们就互相学习、互相借鉴,慢慢把这个市场做大。

回到格隆总的问题,我觉得你的创业取决于你最终真的在想的这个点和你的执行力。今天大家看到的咖啡,早就有人做了;服装,早就有人做了,那么你的创新点在哪里?除非你是绝对的技术创新。今天看到这些技术公司,做云也好,做其他的也好,都称不上是绝对的唯一者,这时候比拼的就是执行力,你对整个技术的理解以及方向把握,所以这种情况,我不认为今天所谓的创新就是唯一,要看能不能把真正的东西提炼出来,落实到你的执行力上。

格隆:老实说,我能从这里面听到非常多的我想要的东西,大家可能更多是做投资的,做投资你要找公司、分析公司,从创业角度来分析,一定会收获更大。

我给大家披露第二个细节。2006年分众刚刚上市,聚众当时也提交了上市报告,马上要上市,在这种特别关头,虞总不上市了,和分众坐在一起谈合并,最后两家合起来了。这件事情我们看起来现在是耳熟能详,不管是滴滴、Uber,还是我们现在看到的美团、大众点评,这种行业第一、第二合并现在看起来是很平常的事情,但在本世纪初的时候,老实说这种合并就需要足够的冷静和定力。尤其是上市要敲钟,这是件很荣耀的事情,我上周刚刚在港交所上市大厅做了一次报告,当时我就在想,我什么时候能过来敲钟上市?这实际上是很荣耀的事情,但虞总踩了刹车。

当时虞总的解释是,因为觉得就算我融了钱,最后大家也还会打得头破血流,对两家公司、对社会的整体价值,从商业逻辑来说未见得就是好,虞总用了四个字:合比战好。至于上市的个人面子风光,一点不重要。

所以我想问虞总另外一个问题,是关于 ofo 和摩拜。我的问题是:很多人现在在攻击戴威(ofo 首席执行官)不识时务,没有像摩拜那样向资本和时势低头,选择了一种看似壮烈其实自私的"站着死"。但如果"投诚活命"就是最大的正确,那创业者的坚持、逻辑与尊严去往何处?难道创业者的坚持不重要?难道创业者的逻辑不是凌驾于资本以及上下游生态的逻辑之上的吗?如果您是 6 个月之前的戴威,您会怎么做?

虞锋:其实我特别欣赏格隆总做投资的时候,还仍然保持着文艺青年的激情。

我想问一个问题,成功的标准是什么?大家觉得人生的成功也好,或者企业的成功也好,是说我一定从头做到底这件事才是成功?还是说每条河流从山上下来,就必须流到大海里才是标准?还是说融到长江里就可以接受?这是你要问你自己的问题。

回过头来看,每个行业每个企业都是不一样的。刚刚格隆总也在不断问我聚众的问题,当年聚众、分众从规模角度来说,肯定是创了先河。那时候估值 3 亿多美元,今天看来是很小的数字,但在 2005 年却是很大的数字。那时候我拿的也不是现金,而是换的股票,当然可能比现金更多一点,但我觉得,大家创业的时候,有一个好的合作伙伴、投资者,他是不是真正了解资本市场,或者对这个行业是不是理解,对你这个企业是不是热爱,他给你的建议,对你的影响太大了。

我们一直都说,有些企业应该早点上市,有些企业不一定要那么急着上市,这完全取决于你的企业竞争状态和企业的特点。我们当时在上市这个点上,两家考虑得差不多,但我们的投资者是非常传统、正规的打法,就是你的账上有钱,

你应该帮他上市，但不要着急。

我觉得这个话说的也有道理，这么急着去做干吗？我那时候也没经验，但是分众一上市，给我带来最大的压力是哪里呢？

第一，对方的影响力完全不一样了。

第二，我那时候谈了好几家小的要并购的项目，因为我自己要上市，所以涉及一些问题。在上市的六个月以前并其他的东西，你要对那些企业重新开始做评估并购，时间就被拖长了，因此我的上市时间被拖了大半年。我们的上市是 2005 年开始准备，谈完合并是 2005 年 10 月，我创业比较短，当时只有两年多的时间。

我刚才讲了，上市的早晚取决于公司的特点或行业的特点，我最后还是放弃了。我最后问了自己一个核心问题：如果我一定要敲钟，那么这个行业最后的竞争格局是什么样的？我觉得它仍然会变成一场厮杀，比较低水平的竞争。我不太喜欢那种重复的低水平竞争，我觉得那种市场也大不到哪里。当我们两家，无论是收入还是成本，当年差了将近五倍，所以我觉得那样的话，大家今天才有时间来想，怎样跟大家互动，把消费者的体验做得更好。哪怕为这样的东西，我放弃了一些，但换一个角度，我可以多看一些东西。

可能每个人的个性不一样,我自己一直是这样,做投资相对来说性格要中和一点、平和一点。企业家其实是需要比较偏激、极端一点,认准这件事情不放弃,做到底。但我经常会问自己一个问题,我坚持到最后的结果会是什么?

回到刚刚格隆总说的摩拜和 ofo,这个很难讲。我们当时也看过这个项目,能不能投。我们很难理解一个大量烧钱的企业,它还不像网约车、互联网这些企业有规模效应。骑自行车大家都知道,是基于地理位置的,怎么可能会通过网上订自行车?肯定你是到哪看到有车就骑了,所以这个特点决定它是没有规模效应的。

可能大家觉得这是互联网概念,但实际上这种模式本身就是基于位置的。谁今天会预约说我到深圳站,要找自行车?没有这个说法。只有你走到门口看到自行车了,你才会刷一下。

我认为存在这个需求,但这不是能变成规模化、互联网化的东西。我们认为如果投下去,这两家公司最后最大的可能是变成全世界最大的自行车公司。今天来看确实也是这样,它们订单量最大。如果真的运营好也是一个办法,但不是用一个免费的方式,不能用烧钱的模式做。烧钱一是要烧成一家,二是取决于这个行业要足够大,但很悲催的是今天的中国很多行业烧不成一家。

我们当时没投共享单车,主要是因为我没看懂。第一,我感觉不到它是互联网;第二,烧下去以后又不是独一无二的。至于戴威的选择,作为一个创业者,其实会有各种各样的条件制约,局外人很难知道内情,我也很难评判这个问题。

▷ 有关投资

格隆: 分众(聚众)已成为过去,虞总现在身上的烙印,最醒目的无疑是云锋基金的主席,一个标准的 PE 人士。

有人这么说过,中国风投圈可以这么划分:云锋基金,以及云锋基金以外的其他基金。这其中除了云锋基金自成立以来的骄人业绩外,还有一个很重要的因素,就是云锋基金堪称豪华的背景。除了马云和虞锋两位 GP 外,云锋基金的 LP 名流济济,涵盖 2017 新财富 500 富人榜上 20 名富人,其中 12 位 LP 更跻身中国最富百人之列。这些人不仅富甲一方,更控制一票上市公司资源,即使不完全统计,云锋基金 LP 所控制的上市公司市值加总也已超过 5 万亿元。这些都构成了云锋基金布局落子的生态圈,也是草根 PE 无法比拟的资源。

现在我们进入下一个话题:关于风险投资。

第一个问题,据统计,中国在 AI、机器人、大数据、无人驾驶等诸多关键技术领域的风险投资额,全球排名都位居前三。五年前,中国独角兽的世界占比是0,到去年,中国独角兽公司世界占比已达 36%,直逼美国的 41%,这其中,风投行业功不可没。

但最近几年,风投的打法越来越激进,越来越简单粗暴。所谓的创新商业模式,多数时候是比烧钱,把一个领域(赛道)上的所有竞争对手都烧死,以形成市场垄断地位,再以垄断利润收回投资。资本过处,寸草不生。共享出租、共享单车、视频、团购,莫不如此,草根逆袭创业越来越渺茫。我的问题是,这到底是在促进社会进步,还是扼杀、毁灭社会的创新力与整体价值?风投这种"消灭路上所有异己"的极端玩法,会不会自我强化,会不会让自身整个产业未来无路可走?

虞锋:我前阵子有做过一个演讲,从我们的角度来说,我的看法就是周期,什么东西都有周期。

我碰到很多中国香港的投资人,相对来说他们看的周期更长一点。今天说损失,尤其是大家看到的一些地产行业,中国香港的地产商多一些,他们的做法跟国内地产商最大的区别是,他们持有大量的现金。我们用很高的杠杆率,不断地抢地、卖地,大家可能会看到一个报道,海港城这些地,光租金一年几百个亿。中国香港是拿到一块地慢慢经营,放在那里靠现金流来做。国内是不断地找、不断地卖,当然优势是我们的机会多,有市场,但缺点是什么?是靠薄利不断滚动发展的。

讲这个问题是题外话,我想说的是,你要放大来看什么是周期。

格隆总刚刚讲了一个很尖锐的问题。我觉得从投资的角度来说,可能前几年钱太容易拿了,钱实在是太多了。到银行搞理财的钱也拿出来做投资,只要说马上要上市了,要 IPO 了,赶紧去砸钱,包括传统投资的人,统统在做互联网的 VC 投资,所以钱太多了,什么都愿意去砸。但我认为这些东西是有周期的,你今天再看,现金流很差的那些企业,明年都会融不到钱,就会非常困难。

我觉得这种东西只能靠不断地淘汰,因为所有的 VC、PE 也好,钱都是从 LP 来的钱,LP 最终要问投资业绩。我看到很多基金他说投资周期是三年,我很纳闷。A 股大家都知道,投一个企业要想上市的话,肯定需要至少三四年。大家知道 A 股的退出是多么艰难的事情,怎么可能基金就存续三五年呢?

如果你存续期是三五年的,你的所有的动作肯定都是变形的,赶紧逼着企业上市,不要想其他的。一个成熟的投资者总是会问企业五年以后会变成什么样子? 格隆总刚刚也讲了,总有人说马云今天想退休就退休,其实他十年前就想了他的人才梯队、组织架构、可持续战略是什么。

今天可以看到,火热的时候 AI、自动驾驶上来融资就是 5 亿美元,啥也没看到。我认为,可能自动驾驶的问题不光是技术问题。技术问题什么时候解决不知道,但这里面还涉及很多监管的问题。现在的网约车大家也看到了,滴滴出问题,出租车也有问题,但问题是你是平台,你出现几个问题,这些问题马上会集中在这上面体现。自动驾驶如果要撞死一个人,这个责任到底是谁的? 以前驾驶员撞人,反正是个案处理,是一个平台撞死人,这个责任不一样。

像这些东西你要思考,这些东西的时间到底是多久? VC 的想法还不太一样,他们觉得只要投得早,后面有人击鼓传花就可以了,但我们这些人都是企业出来的,拿过投资人的钱,被这个思想训练过,我们又了解行业。今天做投资,核心还是我们对这个行业的理解,我能不能帮助创业者去思考本质的问题?

本质的问题,就是我翻来覆去讲的战略、组织,长期的发展是什么?只有你这样想,企业才能走得远。在这个走的过程中,你什么时候退都是好的机会。

今天会议的主题是"决战港股",大家思考过吗?在中国香港上市,会有另外一个大的问题,就是流动性的问题。

我不是说没有流动性就不是好企业,但是当没有流动性的时候,投资人走不掉的时候,你就必须要问这个企业到底是不是好企业。如果仍然有核心技术,仍然现金流很好,现金分配也很好,那它就是好企业。如果没有这些,你只是想着烧钱上市,现金流不好的,尤其是在港股,相对来说这个市场偏保守,大家看看那些不挣钱的公司,基本过一年半年都跌回去了。

我还是要替投资人说句话,VC、PE为中国创业带来了巨大帮助。你今天看看,全球所有大的独角兽企业,都有VC、PE的身影,仅靠创业者个人对资本市场进行理解是非常困难的,尤其今天在技术发展、外部发展格局需要并购的时候,投资人对你的帮助非常大,前提是你要问自己是否找到了一个好的投资人。

至于这中间,投资人现在的钱多了,愿意烧这个行业,但很可能过一阵子就没钱了。我看到最近几个月,尤其是这一波,A轮拿到很高的价钱,B轮的钱基本都拿不到了。**市场是有它自己的规律的。**

格隆: 我刚刚问的问题比较尖锐,但其实我内心有答案了。风投对整个中国的企业、创业、创新绝对是功不可没,中国几乎所有的创业企业里都有风投的身影,包括格隆汇。老实说他们也有自己的商业压力,我也请教过李开复老师、徐小平老师,问他们到底是赚钱重要,还是社会价值更重要,促进社会进步更重要?总体来说大家的观点是一致的,他一定会考虑赚钱,但同时一定要促进整个社会价值。有些投资价值在他是不屑一顾的。曾经有一个到美国上市的企业,做信用贷,然后有一家风投投了他,赚了点钱,后来嘚瑟的不行,结果把整个行业嘚瑟没了,被周鸿祎好一顿嘲讽。

这个问题我就不展开了,因为时间有限。我的下一个问题是,雷军说过,大风来了,猪都会飞,以此强调无论创业还是投资,选对行业(赛道)有多重要。但我做投资这么多年,更大的感受是:风停的时候,凤凰与鸡,其实没有区别。共享单车或许就是这么一颗流星式网红。我的问题是,您怎么看待投资的行业选择?未来5~10年,哪些行业或者赛道您认为会慢慢垂死?哪些行业则会拥有更美好的未来?我特别希望您能讲讲您对未来5年中国互联网行业的可能趋势

的看法。

虞锋：我要特别说明一下，我不同意格隆总刚刚讲的，风停的时候凤凰和鸡没区别。恰恰就是在风停的时候，鸡和凤凰才能看出区别。风大的时候它们都能飞，但是风停了，你能看得出来谁能上树，谁只能待在地上。

你今天问到我们所谓的哪些企业是好的，或许我们看方向，其实要看自己，看中国的后30年。其实我们可以看看比我们早的发达国家，有些东西你就是抄人家已经走过来的路，抄别人整个的制度建设。这些东西我们不用想得那么复杂。

我们看这几个产品，归为两类：科技和生活。

科技是什么？科技代表持续往前发展，有持续发展的竞争壁垒的东西，云也好，大数据也好，AI也好，互联网也好，这些技术都要持续发展。

生活类的有两个方面。第一个是健康，这是个永恒的话题，尤其是老龄化加速的过程中，本身医疗保险很难覆盖那么大面的情况下，医疗这块是所有人都很关心的问题。在座的年轻人没有这个感觉，你的父母会有这个感觉，你今天年轻没感觉，但对小孩的健康你不会忽视，所以健康的问题你怎么也绕不过去。

第二个，无论科技进步也好，健康也好，收入增加也好，本质要生活。今天消费的分化非常厉害,消费是不同人的需求。为什么会有那么多的新公司出来,比如拼多多,是因为今天的消费真正开始分化。

这种情况下,我认为你只要抓住这几个点,这些行业肯定是有巨大机会的。当然这里边能不能投,还取决于公司的基因,投资机构是不是擅长投资这个领域。

相对来说我们不擅长做制造业。制造业看得不是很懂,而且做制造业需要持续长期跑步。今天很多人做汽车,投资新能源汽车,但我一直觉得胆战心惊。我们也尝试投了小鹏汽车,但我们还是胆战心惊的。这个行业大家知道,竞争是结束不了战争的,汽车做了一个爆款没有意义,并不能结束战斗。不像阿里在互联网做了一个东西,基本它就独大了,别人只能做一个小东西。

做汽车、手机这些,能靠竞争结束战斗吗?今天你出了新款,明天别人又出了新款。这个战争最多是从原来的500家企业,杀到了20家,再杀到了今天的局面。当然,有些工业领域,比如做家电的变成美的、格力这么两三家了,所以倒过来看,美的、格力现在很厉害,行业利润集聚了。汽车永远有新的款式出来,前面做得再成功,只要中间一款积压,其他的都废了,企业马上就没有了。

做投资的核心还是要看自己擅长的领域。

格隆: 我特别喜欢下围棋,我知道您也是从小学围棋,参加过市集训队,和吴清源先生下过让三子的教学棋。我想问的是,这个对云锋选择公司有帮助吗?什么样的公司,你们认为是好公司,会投它们?在公司好坏的评判维度里,创业者自身你们给多大权重?

虞锋: 其实这也是我们每天都在思考的。说句实话,这个问题我觉得无法定量,只能靠着自己的经验慢慢来看。当然毋庸置疑,这绝对是所有投资者都会强调的,根本要看创业者的能力。可是经常会发现,觉得这个人真不错,但他做的这件事真的不好,也没投他,过阵子,你也会发现确实这个东西他没有投成,转型做其他的东西了,结果他又做成了。

比如今日头条的张一鸣,之前做的都没成功,转型后,就做起来了。投资很艰难的是,有时候要看运气,要看这个人转型能否成功。但不管怎么样,核心点还是这个人。

至于行业模式则是需要杀出来的。大家看看今天的海底捞,做得非常成功。餐饮行业其实有一个好处,在楼下开一家餐厅也能活,但你想行业化、规模化、连锁化，就要思考一个问题，怎样跨过行业餐饮竞争的劣势，怎么能规模化？怎么能产品标准化？

回答刚刚格隆总的问题，作为投资者来说，你对行业的趋势理解应该是非常深的。你也许没有创业者理解得那么深，但至少你对能看到这个趋势、方向，这样才能帮助创业者共同成长。

格隆：我们抓紧时间再问两个问题。云锋基金有大量的成功投资项目，诸如搜狗、阿里巴巴、华大基因、VIPKID、阿里健康、蚂蚁金服等。我的问题是，哪些是令您刻骨铭心的失败项目？为什么会失败？

虞锋：我先讲一下我们的基金特点。做一级市场投资的，通常我们分为天使轮、VC、PE，说得大一点就是 VC 和 PE，区别在于 VC 是扫机关枪的，最后打中两个就是爆款了，我们做的是中后期的投资。VC 的说法是宁可错了也不能漏掉，但我们的策略是，宁愿漏掉也不能错，要少犯错误，这才是能生存下去的道路。但我们又不纯粹是这样的 PE，只是后期看一下数字，因为我们对产业的资源、理解不一样，所以我们会在所了解的这些行业里再往前走得早一点，但前后期我们都能看。

就像我们那时候看 VIPKID，当时他们找我们，纯粹是想让我们帮忙说一说企业的经营情况,因为它的规模很小,我们也不会投,但我是被这个团队感染了,我觉得他们有那样一种精神,找我说话的几个小时就像打了鸡血,我就跟我们的团队说,我们应该看看这样的企业,尽管早了一点,但还是应该看的。那时候它的规模很小,当然现在的规模涨了十几倍。

因为这种思考,我们通常会投上下游,投完以后自己在一个领域里把这个变成了互相支援的生态系统。今天如果你投互联网,电商很难投,但能不能投延伸的行业?所以我们投了菜鸟这样的平台,也投了圆通、中通这样的快递公司,也投了仓库里的机器人管理,这些产业互相之间有协同,生态企业可以帮助投资企业,也可以提高成功率。

讲了半天,我们是在思考怎样能减少死亡,但死亡总归很难避免。我们今天运气比较好的是,在这种系统下,又对这个行业比较了解,死掉的可能性比较小,有时候有困难了,你还能救救它。

一定让我说,我们投过一个物流行业的第二梯队,我们团队当时觉得还是应该坚持投一投,试试看。我当时觉得好像钱也不是很多,可以试试看。今天证明,当在一个行业中已经有了四五家在里边,如果是第二梯队的,同时这个行业是需要不断持续烧钱时,你投这样的企业压力是非常大的,前面的老大会跑得越来越快,在后面的时候如果你想增长很快,就要烧更多的钱,但前面的人已经在里边了。这种情况下你去赌一个行业的第二梯队,这种冒出头的可能性其实不大。

我们每年都会反思我们的哪些东西可投可不投,哪些投了以后尽管挣了钱,但也不是应该投的。我们自己总结的结论是,我们不看这个行业已经有的前面几位,你去投后面的东西,尤其是在他们技术上没有特别优势的情况下,只是靠管理层的冲击,是不足以支撑的。

格隆:最后一个问题,假设现在摆在您面前有三家公司:阿里、腾讯、今日头条,您必须投一家而且只能投一家,您会选谁?why?第二个问题,现在只有两家公司摆在你面前:阿里、腾讯,您只能投一家而且必须投一家,您又会选谁?why?

虞锋:格隆总可能觉得我回答的绕,其实我不是在绕,是因为你决定投与不投的时候参数非常多,你要思考的东西很多。刚刚你说的这三家公司,我今天说,在中国这肯定是最好的三家公司。作为投资来说,你今天要是买股票,你肯定要问相对今天的估值高不高,哪家最便宜,你要问这些问题。

而从今天来说,肯定要问谁的空间更大一点? 如果说前两个都是4 000亿美元的东西,这个是700亿美元的东西,这个空间可能就更大一点。如果你的风险偏好是愿意赌空间更大一点的,至少从700亿搞到2 000亿,2 000亿的时候可能有三倍空间,可能性大一点,而如果那两个变成三倍,就是一万多亿。这种情况下,如果同样是好公司,我觉得还是买今日头条便宜一点。

今日头条大家也知道,做内容,在我们这个体制下总是有缺点和风险的,所以格隆总刚刚讲的问题,其实投资确实是非常烧脑的,总是会有风险问题。你前面讲的这些很好,但一涉及内容,就有其他的风险要考量。

我自己认为腾讯和阿里这两家公司都好,是因为它们在市场的地位占据了两个完全不同的板块业务,确实是做得非常独特。阿里今年在整个电商,包括今天它不是电商,它有巨大的技术储备,它是数据支撑的公司,尤其是后面的技术支持。所以今天来说,为什么大家觉得阿里巴巴非常强大?是因为它不但整个的布局好,技术的构架也好。

还有一个核心点,它的团队与梯队。不知道大家有没有参加过阿里巴巴的投资者大会,现在马总说要退休了,上来了两个CEO,逍遥子和蚂蚁的CEO,两个人都是70后,后面淘宝这些管理者是80后,基本都是85后的。

作为投资人,这种公司很放心。马云现在搞了一个班,把团队里忠诚的人不断进行训练思考,阿里巴巴的人也不断轮岗,这在中国企业很少有。逍遥子也是从不同岗位一个个做过来的,从不同岗位轮换过来,他今天才能坐到这个位置上。

为什么看这样的公司很放心?因为整个结构布局非常完善。现在小公司确实很困难,这种大公司增长率60%,今天在港股收30%的增长率就很开心了,阿里巴巴之前一直是60%的增长,现在说市场不好,回馈给小企业,自己调到50%多。我自己觉得这样的公司,肯定是不必担心的。

腾讯是站在另外一个内容的板块里,它在内容、游戏、娱乐这个板块里,格局几乎没人跟它抗衡,它占了80%~90%多,在这些大的板块里没人跟他竞争,我自己觉得它的整个布局生态也是做得非常完善的。这两家公司真的非常好,真要买,你只能问自己,这两家公司哪家便宜。

格隆: 其实我很认同一个核心的点,就是团队、梯队。格隆汇曾经发表过一篇会员文章,题目是《腾讯会被谁抛弃》,其中讲到腾讯做游戏有问题,或者他们一直在投资等这些容易的事情上做加法,这些其实都是市场早认识到的耳熟能详的观点,并不新鲜,但那篇文章让我印象最深刻的一点是提道:阿里和腾讯最大的区别是团队、是人。

除了财务主管蔡崇信,阿里所有业务条线的高管,几乎都是土鳖。他们从骨子里天然理解和熟悉这片14亿人的热土,他们没有任何岛国思维的束缚,思想极具张力,敢想敢拼敢杀,并将各自的创新力发挥到了极致。他们能像李逵一样赤膊上阵,杀得满脸血污,也能洗个澡,端起咖啡聊战略方向。所以,阿里巴巴,我们除了知道马云,我们一定还知道张勇,知道彭蕾,知道井贤栋,知道樊路远,知道王磊……

反观腾讯,除了微信的张小龙是本土的,其他条线高管,几乎清一色来自中国台湾、香港等岛地的海外投行,他们见多识广,天生高雅精致,能在划定好的舞台与轨道上,把事情做得很标准、很漂亮。

至于中国人那种无时不在的危机感与焦虑感,自我革命,突破常规与创新,那是另一回事。

所以,腾讯,我们除了知道马化腾,最多还知道一个张小龙,你基本不会知道其他人。

这个观点不一定对,但这篇文章的这段分析,给我的印象非常深刻。

总而言之,非常感谢虞总今天能抽出宝贵时间给我们剖析这么多,再次感谢!

乱世带刀

题记：资源或者财富分配的方式不外乎两种：一种是做大蛋糕，然后切属于自己的那一份；另一种是蛋糕没能做大，切完自己的，然后去切别人的。两种都要用刀。

从本周开始，格隆恢复过往的散杂文式的写作模式：不限主题，不限模式，也许与投资有关，也许与投资无关。

所谓功夫在诗外。人生除了投资和苟且，还有诗和远方。投资本身就是一件很扯的事——它是个很容易让人一头扎进去而迷失自我的名利场。

言归正传。

▷ 全球政经：怎一个乱字了得

2015年才过去了短短25天，但已经发生了很多事情。最关键的是，这些事情似乎都不是我们预料中的。如果要格隆用一个词来准确概括，最贴切的莫过于："乱。"

放眼望去，全球政经，怎一个乱字了得。

1. 油价与大宗商品暴跌

一大批依赖产油的国家与企业惶惶不可终日，这里包括在油价高企时经常喜欢秀肌肉的北极熊俄罗斯，也包括原油开采成本几乎全球最低的中东土豪沙特阿拉伯（最具好莱坞思维的阴谋论者说，刚刚沙特国王的去世与政治阴谋以及油价有关，这个只有天知道），当然还包括要关闭在美国40%页岩油井的跨国资源巨头必和必拓。

2. 全球央行大打出手

有一句经典评语：2015年全球最大的"黑天鹅"是中央银行。

看看过去一周参与"群殴"的各国央行的动作,你应该能理解这句话的意思(见下表)。

过去一周各国央行的动作

选手名字	出　拳　动　作	出场时间
欧洲央行	每月买债600亿欧元,由3月起至2016年9月,总规模1.14万亿欧元	1月22日
中国央行	时隔1年重启公开市场逆回购,放水规模500亿元	1月22日
丹麦央行	存款利率再减15个基点,从-0.2%减至-0.35%	1月22日
加拿大央行	减息25个基点,隔夜目标利率从1%减至0.75%	1月21日
英国央行	议息会议记录显示,9名委员会成员中,再没有一个委员支持加息	1月21日
日本央行	下调下一个财政年度通货膨胀预期至1%,将两项原定3月到期的贷款延长一年	1月21日
巴西央行	加息50基点,基准贷款利率提高至12.25%	1月21日
土耳其央行	下调基准回购利率至7.75%	1月20日
丹麦央行	减息15个基点,存款利率由-0.05%减至-0.2%,贷款利率从0.2%减至0.05%	1月19日
瑞士央行	取消实施了3年半的瑞士法郎兑欧元上限,并将已处于负水平的主要利率再下调0.5个百分点	1月15日
印度央行	未等例会举行就宣布减息,回购利率从8%减至7.75%	1月15日
秘鲁央行	减息25个基点	1月15日
埃及央行	减息50个基点	1月15日

以经济学观点,在政府各部门角色定位中天生代表着矜持、高雅、沉稳,从而最应该躲在幕后的各国中央银行,现在全部撸起袖子跳到了前台,开始了一场完全没有节操的"群殴"。央行出场,意味着擂主登场,也往往意味着问题很严重:经济已无招可出了。

对了,你会奇怪上台的选手里为何没有美联储?

原因很简单。在多数国家面临着经济通缩和货币贬值双重压力的时候,美国经济一枝独秀。美联储有的是心情和时间观赏这场"群殴",直到它决定开始在某一天勒紧绳索:加息。

留给其他国家顺畅呼吸的时间窗口已经不多了。换句话说,中国央行如果2015年真要降息降准,得尽快了。别扭扭捏捏,绳索在美国人手里!

还有很多其他添乱的,包括中国A股"1·19踩踏",包括很多人都没有关注的极端主义者对法国《查理周刊》的屠杀,包括华人首富李嘉诚变相撤离中国,包括中国输油管道要经过的重要路线缅甸烽烟再起,美国以及缅北果敢人(阴谋论者说缅北战事与美国亚太有关,与中国石油管道有关,与一带一路有关)的角色传闻风起,包括那个叫ISIS的奇葩组织今天高调宣布处死了一名日本人质,包括腾讯与阿里巴巴再度"大打出手"……

还有,别忘了,今晚要举行的希腊选举。这个南欧小国曾经是2008年全球金融危机的发源地之一。这个曾经创造了无数生动的神话传说人物,并无比骄傲地对美国人宣称"我们祖先在写哲学著作的时候,你们的祖先还在树上荡秋千"的民族,现在一举一动都让全球屏息和战栗:谁也不知道他们会不会扔掉哲学著作,放出一堆去树上捣乱的猴子。

当然,还有国足。亚洲杯竟然三战全胜进入八强。格隆刚刚被点燃欲望,正襟危坐收看第四场——0∶2,澳大利亚完胜。

本来就够乱了,你说你国足还添什么乱呢?

▷ 乱世存活,必须带刀

乱世出英雄,但乱世也会命如草芥。油价暴跌干死了一大批多头,这个情有可原,毕竟没有谁能预测准油价;瑞士法郎脱钩也干死了一大批基金,这种死法也似乎不算冤枉,毕竟在脱钩前,瑞士央行行长乔丹信誓旦旦说瑞士会守住联系汇率,但转眼就变脸,算是奉旨说谎和央行无节操的生动体现。你只能告诉自己组织是不可信的(央行当然是组织的一部分)。

但中国牛市里,很多人不单是把熊市辛辛苦苦赚的钱亏完了,甚至有被"1·19"踩踏打爆的。这种死,是不是有点冤?是不是有点死不瞑目?你都不知道是被谁砍死的。

从经济学角度看,资源或者财富分配的方式不外乎两种:一种是做大蛋糕,然后切属于自己的那一份;另一种是蛋糕没有做大,切完自己的,然后去切别人的。两种都要用刀,区别在于前一种情况一般出现在所谓的盛世,刀只是具有象征意义的分配渠道。后一种则是乱世,刀说白了是用来抢劫的。对盛世或者乱世的判断,直接决定了我们的盈利模式:用什么型号的刀,以及用刀干什么。

判断一个社会是否处于乱世有很简单的标准,就是该社会的分配方式是否符合帕累托最优。福利经济学创始人之一,意大利经济学家维弗雷多·帕累托在20世纪初提出了奠定福利经济学根基的理论:帕累托最优(Pareto Optimality)。所谓帕累托最优,是指资源或者财富分配的一种理想状态。假定固有的一群人和可分配的资源,如果从一种分配状态到另一种状态的变化中,在没有使任何人境况变坏的前提下,使得至少一个人变得更好,这就是帕累托改进,我们可以简单概括为利己不损人。帕累托最优的状态就是不可能再有更多的帕累托改进的状态,也就是利己必须损人。实际上,帕累托最优只是各种理想态标准中的"最低标准"。也就是说,一种状态如果尚未达到帕累托最优,那么它一定是不理想的,因为还存在改进的余地,可以在不损害任何人的前提下使某一些人的福利得到提高。

乱世出门必须带刀,一为防身,二为打劫。说现在全球处于乱世,应该没有多少人会有异议。放眼全球,几乎是狼烟四起。这种背景下,过往遵循各自分配比例共同做大蛋糕的盈利模式已基本没有太多市场,以邻为壑乃至损人利己,明里暗里打砸抢成为主流盈利模式,国家如此,企业如此,连带资本市场也必须适应和迎合这种博弈方式。

你问怎么迎合?很简单。

(1) 今年会是"黑天鹅"满天飞的一年。当"黑天鹅"是常态的时候,用常规的与时间为友、守正出奇的方式,你多半赚不到什么钱的。必须用拐点式思维,充分利用各种突发事件的冲击获取收益。简而言之,用这些事件冲击的点来赚钱,而不是线性布局。抓住其中的2~3个点,你今年就可以休息了。

(2) 切人家的蛋糕,而不是做大蛋糕。

▷ 欧洲危机与西绪福斯的惩罚

全球都在盯着今天希腊的选举,说希腊绑架了欧洲丝毫不为过。

希腊神话中有一位著名的悲剧英雄西绪福斯(Sisyphus),他是科林斯城的国王。西绪福斯拥有卓尔不凡的才智、对生命的激情以及对天神的轻蔑。他用智慧和计谋反抗命运,藐视天神,并一度绑架了死神,让世间没有了死亡,但也因此招致天神的惩罚。诸神处罚西绪福斯不停地把一块巨石推上山顶。可是,每当他把沉重的巨石快推上山顶的时候,石头由于自身的重量又滚下山去。

诸神认为再也没有比进行这种无效无望的劳动更为严厉的惩罚了:不断重复、永无止境,用尽心力却一无所成。

自2008年金融危机以来,这种反复推石头的绝望就长期笼罩着欧洲。欧洲各国政府、欧央行殚精竭虑各出奇招希望能走出危机泥沼,每当努力看似已柳暗花明,但都是转瞬波澜再起。欧洲经济与资本市场就如同一列进入永无尽头的隧道的火车,每次前面出现光明,都会引起大家的欢呼,但最后发现不过是对面交错而来的另一列火车而已。

希腊像个任性又略带点无赖式狡黠的孩子。他所做的一切都只是为了要挟欧洲能够让它减免尽量多的债务,让他们的子民能够从目前怨声载道的财政紧缩中,回到2008年以前曾经拥有的生活模式:下午3:00可以去到街头咖啡店喝咖啡、谈哲学,隔三岔五能够到地中海一边晒太阳,一边聊聊女人的身材。

所以,格隆的意见是,你根本不必担心希腊会真的脱离欧盟,那只是希腊人编的一个新的神话故事而已。

最委屈的是德国。德国曾经在两次世界大战中试图通过战争的方式获得对欧洲的支配权,但都没能实现。没想到通过经济的强大轻而易举实现了。

问题在于,德国人发现,这个老大当得实在是太辛苦了。没有人愿意拉着一群只吃喝不干活的人爬坡,即使这帮人是他的亲兄弟。分灶吃饭的财政与大一统的货币注定就是一对无法调和的矛盾体,欧洲最大的问题是形式的统一与实质的分离——在格隆看来,这与其说是经济问题,不如说是个政治问题。如果欧洲真是类似中国一样的事实上的一个国家,希腊如同中国的一个欠发达的边缘省份,那通过中央财政转移支付可以轻易解决所有问题。

问题在于,欧洲不是一个国家。货币政策是无法解决本应该由欧洲政治家来解决的问题的。随着地区不平衡与国别贫富差距的扩大,辉煌的顶点也就往往预示着内斗的开始。欧洲的大规模QE暂时会缓解一些问题,但不勒紧欧洲人,尤其南欧人的裤腰带,西绪福斯的石头还是会滚下来的。

但欧洲人至少可以长舒一口气的是:索罗斯上周末在达沃斯正式宣布退

休,并退出投资管理领域。他们少了一个乱世中"趁火打劫"的顶尖对手。以后我们可能很难再见到以一己之力与诸多央行对抗的人物了,而只能通过他的那句经典名言去回味了:世界经济史是一部基于假象和谎言的连续剧。要获得财富,做法就是认清假象,投入其中,然后在假象被公众认识之前退出游戏。

什么?你问石头滚下来会不会砸死人?当然会的。比如这次欧洲QE,很多格隆汇朋友询问我能否做空欧元。格隆想说的是:你是不是弄反了?弄反了真会死人的。

▷ 一个民族,是需要一定底线的

当然,欧洲最近也不全是混乱。混乱中折射的一些东西,给人的是一种感动和尊崇——法国的查理事件。

《查理周刊》是一份讽刺画报,政治倾向属于极左派,反对一切权力,讽刺面极广,且极其尖刻。它在经营上完全独立,不接受广告、投资和任何形式的赞助,仅靠读者勉强维持。所以这样一份刊物的存在,是新闻自由和言论自由最好的体现。极端分子对它的恐怖袭击杀害了该编辑部的主要骨干。

法兰西是民主共和的摇篮,自由平等的故乡。编辑部惨案发生后,法国民众的反应不是恐惧,而是愤怒和坚定。这个平时看似派别林立、各持己见的民族,在这一挑战核心价值观的暴行面前,表现出空前的一致。2015年1月11日,仅巴黎就有至少150万人,全法国有400万人举行了规模空前的"共和大进军",所有人,不分种族、肤色、信仰、政见、党派、阶级,都发出"Nous sommes Charlie!"(我们都是查理!)的吼声。

一个参加了游行的在法国的格隆汇朋友给格隆发来现场图片时附了一句话:这是一个有底线的民族,一个无愧于伏尔泰、孟德斯鸠、卢梭等启蒙先驱的民族。

格隆想起的一个话题是:如果没有南非政府的底线,曼德拉在蹲监狱28年后还能否活着出来,还会不会有南非的民族大和解?如果没有缅甸军政府的底线,昂山素季有没有机会在被软禁15年后还能健康走上国家和解道路?

每一个有底线的人都是值得尊敬的,哪怕他曾经是你的生死对手。

▷ 我选择纪念谁，干卿何事？

乱世的时候，总是难免让人想到生死。

人有很多死法。或重于泰山，或轻于鸿毛。前不久格隆写了一篇文章祭奠一个叫姚贝娜的歌手。有读者质问格隆：你太没有价值观了，该祭奠的你不祭奠，却去祭奠一个戏子？

在此我引用一段网络的评价：我原以为人心有其自然的规律。我原以为，人死了还被强分功名尊卑，乃是对死者的最大不敬。我原以为，"戏子"这个词早被扫进了汉语的历史垃圾堆。现在看来，我错了。

我乃一介布衣，只是对一个像你我一样普普通通、毫无背景，但却靠自己双手为自己梦想艰难打拼的女孩感同身受，如此而已。

其实我想问的是：我祭奠谁，干卿何事？

2015 年 1 月 25 日

阿里巴巴暴跌的幕后：
互联网公司的 GAAP 与 Non GAAP

题记：稍微聪明一点的投资者当然明白这个把戏：这就是互联网公司在耍流氓。

市场都知道，马云摊上事了。

但到底惹了谁？这个就众说纷纭了。

但其实最近（注：2015 年 1 月下旬）科技股的日子都不好过，无论中美。美国科技股的季报真是看得格隆心惊肉跳，大象级别的公司都在季报发布后上蹿下跳十个点，不知道美股投资者的小心脏这段时间还能不能撑得住。

1. 先是在 21 日，Netflix 业绩超预期，当天大涨 17%。
2. 接下来 27 日微软业绩下滑，暴跌 9.25%。

3. 也是在 27 日苹果下跌 3.5％，但是当晚发布的靓丽财报使得股价在 28 日大涨 5.66％。

4. 接下来就是在 29 日，阿里巴巴业绩不及预期，暴跌 8.78％，盘中下跌超过 11％。

5. 同样在 29 日，三星宣布 S6 因为发热量原因弃用骁龙 810，高通暴跌 10.28％。

6. 29 日盘后，亚马逊发布四季度财报，虽然盈利倒退 10％但还是超出市场预期，盘后大涨超过 12％。

经过这样一轮风暴，市场上的投资者恐怕都成了惊弓之鸟。对于任何好消息、坏消息都有可能反应过度。在这样的市场环境中，投资者最好还是要控制好自己的头寸，把风险管理放在第一位。

境外的事情不想操心了，格隆来说说阿里巴巴。昨晚阿里巴巴在美国一夜回到解放前式的"豪放"暴跌，实在是对中国科网股影响太大了。网上最经典的评论是：阿里瞬间跌掉了一个京东，京东被吓得跌掉了一个聚美。

昨天跟阿里关系最近的京东、唯品会躺枪自不必说，百度昨天盘中一度也被拉下来 3 个多点，今天的腾讯盘中下跌超过 3 个点。更不用说其他悲惨的小票了。

这就让我们不得不关心一下：BABA 到底怎么了？

市场有很多解读，但都是看热闹的打酱油心态，缺乏足够的专业性。

格隆对阿里巴巴的不祥预感是从 27 日淘宝官方微博公开质疑工商总局的"网络交易商品定向监测结果"开始的，这是跟官方较劲啊！作为监管机构的工商总局怎么可能示弱，28 日马上就祭出《关于对阿里巴巴集团进行行政指导工作情况的白皮书》作为反击。28 日当晚，阿里巴巴股价下跌 4.36％。

不知道各位投资者是否注意到，在 28 日阿里巴巴其实是有一个很大的利好消息的，就是蚂蚁金服旗下的芝麻信用开始公测。作为国内第一家上线的第三方征信平台，同时也是实力最雄厚的征信平台，在格隆看来，其利好的影响应该不亚于微信朋友圈广告之于腾讯的影响。但是这样的一个重大利好竟完全被阿里与工商总局之争淹没掉了。

在这样的背景下，一份差强人意的季报对股价的打击就可想而知了。从蔡崇信昨天业绩会上的表态来看，阿里没有丝毫让步的意思，所以阿里与工商总局之争可能还会进一步发酵。甚至最坏的情况，会不会引起之前美股投资者对聚美那样的集体诉讼都不得而知。现在很多格隆汇的朋友都在给格隆转发有美国律师代表投资者对阿里巴巴发起集体诉讼，这个因为不属公司重大信息，可以不必公告，所以真实性不得而知。但这玩意儿的杀伤力，你看看聚美的榜样就知道了。

还有一个坏消息：亚马逊盘后业绩超市场预期，前期资金从亚马逊流入阿里巴巴的趋势应该多少会逆转。综合这些，阿里的股价恐怕短期内都会承压。

万人迷的阿里巴巴一夜墙倒众人推，问题出在哪儿？

在格隆看来，阿里的这份财报也没有那么差，至少没有差到可以让阿里的股价跌10个点的程度。只是由于上面提到的那些原因，导致这份财报被投资者以最差的视角来解读了。

什么叫最差视角？格隆给你做点解释你就懂了。

我们一起来看一看这份财报里面的几个关键点。

首先说 GMV，四季度 GMV 同比增长 49%，这个增速已经是 2014 年内的高点了，2013 年四季度 GMV 的同比增长也只有 53%，差距并不是很大。尤其是考虑到阿里的基数，这样的一个增长是没有任何问题的，所以，这不是什么问题。

之后就是货币化率，也就是营收对 GMV 的百分比。这个问题 2014 年以来一直困扰着阿里，就是货币化率的下降导致营收增长始终跟不上 GMV 的增长。主要原因还是移动端 GMV 占比的提升和移动端相对较低的货币化率，这个其实在预期之内。

不过这次阿里还给出了另外一个导致货币化率降低的原因，就是调整了 PC 端效果广告的一些算法。这个调整可以提升用户体验，但是货币化率短期会受到影响。从财务和估值上，这其实也不是什么大问题。

那么，最大问题出在哪儿？是利润率！

利润率的问题出在哪儿？是 GAAP 和 Non GAAP。

GAAP 和 Non GAAP，这是很多专业投资者都没搞明白的东西，但并不复杂，格隆来做些通俗化的解释。你只有搞懂了这两个东西，才能知道真正推阿里巴巴下水的是谁。

阿里财报中最为严重的问题是利润率的下滑。2014 年第四季度阿里巴巴的运营利润率为 35.7%，而去年同期则高达 46.9%。这直接导致阿里巴巴净利润同比倒退 28%。利润率大幅下降的最主要原因就是四季度 43 亿元人民币的巨额期权费用，这部分期权费用占收比高达 16.5%。去年同期的期权费用仅为 6.6 亿元人民币。

巨额的期权费用是上市初期互联网公司的通病。为解决这个问题，公司都会在财报中单列出一项调整后的利润，即 Non GAAP 或者 Non IFRS 利润。如果看阿里巴巴的 Non GAAP 净利润，第四季度同比增长 25%，还是一份不错的成绩单。

那么 GAAP 和 Non GAAP 利润有什么区别？什么时候该看 GAAP？什么时候该看 Non GAAP？

GAAP 和 Non GAAP 之间的差异，最常见的由两部分构成：一次性损益和非现金损益。

一次性损益典型的例子包括：一次性出售资产的收益，一次性的汇兑损益，一次性的资产减值，一次性的政府补助等。这些一次性的损益反映的是在财报期内由于某些特殊原因造成的损益，不会重复出现，也不会对公司下一阶段的主营业务有很大的影响。

另一种情况就是非现金的损益：典型的例子是类似阿里这样的股权激励费用和无形资产摊销。

格隆个人的理解是，可以接受一次性损益的调整，但是不能接受非现金损益的调整，尤其是在市场风吹草动的情况下。Non GAAP 利润的初衷就是管理层为了让投资者不受一次性损益的干扰，更好地理解公司主营业务发展的情况而设计的。在 Non GAAP 利润中过滤掉一次性损益带来的波动可以更真实地反映公司的经营状况，因此是合理的。

但是非现金的损益调整尤其是以非现金形式产生的费用，如员工股权激励，则是不合理的。特别是当这种股权激励成为一种常态的时候。

格隆先通俗解释一下为什么给员工的股权激励会影响损益表。

如果公司对投资人配股，公司的股本会扩大，同时也会从投资人处获得现金，这样一来公司的资产负债表就是平衡的。给员工股权激励也会扩大公司股本，但因为是给员工的奖励，又不能对员工收钱，所以这笔奖励的费用必须由全体股东支付，也就是从公司当年的利润中扣除，只有这样，公司的资产负债表才是平衡的。但是在这个过程中,公司并没有从当年利润里拿出现金支付给员工,所以才叫非现金损益。同理,如果公司给员工的是期权激励,公司需要支付的就是股价与行权价的差价部分(股权激励也可以理解为行权价为 0 的期权激励)。

现在是不是有点懂了?

那么,为什么把股权激励的费用加回到 Non GAAP 利润中是不合理的?

首先,股权激励对所有股东的利益是实实在在的摊薄,对股价是有负面影响的。

其次,互联网公司的股权激励已经成为一种常态。几乎所有互联网公司都利用自己的高估值在玩这种股权代替工资奖金的游戏。很多公司每年都给员工做大量的股权激励计划,这种摊薄的效应会持续存在,而非一次性的。

那么为何互联网公司热衷于用股权方式激励员工而不是直接给员工加工资呢?股权激励除了不用公司支付现金这个显而易见的好处之外,还有一个很多人没有注意到的优势,格隆来为大家解释一下。

公司给员工价值 1 万元的股票和 1 万元的现金,对于员工而言价值是相同的(如果不考虑税收差异和交易成本)。但是对于公司而言却大相径庭。给员工支付 1 万元的股票同时省下了 1 万元的现金,按照 Non GAAP 的标准,公司报表上的利润就增加了 1 万元。假设公司目前 Non GAAP 市盈率为 20 倍,多出来的 1 万元利润可以给公司增加 20 万元的市值。但公司支付给员工的市值只有 1 万元,这样的一只股票对现金的置换,就为公司增加了 19 万元的市值。

格隆用一个可能不是很恰当的金融行业术语做比喻:直接从利润中支付的工资是高能货币或者叫基础货币(不懂这两个词的同志请去百度一下),而用市值支付的工资是 M2,中间的货币乘数就是公司的 Non GAAP 市盈率。

所以说,如果市场能够一直接受用 Non GAAP 利润估值,极端一点公司管理层就可以采取这样的方式:所有的研发、行政和市场人员全部不发工资,都以股票来支付。这样的极端情况下公司的 Non GAAP 运营利润率就是公司的毛利率,利润率会大幅提升。现实中虽然没有公司做得这么极端,但是持续的股权激励其实是出于同样的考虑。

稍微聪明一点的投资者当然明白这个把戏:这就是互联网公司在耍流氓,但在市场情绪很高涨很乐观的时候,这么做确实能增加市值,皆大欢喜,所以大家都乐见其成,睁一只眼闭一只眼接受你的 Non GAAP 估值。但是一旦市场情绪掉头，投资者就一定会用最谨慎的态度审视公司的财务情况。那个时候恐怕大多数人都会看 GAAP 利润。

这一次对于阿里巴巴而言，不考虑员工股权激励费用的 Non GAAP 同比增长 25%，但 GAAP 利润同比倒退 28%。以往大家会不在意，但这次不一样了：当大家都在找你茬的时候，恐怕大多数投资者看的都是 GAAP，所以杀你没商量。

所以，工商局事件只是改变了一下氛围，真正在背后捅马云刀子的是 GAAP：这是自己种下的因，在某些时候，当然必须自己承担果——一个季度拿 43 亿股权送员工，阿里巴巴一个季度才赚多少利润？

对于奇虎、YY 这样的公司也是一样的。虽然用 Non GAAP 的估值来看已经比较便宜了，但是在投资者对公司前景不是很乐观的情况下，就会转看 GAAP 估值，这样公司的估值优势就没有那么明显了。

如果我们同意现在是一个应该谨慎一点的市场环境，必须用 GAAP 估值来判断公司价值，腾讯和百度是比较有优势的。因为这两个公司上市的时间比较长，给员工的股权激励已经不像刚刚上市的公司那样大的比例。所以腾讯和百度的 GAAP 和 Non GAAP 利润率之间的差距通常只有 2～3 个百分点。这可能也是最近腾讯和百度走得比较稳健的原因之一。

2015 年 1 月 30 日

滴滴、快的闪婚：
与爱情无关　必须阻止他们

题记：滴滴、快的闪婚，极可能构筑一个漫长的"移动出行"行业的冰河期——绝大多数行业参与者的利益都将确定受损，除了滴滴、快的自己。

▷ 情人节？还是愚人节？

先让大家做一个会损耗10%以上脑细胞的选择题：

2015年2月14日情人节，以下哪件"在一起"是最不可能发生的？

1. 韩国和朝鲜合并；

2. 白宫向宿敌卡斯特罗献花并致以节日问候；

3. 滴滴(腾讯系)与快的(阿里系)合并。

如果不是媒体白纸黑字，绝大多数有正常思维的人，都宁可选1、选2，也绝不选3。昨天双方还在为红包打得头破血流呢，转个身就能约会、接吻，然后闪婚领证？

所以，格隆到现在还在怀疑，昨天到底是情人节，还是愚人节？

但两家的合并貌似真的：2月14日消息，快的打车与滴滴打车今天联合发布声明，宣布两家实现战略合并。两强联合后的新公司将实施Co-CEO制度，滴滴打车CEO程维及快的打车CEO吕传伟将同时担任联合CEO。两家公司在人员架构上保持不变，业务继续平行发展，并将保留各自的品牌和业务独立性。

这次联姻，据说只约会了22天。两个意识形态完全不同的人因为某些特殊原因牵手，这令很多手上捧着鲜花的女孩非常失望：这都可以在一起？！再也不相信爱情了！

很有戏剧性，也再次应验了NIKE那句著名的广告词：Nothing is impossible。

所以，谁再敢说电信与联通的合并根本不可能，罚你蹲墙角面壁一个小时。

但这事可不是猜猜马云、马化腾谁是"攻"谁是"受"(不懂什么叫攻，什么叫受？什么是直，什么是弯？好吧，格隆也不懂)，然后能一笑而过的事情。

这件事情如果成真，直接后果是：

1. 中国互联网历史上最大的并购案。据说两家合并后会有60亿美元估值；

2. 最快速度创造了一家中国前十的互联网公司，而且这个排名可能迅速上移：有乐观者认为这家公司会到500亿~1 000亿美元市值；

3. 垄断中国"移动出行"行业99.8%市场份额的巨无霸恐龙诞生，而且未来可能会成长为又一家过千亿美元的公司；

4. 中国"移动出行"行业的冰河期到来，很多人的奶酪会被动，很多在这个行业、准备进入这个行业、依附这个行业的公司将会呼吸困难，甚至绝望退出。

所以，这场婚姻，无论他们求婚时有没有用"无人机"，都绝不仅仅是他们俩之间的事。

▷ 为何闪婚？——维护核心利益

很多人在猜测、分析两个昨天还在撕破脸互殴的人闪婚的原因。

格隆先说一个故事。

某富翁要娶老婆。婚介公司费了九牛二虎之力海选了三个各方面条件都很优秀的女孩。富翁给了三个女孩各 1 000 元，请她们把一个房间装满。第一个女孩买了很多棉花，堪堪装满了房间的 1/2。第二个女孩买了很多气球，好不容易塞满了房间的 3/4。第三个女孩非常聪慧，她买的是蜡烛，让温暖的烛光瞬间充溢了整个房间。

最终，富翁选了胸部最大的那个。

故事告诉我们：用户的核心诉求，才是他做决定的根本。

格隆相信，滴滴、快的合并，绝不是程维（滴滴 CEO）、吕传伟（快的 CEO）的主意。他们俩的核心诉求是垄断市场，一家独大。所以他们一心想的是比赛烧钱，死磕对方，直到烧死对方为止。

问题是，他们背后还有马化腾，还有马云，还有淡马锡、DST、经纬创投、软银这些金主妈咪。他们的核心诉求非常简单：利益。程维、吕传伟可以烧纸一样烧钱不心疼，但马化腾、马云会，淡马锡、DST、经纬创投、软银这些投资方会心疼：媳妇是自己的。

正所谓：天下熙熙，皆为利来；天下攘攘，皆为利往。

滴滴、快的闪婚，是最好地践行了 19 世纪英国首相帕麦斯顿的哲学：没有永恒的朋友，也没有永恒的敌人，只有永恒的利益。（所以客观地说，简单的商人，远比那些害死人的意识形态主义者更适合做政治家。）

如果你还没懂其中的意思，格隆带你看看这两个"败家子"的融资记录与烧钱记录，你就一目了然了。

先看融资记录。

滴滴打车的融资记录是：

2012 年获金沙江创投 A 轮 300 万美元融资；

2013 年 5 月获得腾讯 1 500 万美元 B 轮融资；

2014 年 1 月获得 C 轮融资，中信产业基金领投 6 000 万美元，腾讯跟投

3 000万美元；

2014年12月获得新一轮超过7亿美元融资,由淡马锡、DST、腾讯主导投资。

快的打车的融资记录是：

2012年底获得阿米巴资本数百万元天使投资；

2013年4月获得阿里巴巴、经纬创投1 000万美元的A轮融资；

2014年上半年完成总额超过1亿美元的B轮融资,共有四家投资方,阿里巴巴领投,一嗨租车参与；

2014年年底获得老虎环球基金领投的1亿美元以上C轮融资；

2015年1月15日完成新一轮总额6亿美元的融资,由软银集团领投,阿里巴巴集团以及老虎环球基金跟投。

你是不是想由衷说一句：有钱,真的好？！

再看看烧钱记录：

滴滴打车、快的打车两家公司的生意模式、盈利模式完全相同。自成立之日开始,两者在市场中布局的步调就极为相似,竞争也格外激烈。腾讯和阿里两家巨头分别入股后,滴滴打车和快的打车也成为微信支付和支付宝获取移动互联网用户的先锋,二者在移动支付方面围绕市场份额争夺的"烧钱大战"也愈演愈烈。

在长达一年多的补贴中,两家到底烧了多少钱并无确切数据。最新数据是滴滴打车CEO程维在去年10月接受媒体采访时称,滴滴两年时间烧掉了15亿元,"可以说我们是最烧钱的互联网初创公司"。"有一天,我们甚至烧掉了1 000万美元",滴滴COO柳青曾表示。按滴滴打车每日补贴司机和乘客的钱1 000万~2 000万元人民币计算,滴滴所有融资也就勉强够烧7个月到14个月。

快的打车至今并未公布关于补贴的相关数据。但有媒体报道,马云已经对快的大把烧钱却并未达到预期感到不满。

在早期用户支付习惯已经培育起来的前提下,再这么烧纸一样地烧钱,哪个有钱土豪风投会心跳呼吸不加速？哪怕你是中国首富。

很多人夸赞马化腾、马云的这次握手体现了大局观和气度,具有企业家的博大胸怀。在格隆看来,他们有"怀"（算计）是不假,"胸"真的是没有的。

握手不是为了言和,只是为了止痛——谁也架不住自己的钱这么烧下去,尤其是对面那个家伙短期丝毫没有被烧死的迹象的时候。

痛了,也就放下了。

格隆完全相信,他们一边在拥抱领证的时候,一边肯定还在心里臭骂对方。

▷ 谁在发抖——"移动出行"行业的冰河期到来

根据易观国际的数据,截至 2014 年 12 月,中国打车软件的用户总户数为 1.72 亿,其中快的打车的市场份额为 56.5%,滴滴打车为 43.3%,其他打车软件仅为 0.2%,基本可以忽略不计。

这是千秋万代、一统江湖的节奏。试问:中国还有谁有能力烧几十亿元去培养一个新竞争对手出来?

百度和 Uber?也许吧。百度和 Uber 在去年年底也已经走到了一起,而 Uber 在去年 8 月就已经面向第三方 App 开放了 API。在百度四季度财报电话会议上,李彦宏表示百度地图和 Uber 的集成即将完成。但这种跨境洋婚,格隆从不看好:一个喜欢吃牛肉,一个喜欢吃猪肉,在中国能服水土?不拉肚子就不错了。

格隆相信,很多人会无心感受这个情人节和春节的温馨。滴滴、快的领证,对绝大多数人来说,都是大冬天里突然南下的西伯利亚寒流。可怕的是,这股寒流才刚刚开始,它可能构筑一个漫长的"移动出行"行业的冰河期,绝大多数生物在这个时期是很难生存的。

这个寒流很具戏剧性、很突然,但更多的是严峻。

首先洗洗睡的是直接竞争者。按统计数据,打车软件还有 0.2% 的竞争者。格隆真的不知道这陪太子读书的 0.2% 是谁,你们还好吗?要不要认真考虑考虑,是否还坚持读下去?要不要去买张文凭算了?

你问 0.2% 怎么翻译?

用英文翻译叫:nothing。

用中文翻译,叫白板(不懂的人抓紧趁春节去打两局麻将,要带东西南北风和红中癞子杠、白板的那种)。

撇开直接竞争者,第一轮被无情抛弃的无疑是乘客。

合并后,乘客基本没有任何要价能力,而支付习惯也被绑架。其实很早两家公司就采用只补贴司机、不补贴乘客的方式了。这次滴滴、快的合并说明中承诺未来会继续补贴:呵呵,你这是欺负格隆没读几天书啊!

所有乘客,你就乖乖准备着未来打车越来越难叫到车、打车费用越来越高的无奈吧!

第二轮被始乱终弃的,当然是出租车。

过往出租车与乘客直接交易,滴滴、快的以大公无私"送钱"的面貌出现,成功楔入出租车与乘客两者之间,成为两者交易的中介媒介。在培养好用户习惯并掌握终端用户后,出租车司机一夜之间发现自己必须听命于这两个打车软件了,因为你见不到终端客户了。

这不算完,滴滴、快的干脆撇开出租车,弄起自己的专车车队。这已经不是要钱的问题了,是要命了。最傻的人也能弄懂,滴滴、快的下一步必然把高毛利的单子全部选择性派给专车。这种情况下,一些城市出租车司机罢工抗议也就不足为奇了。不知道他们有没有终于想明白,当初滴滴、快的为何要"送钱"。

第三轮被始乱终弃的,不出意外,应该是租车公司。

滴滴、快的撇开出租车公司做专车模式,存在着无牌照违法运营的灰色擦边球,他们采用了与租车公司合作的方式。这方式很取巧,司机、车都不是自己的,违法也就无从谈起。租车公司发现业务上门,也就乐见其成,积极配合,投怀送抱。

但,这也就是与出租车合作模式的翻版炮制而已。

这里面最尴尬的无疑是易到。这个曾经一度和滴滴、快的都闹出绯闻的美女,现在一定相当落寞。滴滴、快的哥俩比赛烧钱,首先烧死的肯定是易到。哥俩不烧钱了,易到只会死得更快。去年8月,易到用车就牵手百度推出商务租车服务——"百度专车"。另外,易到用车与海尔产业金融成立了合资的汽车租赁公司"海易出行",3年后计划达到80亿元资产规模。格隆的建议是,别折腾这些没用的,抓紧和Uber合并是急策、上策。

另一个相对尴尬的是神州租车。神州租车在今年1月底推出自己的专车服务"UCAR 神州专车",并声称将拿出25亿元争夺市场——真难为了神州租车。没有支付工具做后盾的公司,想用租车这种低频服务绑住用户,几乎比登天还难。硬件基因决定了神州未来极大可能沦为滴滴、快的的管道工,就类似目前三大运营商与BAT三巨头的关系一样。

好在,神州租车有联想投资背景,而据说促成滴滴、快的合并的中间人就是联想柳传志——滴滴总裁柳青的父亲。柳传志的面子,江湖上都还是要卖的。

但,Business is business。与其最后必然沦为管道工而被兼并,是否不如现在就贴上去,卖个好价钱?

至于AA租车、一号专车、PP租车等,也许感受到的凉飕飕的风要更大一点(我看到有相关公司高层接受采访,说自身业务不受此事件的影响与竞争,格隆只能说:呵呵)。

"移动出行"领域硝烟最小的,可能是代驾、拼车、公交、地铁等更广泛的移动出行领域。但硝烟小,是因为滴滴与快的在忙着打架。现在人家不打了,闪婚了,请问一道高考送分题:谁是河蚌?谁是渔翁?

这哥俩一断背,还有人敢自称渔翁?

不是疯了,就是痴了。

▷ 必须拆散他们——何以反制?唯有反垄断

格隆看到市场有浪漫主义者如此评价两者合并:用相爱代替相杀。滴滴打车总裁柳青用的评语更文艺范:"打则惊天动地,合则恩爱到底。"

是的,你已经知道格隆要说什么了。

他们领的是假结婚证,障眼法而已,双方其实内心一丁点也不喜欢对方。这与房地产限购时无数人假离婚去买第二套房子没有任何本质区别。

与爱情无关,与浪漫无关。与征伐有关,与利益有关,与杀戮有关。

一纸婚约的遮挡,只是为了腾出手来更方便去征伐弱者而已。

对这个事件鼓掌喝彩,一定是阿Q式的思维:他们合并,只是为了腾出牙齿来而已。

学过最基础福利经济学的人都懂:垄断必然会引致消费者剩余(利益)的损失。绝对垄断者走过的路,都是寸草不生的!

竞争可以产生合并,但不能允许竞争产生绝对垄断以及吞噬社会福利。

快的打车的市场份额为56.5%,滴滴打车为43.3%,其他打车软件仅为0.2%。这已经不叫绝对垄断,这叫独此一家,别无分店。

这当然是垄断。而且,按照两巨头过往行为惯例,这种垄断会确定,也会毫不怜悯地动该领域所有能动的蛋糕。这就是格隆前面说的,这个行业里的很多人未来会因此体会到深及骨髓的冷。

所以,格隆的建议是:不要喝彩!

想办法，阻止他们，拆散他们。宣布他们的婚姻无效。

你问用什么方法？当然是反垄断。行业中的两大巨头合并，涉及绝对垄断问题，这是商务部会管的事，也是为民请命，必须要管的事。

我国反垄断法规定，较大企业通过并购导致市场上竞争者减少的行为，应进行事前强制申报。

格隆是不是有点多管闲事了？

不过我真的很紧张：前面差点戳破手机屏幕，好不容易抢到的几张打车代用券，还能不能用啊？

2015 年 2 月 15 日

投资之外
——关于牛市、财富、泡沫与江南文化

题记：春雨楼头尺八箫，何时归看浙江潮？芒鞋破钵无人识，踏过樱花第几桥？

▷ 世间本无事

最近发生了很多事。

李光耀去世，引致全球为之默哀——真正为自己的人民，为人类做出了贡献的人，全球都是不吝于给予尊崇与掌声的。也许李光耀没有达到曼德拉、昂山素季、德蕾莎修女那样的高度，但他们都有一个共同的特征：光脚行走在爱中！而多数时候，爱都比称号、谎言和墓碑更长久植根于人心。

中国博鳌论坛正式宣布"一带一路"倡议细则，亚投行的成立也戏剧性地得到了多数国家的捧场。在GDP增速连续下滑、老经济难以为继、新经济可预见时间仍无踪影的大背景下，这种庙堂层面的荣光，即便看起来与普通草民个体的局促生活几乎没有什么关系，但仍能极大对冲普通中国人心中的迷惘与失落，增加普通中国人心中的慰藉。死去元知万事空，但悲不见九州同的陆游家国情怀，植根于每一个普通中国老百姓内心中。

中国证监会宣布允许内地公募基金直接通过沪港通投资港股，并同时对一批A股公司立案调查。这一进一出，无疑会让财富的魔方开始换面，无疑会让3 500点以后进场的A股投资者内心顿生忐忑，但会让迷惘失落的中国香港年轻一代看到些许财富的希望。其实财富集聚密码远没有那么复杂：不谋全局者，不足以谋一隅。

格隆汇日前已开始提示A股开始累积泡沫风险。该泡沫或许还没有那么耀眼，但无数历史已经证明，越涨越卖，在这种阶段是绝不会后悔的行为方式。

之所以如此"煞风景",不是因为我们掌握庙堂机密,只是因为我们的眼光一直在全球视野,而不是A股这个弹丸之地,我们见识了太多的牛熊,我们能保持必要的清醒,我们知道万有引力定律会让所有远离地面的东西滚回地面,我们知道所有的弹坑与洼地在雨季都会被填平。这只是个时间游戏而已。

多数人做投资最容易犯的错误就是过分相信自己的能力。其实绝大多数时候,我们赚的只是大趋势的钱。我们近期的收获,不是因为你多牛,只是因为A股这个阶段牛市环境而已。但你不能指望博傻的逻辑能一直有效,不能指望自己一直比别人聪明、能更早退出,更不能指望有源源不断的傻瓜涌进市场为你接盘。

所以,对于那些沉醉于"每次泡沫来时,总是存在两种人:一种人不停地指出泡沫会破灭,另一种人欣然在泡沫中游泳。前一种人越来越聪明,后一种人越来越有钱"这种近乎精神错乱逻辑的人,格隆只能送他四个字:自求多福。

雨润集团董事长祝义才被纪委带走接受调查。这个踩在畸形的政经边界里、一度位列中国民营企业500强第8位的掌门人,以一种很突然,但又丝毫不意外的方式暂停了他的奋斗史:他的离开,会让多数中国香港市场的基金经理出口恶气:他欺骗市场的次数实在太多太多了。财富是个很奇妙的矛盾的综合体,很多时候,你说不清它为什么会来,又为何会离去。但有一条是亘古不变的:走正道,赚该赚的钱。否则,出来混,迟早是要还的。

雨润这件事让格隆想起另外一家大农业公司:汇源果汁。这个民族品牌曾经如日中天,并在2008年9月宣布可口可乐公司以约179.2亿港元收购汇源果汁集团的全部已发行股份及未行使可换股债券。但该申请被商务部以垄断为由于2009年3月18日否决——垄断法实施后商务部否决的唯一个案。6年过去了,今天的汇源果汁只有61亿港元市值,并于3月18日以3.89亿元向泛海香港旗舰公司中泛控股(715.HK)出让7.9%的股份,这相当于汇源只有49亿港元的估值——实在让人唏嘘。事实上,汇源掌门人朱新礼当时卖掉果汁,然后拿到境外巨额资金去做上游果树果园的战略思路无比正确——既套了现,还仍然牢牢把控着上游资源,可口可乐怎可能垄断。但在拿着锤子的商务部眼里,看什么可能都像钉子。到今天讨论谁是谁非已不重要,我们唯有祝福朱新礼这个中国企业家中少有的、扎扎实实勤勤恳恳做实业的朴实老人好人好梦。

在全通教育把A股多头空头通通教育一遍开始跳水后,朗玛信息接过接力棒再次向300元高地冲锋。英雄会陆续淡出江湖,但江湖永远有英雄的传说和仿效者。对于市场资金而言,这里很适用马克思那句名言:"当资本的利润能达到 100%,它就无所不为,敢于践踏人间的一切法律;当利润达到 200% 时,就会有人不惜冒着上绞刑架的风险。"

一名德国飞行员日前故意撞毁空客 A320 飞机,导致机上 150 名人员无辜罹难。机上没有中国人。貌似与我们无关,但格隆仍会很惶惑与愤懑:因为我至少知道,生命去了就不会再回,于谁都是。

如果你把世界视作一个名利场,以上短时间内发生的剧情是不是足够跌宕?哪些是偶然?哪些是必然?哪些是实实在在的?哪些经过时光隧道的过滤,最后发现只是又一出泡沫?

格隆想起自己大学毕业离开家乡时,最好的一个朋友送格隆的一句话:你走,我不送你。你回,再大的风,再大的雨,我都会去接你。那个朋友叫罗进,一个洪湖水养大的铮铮男儿,我们曾经好得两个男人真的换穿一条裤子。但十几年过去后,这个朋友彻底从我们所有同学的世界中消失了,如同人间蒸发,没有人知道他在哪里。

唯有四季轮回与洁白的樱花,会在每一个 3 月风雨无阻地守候。

▷ 江南自古繁华

"偷得浮生半日闲"是身处喧嚣浮躁投资领域的人最渴望的享受。除了沉迷西藏,格隆骨子里有股浓厚的江南情节,每年 3~4 月芳菲将尽、龙井吐绿的春末,都会到一枝杨柳一株桃的杭州西子湖畔小住,一是感受南宋江苏如皋人王观"才始送春归,又送君归去。若到江南赶上春,千万和春住"的春去情结,另外也是试图在清净中从投资之外感受一些对投资可能有用的东西。格隆一直坚信,投资如作诗,功夫在诗外。

格隆曾经劝说一个祖籍杭州的好朋友移民海外,他回答:江南好,江南自古繁华,愿世世代代居江南。

在古往今来如恒河沙数般的各式地名中,最奇妙当数"江南"。这个地名早在先秦就已问世,那时它主要指长江中游的今湖南、江西一带。"江南"的现代意义源于唐朝。唐太宗将天下分为十个道,其中就有江南道。"力拔山兮气盖世"的楚霸王项羽垓下被围,自觉"无颜见江东父老"而自刎乌江,这个"江东"指的其实就是后世的"江南"核心地带,即今以太湖为中心的苏南、浙北区域。自千年前吴越王钱镠之孙裂土归宋始,江南就几无大的战乱,南宋偏安杭州后,江南文化与物质的富庶更是无出其右者,以致后面历朝均有两江膏腴,泽被天下,满朝进士,半出江南之说!

江南最吸引格隆的地方之一是它厚重的人文文化积淀。

江南花柳从君咏,塞北烟尘我独知。与大漠孤烟酷寒荒蛮的塞北相比,江南代表的不单是富庶丰足的财富,更是繁荣发达的文化教育。江南的魅力不单是小桥流水、草长莺飞,有活泼俏丽的女子在采莲、在戏水,有结着愁怨丁香一样的姑娘,走在悠长悠长的雨巷,更有无数文人雅士生在江南、逝葬西泠的梦想,以及他们对江南传神的文字记录。

白居易被贬期间曾在江州(今九江)、苏州、杭州都做过官,其经典名句"江南好,风景旧曾谙。日出江花红胜火,春来江水绿如蓝,能不忆江南?"非常直白地表达了他对江南的偏好。五代时睦州新安(今浙江建德)人皇甫松的"闲梦江南梅熟日,夜船吹笛雨潇潇,人语驿边桥"则是无数人梦想中的家乡情景。晚年一直在蜀地为官的韦庄则以"人人尽说江南好,游人只合江南老。未老莫还乡,还乡须断肠"来表述他对江南的思念,这与清朝时娶浙江湖州人沈宛为妻,并长居江南的著名词人纳兰容若在巡视辽东而撰的《长相思》如出一辙:"山一程,水一程,身向榆关那畔行,夜深千帐灯。风一更(jīng),雪一更(jīng),聒碎乡心梦不成,故园无此声。"

但江南更吸引格隆的是它的商业文化。

从明朝开始,中国的首富就都出现在江南这块土地上绝非偶然。早在明朝,资本主义就开始在富庶的江南萌芽,并逐渐在这块土地上形成一种深入骨髓的商业文化——尊重契约,节俭勤勉,对财富的敏锐嗅觉与执着渴求,强烈的乡土社会责任感,百折不回的韧性与勇气。也正是这种文化缔造了明朝首富沈万三、清朝首富胡雪岩、近代的荣毅仁家族,以及几年前的中国首富宗庆后,今日的中国首富马云。

相较于很多地方的企业治理诚信问题,格隆对来自江南的企业有一种天然的信任,根本原因就在于江南的商业文化有严格的行为边界,他们知道什么该做,什么不该做。马云将支付宝从阿里剥离一直被广为诟病,但其行为严格来说是没有突破契约边界的,虽然这其中多少蕴含着一些无奈与狡黠(阿里上市前后,格隆先后写了5篇对阿里的深度分析文章。格隆自信,对这个资本市场中的阿里的理解超过格隆的人会有,但,不会多)。

遗憾的是，这种江南商业文化始终没有得到茁壮生长的机会。作为有着两千多年中央集权传统的国家，政府对经济的控制已经形成一种制度与文化的惯性。在中国跌跌撞撞的历史进程中，路径的选择权始终在各种派别的官僚与知识分子之间交替轮转。最为理性、稳健的工商业阶层，始终被排斥在决定历史的权力结构之外。在这种缺乏信用契约的环境中，中国特有的官僚制度，人际关系成为商业生长的必须土壤，而这种土壤注定了建立其上的商业故事最终都将是海市蜃楼。

胡雪岩通过结交权贵显要、纳粟助赈而富可敌国，但最终也因权贵的倒台而一贫如洗。胡雪岩葬在杭州西郊鸬鹚岭下的乱石堆中，他曾经拥有的万贯家财和浮华一生都如浮云般消失。倒是他精心创下的胡庆馀堂，至今仍以其"戒欺"和"真不二价"的契约传统矗立在杭州河坊街上。

"崖山之后无中华。"格隆经常会有一个很天真的想法：假使一千多年前的宋代，全球遵循的就已是契约文化，而不是兵戈铁马的暴力逻辑，必不至于有落后游牧民族对汉文明的赤裸裸摧毁。假使中国首都能一直是杭州，而不是易守难攻的北京，以中华之文明积淀与创造力，中国早已是万邦来朝的泱泱大国吧？

中国过去改革开放，锻造了30年GDP接近10%增长的经济奇迹，但经济奇迹并未催生任何一家堪称伟大的公司。好在现在来自民间尤其是江南民间的商业力量正在蓬勃而起。如果未来这种中国几千年积淀的江南文化能在经济乃至政治的更大领域壮大，无疑将是国之幸，也是资本市场之幸。

> 春雨楼头尺八箫，何时归看浙江潮？
> 芒鞋破钵无人识，踏过樱花第几桥？

每次格隆去杭州，必然要去拜谒的一个地方就是西泠桥畔孤山北麓的苏曼殊墓，这次也不会例外。墓地很难找，但每次信步由缰最终都会找到。苏曼殊从不容于主流社会价值观，与投资这件事也没有任何关系，磁石一样吸引格隆的，可能恰是他身上的那种不见容于主流的活法：无惧生，无惧死，淡泊名利，恃才放旷，无拘无束。

投资是一生，苏曼殊，也是一生。

2015年3月29日

A股的4 000点：
一场已经闻到焦煳味的牛市"剩"宴

题记：当一个人从20楼跳下的时候，前19楼，他都以为他在飞翔。

▷ 一、4 000点：盛宴，还是"剩"宴？

格隆一个做实业的朋友最近向格隆吐槽，他家的保姆，从小孩一出生就从乡下来到他家，长达13年，几乎都当作自己家人在对待了，最近跟随一帮小区保姆沉迷股票，干活越来越马虎和心不在焉。保姆告诉他太太，过去三个多月跟着小区保姆群炒股，她赚了差不多20万元，而她投入的本金则是这些年在他家做保姆积攒下来的40万元。

换句话说,过去三个月,这个没读过书,也从不知股票为何物的保姆的 A 股投资收益率达到了 50%。而方法一点也不复杂,就是小区保姆群其他人买什么,她就跟着买什么。

毫无疑问,这是一场普惠制的 A 股牛市盛宴,但凡参与其中的,没有人是没有赚到钱的。撇开去年下半年的涨幅,单算今年短短 3 个月不到,上证综指和深证综指分别上涨了 10.75% 和 29.16%,中小板指数上涨了 35.02%,创业板指数涨幅为 48.39%。整个市场九成以上个股上涨。

在上周上证指数突破 2009 年 4 万亿元的高点之后,A 股的牛市舞步越来越亢奋。好些颇有影响力的券商研究员也开始语不惊人誓不休地喊出"A 股 4 000 点,只是开始"。当然,多数这样的研究都似曾相识,并毫无例外的没有很严谨的数据和方法支撑。如果你认为研究员有屁股决定脑袋的本位嫌疑,那么,上周五中国证监会发言人则对牛市盛宴做了类官方的解读与背书:"近期股市上涨,是市场对经济增长'托底',金融风险可控的认同,也是全面深化改革、市场流动性充裕、资金利率下行、中小企业上市公司盈利情况改善等多种因素的综合反映,有其必然性与合理性。"

所有人都在赚钱,那么,**谁在亏钱?** 或者说,新增的财富,从哪里产生的?总不至于是从地下冒出来的?

貌似我们已找到了一个自己能产生财富的"阿里巴巴"永动机。但,经济学的基础理论告诉我们,股市不是实业,它只是一个实现资源配置的虚拟经济渠道,本身并不能创造财富。股市增长的财富只能衍生和附着在实体经济创造的财富之上,并以一定合理的比例关系显示出来:这些比例关系,体现在投资领域,也就是市盈率(PE)、市净率(PB)、市销率(PS)、资本证券化率等这些我们耳熟能详的估值工具。

如果这些个比例明显超越合理水平,股市就必然进入一个击鼓传花的博傻困境。在经济学里有一个非常简单的词汇来概括这种现象:**泡沫**。

在 A 股迭创新高、群情激奋的时候说泡沫,往往不受人待见。但:

1. 数据不会骗人。几乎所有数据都显示,A 股在迅速消耗和透支所有的实体经济或者政策利好的支撑基础,A 股泡沫正在耀眼集聚。

2. 但凡在这个市场有过几次牛熊经历的人(格隆算其中之一)都心知肚明:**泡沫一定会破**。区别只在于是血流成河、一泻千里式的破(2008 年),还是钝刀割肉、阴跌式的破。

A股目前已经进入一种只要买就能赚钱的自我强化循环中,4 000点以上乃至5 000点都极可能会到。格隆无法确知这种群体亢奋式的狂欢的时间与空间维度。但我确知两点:

1. 在一个投资者不清楚自己买的是什么的市场里,投机者更注重预测下一个市场情绪的逆转点,而不是对资产未来收益率的可行性进行分析。当泡沫幻灭的时候,超买的极端乐观的市场的崩溃将是简单粗暴,并极具灾难性的。——凯恩斯

2. 当一个人从20楼跳下的时候,前19楼,他都以为他在飞翔。——格隆

▷ 二、数据说话:4 000点是泡沫,还是起点?

数据不会说谎,A股的吸引力正在慢慢但确定性散失。

2 500年前的军事家孙武有一句名言:多算胜,少算不胜,而况于无算乎。格隆做研究,最喜欢用数据说话,因为我相信数据是说实话的。投资无数据,恰如行军无地图。

下面就让我们来看一看在当前股票市场的一些关键性数据。

首先是以创业板为代表的中小盘个股奇贵无比,结构性泡沫明显。

1. 先看不那么专业的一个指标:绝对股价

历来A股习惯以绝对股价区分"贵"还是"便宜",所以这波A股牛市,市场最经典也最有市场的买入理由是:便宜是王道,消灭5元以下股票。

100元为界限划分高价股,截至3月末,A股的百元股达到28只,创业板占了18只,接近七成。而且最贵的全通教育(300359)达到了惊人的265元,大有赶超2007年中国船舶(600150)的势头。

如果把股价在50～100元的股票做个统计,创业板个股占比依然惊人。

2. 再看相对估值

绝对股价当然无法说服专业投资者,那我们来看看股价对应的整体估值是有足够说服力的。

目前,A股市场的市净率中位数为4.3倍,市盈率中位数为36倍。只有约1/5的个股的市净率低于2.6倍,市盈率低于36倍。

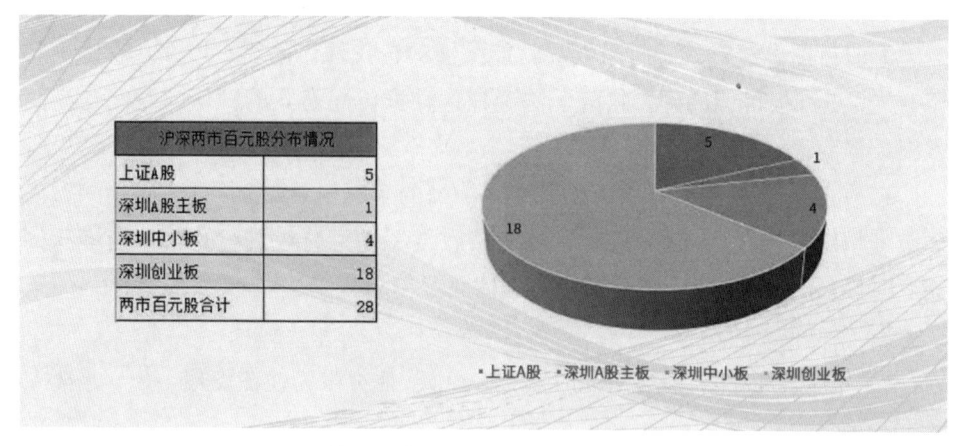

沪深两市百元股分布情况	
上证A股	5
深圳A股主板	1
深圳中小板	4
深圳创业板	18
两市百元股合计	28

沪深两市 A 股百元股分布情况

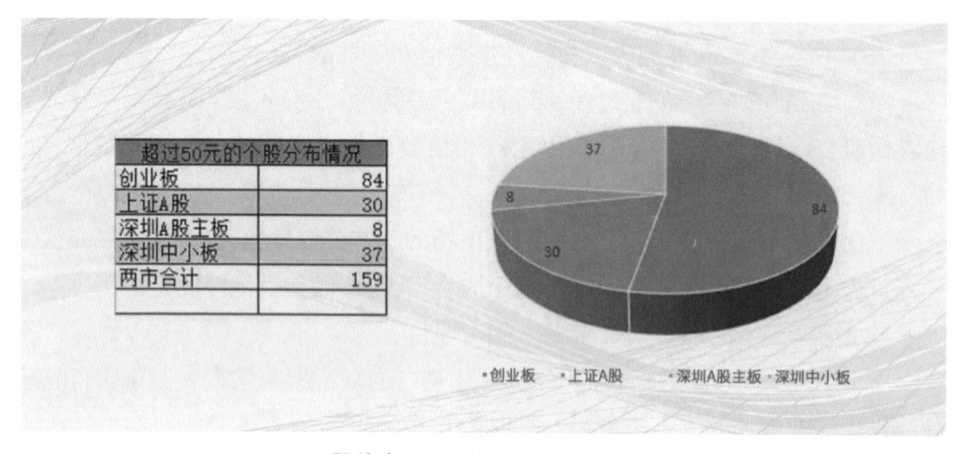

超过50元的个股分布情况	
创业板	84
上证A股	30
深圳A股主板	8
深圳中小板	37
两市合计	159

股价在 50～100 元的股票分布

拆分来看，创业板指数的 PE 估值高达 81.5 倍，创业板综指则高达 90 倍，中小板综指的 PE 估值达到 57.2 倍，中证 500 指数也达到 47.1 倍（证监会发言人上周五给出的数据是，截至 3 月 19 日，沪深两市全部 A 股平均静态市盈率 25 倍，其中主板市盈率 21 倍，中小企业板 64 倍，创业板 96 倍）。

当然，蓝筹股估值数据没有那么的高高在上，上证 50 指数的 PE 估值为 12 倍，中证 100 指数为 11.6 倍，沪深 300 指数的 PE 估值则是 16 倍，投资者最常关注的上证综合指数最新为 16.6 倍——不过市场都知道这里面是隐含坏账率预期较高的银行起着支撑作用。

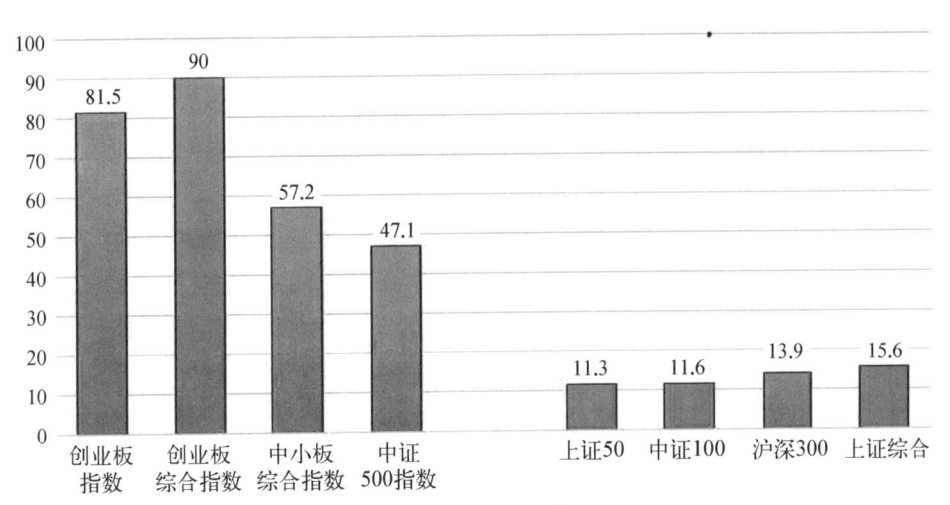

A 股主流指数估值情况

指数	估值
创业板指数	81.5
创业板综合指数	90
中小板综合指数	57.2
中证500指数	47.1
上证50	11.3
中证100	11.6
沪深300	13.9
上证综合	15.6

市盈率超过 50 倍的经济学含义是：如果这家公司能按照目前盈利能力一直活着，并把未来所有盈利统统都分配给投资者，投资者也需要 50 年才能回本！而美国大约 62% 的企业寿命不超过 5 年，美国中小企业平均寿命不到 7 年，一般的跨国公司平均寿命为 10～12 年，实力雄厚的世界 500 强企业平均寿命也只有 40～42 年。而在中国，中小企业的平均寿命仅 2.5 年，集团企业的平均寿命也仅 7～8 年。

3. 我们看看最关键的盈利能力指标：ROE

ROE 的经济学含义，就是你投到一家企业的本金，每年的回报率。如果把企业视作一辆汽车，ROE 类似于汽车的速度，利润增速类似于加速度。多数人考察企业会重视加速度（也就是所谓的成长性），但对一家企业而言，最重要的指标其实是速度：如果这辆汽车能始终维持 80 迈的速度，就算没有任何加速度，也一样能从深圳开到北京。

目前看，市场两极分化前所未有。但是，这种结构性的扭曲并不能被小公司的盈利能力所证实。从 ROE（净资产回报率）来看，蓝筹指数明显高于小公司指数。目前，上证 50、沪深 300 指数的 ROE 分别为 15.4%、14.4%，而创业板综指、中小板综指的数据则分别为 7.7%、8.3%。很明显，这种 ROE 水平，你还不如去买银行理财产品更靠谱！

4. 另一个显示泡沫耀眼的数据是市场成交量、交易费用及投资者结构

股市大幅走牛、小公司泡沫化带来的后果，是巨量的成交。2015 年至今只

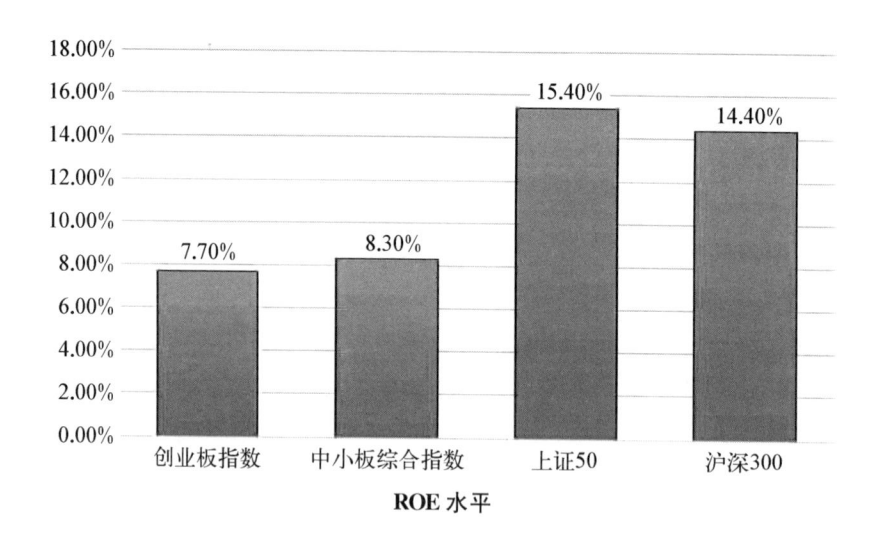

ROE 水平

创业板指数 7.70%
中小板综合指数 8.30%
上证50 15.40%
沪深300 14.40%

过去了一个季度，创业板综合指数和中小板综合指数的成交额已经达到了惊人的 8.35 万亿元。按双边成交分别收取 0.06% 手续费、外加卖出方单边 0.1% 印花税计算，投资者已经付出了 184 亿元的交易成本。

投资者的交易成本

股票市场	成交量（亿股）	成交额（亿元）	区间交易天数
创业板	1 193.98	29 243.82	50
中小板	3 259.12	54 289.84	50
总 计	4 453.11	83 533.66	
过去50交易日交易成本	64.336 404（创业板）+119.437 648（中小板）=183.774 052		
预计全年交易成本	321.682 02（创业板）+597.188 24（中小板）=918.870 26		
交易成本按双边成交分别收取 0.06% 手续费、外加卖出方单边 0.1% 印花税计算			

如果接下来的 200 个交易日内维持目前的交易规模，创业板和中小板全年的交易成本超过 900 亿元。但是以创业板综指为例，目前 422 只成分股在 2014 年的盈利总和则是大约 407 亿元。

900 亿元 VS. 407 亿元，经济学的最直观解释：这是一个不仅不产生财富，反而是财富单边损耗的市场。

这就是为什么很多经历过多轮牛熊的投资者时刻准备着，想咬牙切齿做空创业板的主要原因之一：格隆也相信，无论过去创业板指数曾经多么顽强，但大概率会有一波惨烈的财富吞噬过程，未来1~2年，整体做空创业板是胜算极高的布局，而深港通无疑会加快这个进程。

并不是所有人都前仆后继往上冲，投资者参与结构显示有人在撤退。中国证监会提供的数据是：年初至3月19日，投资者日均新开股票账户数10.9万户。特别是3月9日至19日这两周，投资者日均新开股票账户数17.7万户，较去年12月日均新开12.9万户水平有明显上升。

但年初至3月19日，周均参与A股交易账户1 970.61万户，参与账户占有效账户比平均为13.83%。去年12月这两个数据分布是2 237.75万户和16.16%的占比：新兵在义无反顾涌进来，部分老兵在一边放枪，一边撤退。

5. 我们再回头做一下市场间的横向比较

最可比的当然是多数上市公司相同，人种血脉也相同的中国香港。

本周五，恒生AH溢价指数收盘于132.82点，意味着同样的公司，以市值加权计算的A股股价比同在H股上市的股票贵了32.82%。之前溢价小幅缩窄之后继续扩大，不过，该指数曾于2008年、2011年分别达到213.47点、142.07点的高位。

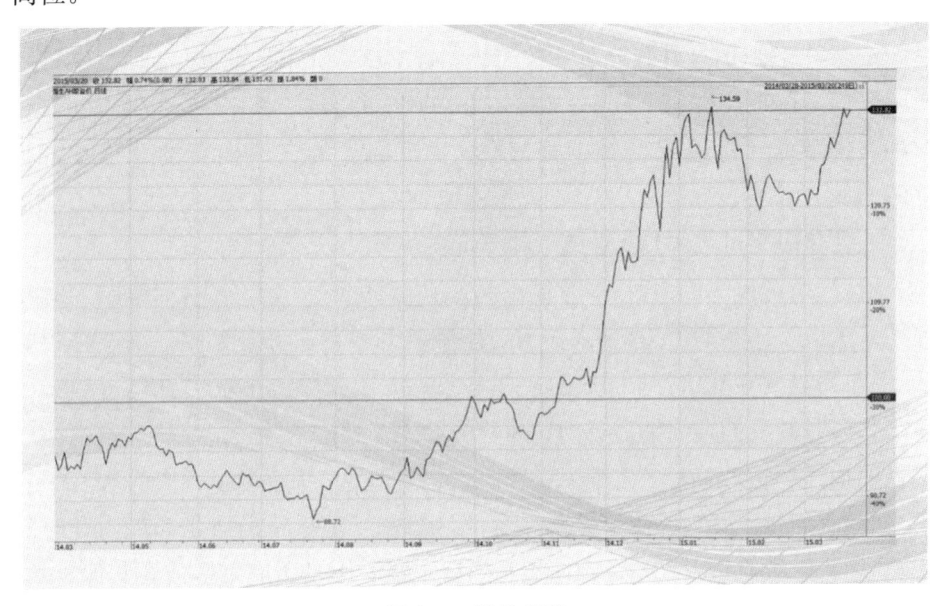

恒生 AH 溢价指数

值得指出的是,由于蓝筹股相对估值更低,而"A＋H"上市的公司大多是蓝筹股,因此实际上 A 股对港股的溢价,远高于该指数反映出来的 32.82%——中小市值公司的价差要远远大于这个水平。

还记得格隆汇会员 TUNG 在上一波 AH 溢价率超过 130 点后做 AH 溢价套利短期翻倍的经典案例吗? 彼时今日,世易时移,方法思路也许不可简单复制,但道理是相通的:万有引力定律会让任何远离地面的东西滚回地面。

当然,还有很多其他现象会佐证以上这些数据。最直观的莫过于中国资本市场最独有的"行为艺术":无数企业家打破头想钻进 IPO 排队队伍,以把自己的公司卖给 A 股市场的投资者。毫无疑问,这种行为与爱国、爱民、慈善都没有一毛钱关系,与钱多、估值高有直接的关系。

但你认为,这种投资者愿意出高价买,企业主愿意高价卖,一个愿打,一个愿挨的两相情愿会是公理? 深港通、注册制都不能改变?

说实话,我是不信的。这些企业主的弹冠相庆,最终总需要有人埋单的,全球都没有白吃的宴席!

▷ 三、狂欢吧,但记得坐在离出口近一点的地方

按照 A 股目前这种狂欢节一样的势能,5 000 点大概率能到。

但你是否统计过一个数字:有多少人的资产超越了 2007 年大牛市的巅峰时期? 格隆统计身边人的数据是,超过 70% 的人的资产迄今没有超过自己 2007 年时的巅峰。

而 8 年时间过去了! 人生有几个 8 年?!

所以,所谓投资能力,很多时候不是你在涨的时候赚了多少,而是跌的时候亏了多少——50% 的亏损,未来你需要用翻倍的收益去弥补回来。而在多数时候,一年乃至两年翻倍,对于投资,几乎是一件无法完成的任务(牛市除外)。

很多时候我们会高估自己回避风险的能力。格隆曾经看过一份美国消防部门做的抽样调查:如果你在一个餐厅吃饭,这时候大楼响起了火警警报,你是:(1)抬头看一眼,没发现什么异常。自信自己在发现火情前有足够能力和时间逃离,埋头继续吃饭。(2)走到窗边和门口观察一下是否有烟雾或者其他异常,然后回到座位继续吃饭。(3)立即放下餐具,第一时间疏散到广场等理论上安

全的场所。

多数人选择的是(1)。消防专家的解释是：绝大多数人会高估自己的火警逃生能力，这也是绝大多数火灾中多数人丧命的最根本原因。

资本市场有同样的行为逻辑。

2002年诺贝尔经济学奖得主弗农·史密斯(Vernon Smith)研究发现，泡沫最初的出现往往源于一个新的理念，或市场一时心血来潮而跟风。随之出现的泡沫则一般归因于交易者在经历第一轮泡沫时期后，过分自信所致。

换句话说，交易员如在上一轮泡沫时期亏了钱，他们往往会认为自己有足够的经验和聪明，让自己在下一次出现泡沫时可以在最佳时机，在所有人之前提前兑现离场。

其实你做不到。因为你并没有自己想象得那么聪明，也不比别人更聪明。

所以，往5 000点进军吧，也许是"剩宴"，也许是盛宴，谁知道呢?!

但一定要记住巴西狂欢节上的那句官方提示：狂欢吧，但记得坐在离出口近一点的地方！

2015年4月27日

宏观经济学：伪科学还是工程师？

题记：宏观经济学从产生到成为显学，全拜一个叫约翰·梅纳德·凯恩斯的人所赐——但他的投资做得实在糟糕至极。

格隆大学学了10年经济学，所以经常会在文章分析中使用一些宏观经济学的基本理论。原以为这种晦涩拗口的理论只有类似格隆这种埋头故纸堆做研究的人才有兴趣，没想到有很多格隆汇朋友也对此非常感兴趣，希望格隆就宏观经济学做一个通俗化的系统梳理。

逻辑上，宏观经济学更类似于工程学，是探讨通货膨胀、失业、经济增长、经济周期、货币和财政政策这些宏观经济问题并找出解决办法的学科，它在凯恩斯以后才成为一门独立学科，并在现实中也显示了解决问题的能力。但对它伪科学的抨击也从来不少。格隆自己并无能力对经济学各家流派、理论、传承做出准确剖析。好在有很多大家做了类似工作。格隆此处借鉴了Mankiw的分析框架和内容，希望能帮助大家对宏观经济学发展脉络和主要理论有个大概的认识。

经济学读起来肯定没有小说那么有吸引力，但如果扎进去了，会远比小说更耐咀嚼，更耐回味。

▷ 一、凯恩斯革命

"宏观经济学"一词首次出现在学术文献中是在20世纪40年代。可以肯定的是，宏观经济学的主题，即通货膨胀、失业、经济增长、经济周期、货币和财政政策，长期以来激起了经济学家的兴趣。例如，18世纪，大卫·休谟(1752)讨论了货币投入的短期和长期影响；在许多方面，他的分析看起来很像人们在现代货币经济学家或中央银行的分析中看到的东西。

1927年,庇古出版了以《产业波动》为题的著作,试图对经济周期提供解释。尽管如此,宏观经济学作为一个独特而又活跃的研究领域,却是在大萧条的阴影下出现的。没有任何事像危机那样引起人们的关注。

大萧条对生活在那个时代的人,产生了深远的影响。1933年,美国失业率达到了25%,真实GDP比1929年的水平低31%。同这次海啸相比,美国经济之后的所有波动,都是平静海面上的涟漪。该领域杰出经济学家的自传体文章,比如劳伦斯·克莱因、弗兰克·莫迪利亚尼、保罗·萨缪尔森、罗伯特·索洛詹姆斯·托宾,都证实大萧条是其职业生涯中的一个重要激励事件(Breit and Hirsch,2004)。

约翰·梅纳德·凯恩斯的《通论》,对于如何理解这些发展,是专业讨论的焦点。上述五位诺奖得主均从第一手经历中证实了这一点。托宾记录了他在哈佛大学时的下述反应,他在20世纪30年代末40年代初是那里的一个学生:"年长的教师基本是坚决反对的……年轻的教师和研究生则对凯恩斯的书充满热情。"正如通常情形那样,对于新思想的冲击,年轻人比年纪大的人更有眼光。

凯恩斯和马歇尔,在20世纪30年代是经济杂志引用最多的经济学家,在40年代是仅次于希克斯之后获第二多引用的经济学家(Quandt,1976)。这种影响持续了许多年。1966~1986年,即使凯恩斯在期初就已去世了20年,但他在获得引用方面仍排在第14位(Garfield,1990)。

凯恩斯不仅影响了经济研究,而且影响了教学。萨缪尔森的经典教科书《经济学》初版于1948年,其组织结构反映了他察觉到对于入门者应提供什么样的专业知识。供给和需求,现在我们在向新生讲授经济学时处于核心位置;在608页的教科书中,直至第447页才引进来。

最先讲的是宏观经济学,包括财政政策乘数、节俭悖论等概念。萨缪尔森写道(第253页):"尽管这种分析的大部分,应该归功于英国经济学家约翰·梅纳德·凯恩斯,但目前,其广大的基础被所有学派越来越多的经济学家所接受。"

当现代的经济学家阅读《通论》时,其经历既令人兴奋,又令人沮丧。一方面,该书是伟大思想应用于社会问题的著作,其流行性与深远影响毋庸置疑;另一方面,尽管此书的分析是广博的,但它看起来似乎在逻辑上并不完整。太多的线条仍悬在那里。读者会不停地问,将所有部分联结在一起的经济模型是什么?

于是,在凯恩斯出版《通论》后不久,一代宏观经济学家通过将他宏大的理论转换成更为简单、更为具体的模型,来回答这一问题。其中,最早、也是影响最大的尝试,是 33 岁的约翰·希克斯(1937)提出的 IS-LM 模型。其后,26 岁的弗兰克·莫迪利亚尼(1944)拓展并更为充分地解释了模型。

至今,IS-LM 模型仍是对凯恩斯的解释中,在中级水平的宏观经济教科书中最广泛使用的模型。批评 IS-LM 模型的一些凯恩斯主义者抱怨,该模型过度简化了凯恩斯在《通论》中的经济观点。在某种程度上,这种批评是对的。不过,简化和过度简化之间的界限通常是不明确的。

希克斯和莫迪利亚尼等理论家,对凯恩斯主义模型进行发展,以适于课堂教学,克莱因等计量经济学家则致力于更具应用性的模型,使之能够分析数据和用于政策分析。随着时间的推移,为了变得更为现实,这些模型变得越来越大,逐渐包括了数百个变量和方程。

到 20 世纪 60 年代,已经有了许多竞争性的模型,它们中的每一个都以当时最出色的凯恩斯主义者的投入为基础,比如同克莱因相联系的 Wharton Model、同 Otto Eckstein 相联系的 DRI 模型(Data Resource, Inc.)、同 Albert Ando 和 Modigliani 相联系的 MPS 模型等(MIT - Penn-Social Science Research Council)等。这些模型被广泛用于预测和政策分析。MPS 模型多年来由美联储维护,并成为 FRB/US 模型的前身,后者至今仍被美联储的员工维护和使用。

尽管这些模型的细节不同,但它们之间的相似性远比其差异显著。它们从根本上都拥有凯恩斯主义结构。在每一个模型的背后,模型构造者的脑海中都有一个同今天讲授给大学生的同样的简单模型:将金融条件和财政政策同 GDP 的各组成成分联系在一起的 IS 曲线,决定利率(作为令货币供给与货币需求均衡的价格)的 LM 曲线,以及描述经济中的价格水平如何随着时间而变动的、某种形式的菲利普斯曲线。

作为一种科学,《通论》获得了极大的成功。它所激发的革命,吸引了当时许多最优秀的年轻学者。他们的丰富成果,为理解短期经济波动提供了新的方式。作为对于这些事件的反应,萨缪尔森(1988)做出了简洁的总结:"凯恩斯革命,是 20 世纪经济科学的最重要事件。"他那一代的许多经济学家均持有这种看法。

不过,凯恩斯革命不能简单地理解为科学性的进展。在很大程度上,凯恩斯和凯恩斯主义的模型构建者,具有工程师的视角。他们受现实世界中问题的激发,且一旦他们建立了理论,就会迫不及待地将它们付诸实践。直至 1946 年去世,凯恩斯本人深深地卷入政策建议的提供。

早期的美国凯恩斯主义者亦是如此。托宾、索洛和埃克斯坦(Eckstein)在20世纪60年代都用了一定时间,离开学术研究,在经济顾问委员会(Council of Economic Advisers)工作。1964年最终通过的肯尼迪减税方案,在许多方面都是新出现的凯恩斯主义共识,以及体现这种共识的模型的直接结果。

▷ 二、新古典主义

到20世纪60年代末,凯恩斯主义共识开始出现裂缝。这些裂缝最终会成长为裂痕,或许最终导致宏观经济学共识的瓦解,并削弱了主流经济计量模型的自信。面对这种处境,对于经济的更古典的观点会重新出现。

新古典经济学的第一波是货币主义,其最著名的支持者是米尔顿·弗里德曼。弗里德曼(1957)对永久性收入假说的早期研究,并不是直接针对货币和经济周期,但它确实对经济周期理论有潜在影响。它部分是对凯恩斯主义消费函数的一种攻击,而后者为财政政策乘数提供了基础,它是凯恩斯主义理论和政策处方的关键所在。如果正如弗里德曼的理论所表明的那样,暂时性收入的边际消费倾向很小,那么财政政策对均衡收入的影响,将比许多凯恩斯主义者相信的那样小得多。

弗里德曼和施瓦茨(1963)的《美国货币史》同经济周期有更直接的联系,它同样削弱了凯恩斯主义的共识。绝大多数凯恩斯主义者把经济视为天生不稳定的,不断受到不断变化的投资者"动物精神"的打击。弗里德曼和施瓦茨认为,经济不稳定性不应该归结为私人部门的行为,而应该归结为货币政策的无能。

其弦外之音是,政策制定者如果遵循简单的货币规则、而不损害之,他们应该为此感到满意。尽管弗里德曼建议的关于货币总量稳定增长的规则,今天很少有人遵循,但它却是目前世界许多央行为之努力的通货膨胀目标制的前驱。

弗里德曼在1968年的美国经济协会主席就职演说,以及费尔普斯(Phelps,1968),将目标对准凯恩斯主义模型中的最脆弱联系纽带:菲利普斯曲线关于通货膨胀和失业之间的交替关系(trade-off)。即使没有凯恩斯本人的认可,但至少从萨缪尔森和索洛(1960)开始,某种形式的菲利普斯曲线就已成为凯恩斯主义共识的一部分,萨缪尔森和索洛认识到了这种交替关系的理论脆弱性,他们的论文补充了关于长期交替关系和短期交替关系为何不同的警告。

但后来的文献过于轻松地忘记了所有这些警告。菲利普斯曲线为完成凯恩斯主义模型,提供了方便的方式,而传统的凯恩斯主义模型在解释"为什么价格不能令市场均衡"和"价格水平如何随时间调整"等问题时总是遇到困难。

弗里德曼认为,在可以应用古典理论和货币为中性的长期,通货膨胀和失业之间的交替关系将不再成立。数据中之所以出现这种交替关系,是因为在短期,通货膨胀通常是预料之外的,而预料之外的通货膨胀能够降低失业。弗里德曼认为的特定机制,是工人的货币幻觉。对于宏观经济学的发展来说,更重要的是弗里德曼将预期置于舞台的中心。

它为第二波的新古典经济学——"理性预期革命"——提供了准备。在一系列极具影响力的论文中,罗伯特·卢卡斯拓展了弗里德曼的观点。在他的"经济计量评估:一个批评"中,卢卡斯(1976)认为,由于主流凯恩斯主义模型没有认真考虑预期,因而在政策分析方面没有用处;其结果是,对于构成这些模型的、估计的经验关系,如果实施的是另外一种政策,则这些关系很可能不再成立。

卢卡斯(1973)还提出了一种基于不完全信息、理性预期和市场出清假设的经济周期理论。在该理论中,只有在令人们预料不到、并引起他们混淆相对价格的条件下,货币政策才起作用。巴罗(1977)提供的证据显示,该模型同美国时间序列数据一致。萨金特和华莱士(1975)指出了其关键的政策含义:由于不可能系统地出乎理性的人们的意料,故旨在稳定经济的系统的货币政策注定会失败。

第三波的新古典经济学,是 Kydland & Prescott (1982) 和 Long & Plosser (1983) 的真实经济周期理论。正如弗里德曼和卢卡斯的理论一样,这些理论同样建立在下述假设之上:价格瞬时调整以实现市场出清——同凯恩斯主义的理论化存在完全的不同。不过,同新古典先驱们不同的是,不管是有意还是无意,真实经济周期理论在解释经济波动时,忽略了货币政策的任何作用。而是将重点转向技术随机冲击的作用,以及这些冲击引起的消费和闲暇的跨期替代。

作为三波新古典经济学的结果,宏观经济学领域变得越来越严谨、越来越同微观经济学中的分析工具密不可分。真实经济周期模型是阿罗—德布鲁一般均衡理论具体的(specific)、动态(dynamic)的例子。事实上,这也是他们的主要卖点之一。随着时间的推移,这些研究的支持者回避了经济周期由货币因素向对立的真实因素驱动的假设,并开始强调他们的研究在方法论方面的贡献。

今天,许多来自新古典传统的宏观经济学家,乐于向凯恩斯主义关于黏性价格的假设让步,只要该假设嵌入的是在下述方面适度严谨的模型:模型中的经济主体是理性的(rational)和前向的(forward-looking)。由于强调重点的上述变化,相应的术语也在不断演进,现在这类研究通常贴上"动态随机一般均衡"理论的标签。

三波新古典在20世纪70年代和80年代涌现之时,它们的一个目标是:不论在科学方面还是在工程方面,削弱旧凯恩斯主义宏观经济计量模型的基础。在他们的论文《凯恩斯主义宏观经济学之后》中,萨金特和卢卡斯(1979)写道:"在政策方面,核心的事实是:凯恩斯主义政策建议,在科学的意义上,比非凯恩斯主义经济学家、甚至经济学家之外的人士,缺乏更为合理的基础。"

尽管萨金特和卢卡斯认为凯恩斯主义工程学以有缺陷的科学为基础,他们亦知道新古典学派迄今仍没有一个能够提交给华盛顿的模型:"我们考虑将最好的现有均衡模型,作为更好的、未来的模型的原型;我们希望它将表明在形成政策方面能够取得实际用途。"他们还冒险说,"如果我们幸运",这种模型将在"10年之内"可以得到。

正如这些引文表明的,那些从事新古典运动的经济学家,并没有为他们的意图感到羞愧,亦没有为他们的成绩感到谦卑(were not shy about their intentions or modest about their accomplishments)。在1980年题为《凯恩斯主义经济学的灭亡》一文中,卢卡斯甚至提出了一个更为坦率的看法:"人们不可能找到少于40个好的经济学家,将他们或他们的成果标榜为凯恩斯主义。确实,如果称之为'凯恩斯主义',人们甚至会感到恼火。在学术研讨会上,人们不再认真对待凯恩斯主义的理论化;听众开始彼此吹口哨或窃笑。"不过,就在卢卡斯兴高采烈地为凯恩斯主义经济学写悼词的时候,该专业已开始迎接"新凯恩斯主义"一代。

▷ 三、新凯恩斯主义

在经济周期方面被凯恩斯主义方法所吸引的是经济学家,很久以来就在微观基础问题上受到刁难。确实,克莱因在1946年的一篇文章中(最早使用"宏观经济学"一词的文章之一),开篇提及:"许多新近对于经济体系构建的数学模型,尤其是经济周期理论,同个体家庭或企业的行为(必须以经济行为的全部理论为基础)有密切的联系。"

在某种程度上,所有现代经济学家都是古典经济学家。他们向学生讲授最优化、均衡和市场效率。如何调和对于经济的两种观点,即一个是亚当·斯密的看不见的手和阿尔弗雷德·马歇尔的供求曲线,另一个是凯恩斯对遭受有效总需求不足的经济的分析,自宏观经济学开始成为一个独立的研究领域以来,就是一个深邃的、但不断受到困扰的问题。

早期的凯恩斯主义者,譬如萨缪尔森、莫迪利亚尼和托宾,认为他们在有时称为"新古典—凯恩斯主义者综合"的观点中,得到了调和。这些经济学家相信,斯密和马歇尔的古典理论,在长期是正确的,但看不见的手在短期则会像凯恩斯描述的那样陷入瘫痪。

时间长短之所以重要,是因为一些价格(最显著的是劳动力价格)随着时间缓慢地调整。早期凯恩斯主义者相信,古典模型描述的是经济逐渐向其演进的均衡状态,但凯恩斯模型则为可以将价格合理地视为既定的时间段的任何时刻的经济,提供了更好的描述。

新古典—凯恩斯主义综合(neoclassical-Keynesiansynthesis)是合乎逻辑的,但同时也是模糊和不完整的。对于这些缺陷,新古典经济学家的反应是拒绝综合和重新表述,而新凯恩斯主义经济学家则认为,有许多东西应该保留。

他们的目标是利用微观经济学的工具,为早期凯恩斯主义者实现的令人不安的妥协,提供更多的缜密性。新古典—凯恩斯主义综合,很像20世纪40年代建造的房屋:新古典经济学把它视为过时的体系,并得出了必须拆除的结论,而新凯恩斯主义则欣赏其古老的工艺,并把它作为重建的机会而热烈拥抱。

可以恰当地称之为"新凯恩斯主义"的第一波研究,是对一般均衡的研究(Barro and Grossman,1971;Malinvaud,1977)。这些研究旨在利用一般均衡分析工具,来理解当市场不能出清时的资源配置的结果。工资和价格被视为给定的,分析重点在于:一个市场不能出清,如何影响相关市场的供给和需求。根据这些理论,一个经济能够确定它自身处于几种体系(regime)下的哪一个,而这取决于哪些市场正在经历过度供给、哪些市场正在经历过度需求。

最为有趣的体系(在能最好地对应于我们在经济衰退期间所能观察到的现象的意义上)是所谓的"凯恩斯主义"体系;在该体系中,产品市场和劳动市场均表现出过度供给。在凯恩斯主义体系中,失业率增加的原因是劳动需求太低,以至于不能保证现行工资下的充分就业;劳动需求之所以低,是因为企业不能在现行价格下卖出它们所希望的销售量;对企业产品的需求之所以不足,是因为许多消费者处于失业状态。经济衰退和经济萧条,源于需求不足的恶性循环,而刺激需求可以产生乘数效应。

新凯恩斯主义研究的第二波,旨在探索如下问题:在不存在市场出清假设的情况下,如何将理性预期概念引入模型之中。在某种程度上,这项研究同下述问题有关:通过表明系统的货币政策如何能够在理性预期的情况下稳定经济,来回应萨金特和华莱士关于货币政策无效性的结论(Fischer, 1977)。

从某种程度上讲,它主要受下述研究的启发:如何寻找经验上现实可行的通货膨胀动态模型(Taylor, 1980)。这项研究的致命缺陷(Achilles heel)是:它需要假定某种形式的劳动合同,尽管从经验基础方面可能是合理的,但很难同微观经济理论相一致。

由于凯恩斯主义传统过于依赖"工资和价格不能实现市场出清"的前提,因此,新凯恩斯主义研究的第三波,旨在解释为何会这样。它们采用了各种各样的假设。比如:企业在选择改变价格时面临"菜单成本";企业向工人支付高于市场出清水平的"效率工资"以提高工人的生产率;以及工资和价格的制定偏离完全理性等。

曼丘(1985)和阿克洛夫与耶伦(1985)指出,在企业具有市场影响力(market power)的情况下,针对价格调整所进行的私人成本收益计算和社会成本收益计算之间,存在很大的差异,因而黏性价格的均衡可以是私人理性(或近似理性)的,而社会方面则是高成本的。

Blanchard 和 Kiyotaki(1987)表明,私人激励和社会激励之间的这一差异,部分源于总需求的外部性:当一个企业减价时,它提高了真实货币余额,从而提高了对所有企业的产品的需求。Ball 和 Romer(1990)表明,真实刚性和名义刚性之间具有很强的互补性,因此,旨在避免相对价格变动的任何动机,都将加剧名义价格的惰性。

回顾起来,上述各种新凯恩斯主义研究,都比它们当时看起来的更具相关性和互补性,即使对从事上述研究的人们来说也是如此。例如,把一般均衡的早期研究视作一条思路是有吸引力的——这类研究通过假定预先设定的价格,为自己播下了自我消亡的种子。事实上,目前的阅读清单已很难看到这类研究。然而，当价格不会即时变动以平衡供给与需求时，人们可以看到同"经济如何运转"相关的思想的进展。

例如，新凯恩斯主义经济学第一波和第二波之间的关系，它们非常有趣，但很少被人注意到。具体而言，人们可以把第三波视为第一波所凸显的凯恩斯主义体系的核心内容的构建。当企业拥有市场影响力时，它们索要一个超出边际成本的价格，从而总是希望在现行价格下卖得更多。

在某种意义上，如果所有的企业都具有某种程度的市场影响力，那么产品市场通常会处于过度供给状态。产品市场的这一理论，通常同具有高于均衡工资的劳动市场理论相联系，比如效率工资模型。在这种情况下，广义的超额供给的"凯恩斯主义"体系，并不仅仅是经济的一种可能结果，而是一种典型的结果。

在个人看来，上述三波凯恩斯主义研究，意味着对于短期宏观经济现象，关于看不见的手的失效的一种内在一致的微观经济理论。我们理解了存在价格刚性时市场如何相互作用、预期能够扮演的角色，以及价格制定者在选择是否改变价格时所面临的激励。

作为一门科学，这些研究取得了很大的成功。这些研究并不是革命性的，但这并不是它的本意。相反，它是一种"反革命"：它们的目的是面对新古典的攻击，试图捍卫新古典—凯恩斯综合的精髓。

这些研究作为"工程"是否同样取得了成功呢？它能够帮助政策制定者设计出对付经济周期的更好政策吗？基本判断是，肯定性很少。

不过，显而易见的是，新凯恩斯主义者从秉性上看，比那些在新古典传统下进行研究的经济学家，更愿意成为宏观经济的"工程师"。在新古典学派的领军人物中，没有任何一个人曾经离开学术界，并在公共政策部门担任重要职位。

相反，新凯恩斯主义运动，正如早期的凯恩斯主义一代那样，到处都是牺牲几年象牙塔时光，而到首都政府决策机构待几年的学者，著名的包括 Stanley Fischer、Larry Summers、Joseph Stiglitz、Janet Yellen、John Taylor、Richard Clarida、Ben Bernanke。

在上述经济学家中，前四位在克林顿时代就职于华盛顿，后四位则是在布什时代。新古典主义和新凯恩斯主义经济学家的分界线，从根本上讲并不是政治上的左与右；在更大程度上，是纯科学家和经济工程师之间的分别。

▷ 四、"新综合"还是"休战"

有一句古老格言,称科学进步是一个葬礼接一个葬礼。今天,受益于预期寿命的增加,更准确的说法(如果不是太生硬)应该是:科学进步,是一个退休接一个退休。在宏观经济学领域,随着老一代主要学者的退休或接近退休,他们已经被年轻一代的宏观经济学家代替,而这年轻一代宏观经济学家采用的是更有礼貌的文化。

与此同时,对于理解经济波动的最优方式,新的共识已经开始出现。Marvin Goodfriend and Robert King(1997)将这种共识戏称为"新新古典综合"(the new neoclassical synthesis)。在货币政策研究中,这种综合模型已经得到了广泛的应用(Clarida and Galiand Gertler,1999;McCallum and Nelson,1999)。对这种新综合的更为扩展的处理,是 Michael Woodford(2003)这部不朽著作。

如同上一代的新古典—凯恩斯主义综合,新综合试图将它之前的竞争性方法的力量糅合在一起。从新古典模型中,它采用了动态随机一般均衡理论的方法。偏好、约束和最优化是分析的起点,且分析以这些微观经济基础展开。从新凯恩斯主义模型中,它采用了名义刚性,并利用名义刚性来解释,为什么货币政策在短期具有真实效应。

最常用的方法,是假定间歇性调整价格的垄断竞争企业,从而导致有时称为"新凯恩斯主义菲利普斯曲线"的价格动态。新综合的核心是,将经济视为一个因价格黏性(以及或许各类其他市场不完美)而偏离帕累托最优的动态一般均衡体系。

人们将这种共识的出现,描述为巨大的进步。在某些方面,它确实是;不过,同样也存在不怎么乐观的方面。也许,发生的一切与其说是一种综合,不如说是智力战斗的一种休战,以及双方保全面子的撤退。不论是新古典还是新凯恩斯,都可以关注这一新综合,并宣称某种程度的胜利,而同时忽略了隐藏在表面之下的深刻失败。

这一新综合的核心(具有名义刚性的动态一般均衡体系),恰好是人们可以在早期凯恩斯主义模型中看到的。例如,希克斯提出的 IS-LM 模型,就是试图将凯恩斯的思想放进一般均衡的框架之中(希克斯与阿罗因对一般均衡理论的贡献，共同分享了 1972 年的诺贝尔经济学奖）。

克莱因、莫迪利亚尼和其他建模者，过去曾经试图将一般均衡体系用于数据，以设计出更好的政策。在很大程度上，新综合捡起的研究对象，正是 20 世纪 70 年代在新古典的要求下、学术界所丢弃的东西。

作为事后诸葛亮，显而易见的是，新古典经济学家承诺的东西远远比他们能提供的多。他们声称他们的目标是抛弃凯恩斯主义的理论化，代之以市场出清模型，而新模型能够令人信服地用于数据、进而用于政策分析。若以此为标准，他们显然是失败的。

相反，他们有助于发展一系列分析工具，而这些工具目前已被用于提出另一代假定价格黏性的模型；这种模型在许多方面与新古典所抨击的模型相似。

在这里，新凯恩斯主义可以声明一定程度的平反昭雪。新综合抛弃了被索洛称为"愚蠢的约束"，以及新凯恩斯主义通过对黏性价格的研究而旨在抨击的"市场出清假设"。不过，新凯恩斯主义也应该受到批评，因为它在新古典的诱惑下，追求一种结果是过于抽象、现实性不足的研究。对于新凯恩斯主义的研究，克鲁格曼（2000）提出了如下评价："现在人们能够解释价格黏性如何'会'发生。不过，对于它何时发生和何时不发生的有用预测，或建立起从菜单成本到真实菲利普斯曲线的模型，看起来仍然没有很快出现。"

▷ 五、货币政策——中央银行的观点

如果上帝把宏观经济学家带到地球上的目的是解决实际问题，那么圣彼得最终将通过我们对经济"工程学"的贡献来评判我们。于是，让我们问问：经济周期理论在过去几十年的进展，改进了经济政策的制定吗？或者，按照更温和的目标，宏观经济科学的进步，改变了那些涉足政策过程的专业经济学家如何分析和讨论经济政策了吗？

找到回答这些问题的证据的一个地方，是劳伦斯·梅耶（Laurence Meyer）的回忆录《在美联储的一个任期》（*A Term at the Fed*）。1996 年，梅耶离开了华盛顿大学经济学教授的职位，作为一名优秀的经济顾问，用 6 年时间成为美联储的主管（governor）。他写的书，对于最接近货币政策制定的经济学家如何看待他们的工作，以及他们使用什么样的方法分析经济，提供了一个窗口。

此书给读者留下了如下一个清晰印象：经济周期理论的最新进展，包括新古典和新凯恩斯主义，对于实际政策制定的影响接近于零。梅耶对经济波动和货币政策的分析是睿智的和细微缜密的，但没有显示出现代宏观经济理论的任何痕迹。

对于那些受过盛行于 20 世纪 70 年代左右新古典—凯恩斯主义综合教育，并完全忽略此后的学术文献的人来说，他的分析几乎是完全熟悉的。梅耶的世界观如果是他的特有癖好，也许很容易作为老掉牙的东西被抛弃，但它不是。它是在世界上的中央银行中占据顶尖职位的经济学家的典型做法。

学术界一个很流行的观点是，他们坚信中央银行受到"规则还是相机抉择"文献的强有力的影响，尤其是始于基德兰德和普洛斯科特（Kydland and Prescott, 1977）的时间不一致研究。人们通常将两大制度变化与这些学术贡献相联系：一些国家（比如新西兰等）中央银行独立性的不断增加，以及全球许多国家采用通货膨胀目标制并作为一项政策制度。

这些制度变化，反过来同货币政策的改进相联系。根据这种思路，我们应该为许多国家在过去 20 多年经历的低而稳定的通货膨胀，而感谢基德兰德和普洛斯科特。

这种沾沾自喜的看法，会遇到两个问题。第一个问题是，我们观察到的制度变化，充其量只能同理论文献提出的问题做松散的联系。一个独立的中央银行，与一个规则约束的中央银行，并不是完全相同的。美联储很久以前就拥有较高程度的独立性，但甚至对它自己也没有承诺某种政策规则。即便是通货膨胀目标，也是更接近对意向的声明，以及联系公众的一种方式，而不是对某一政策规则的承诺。本·伯南克（2003）曾将其称为"受约束的相机抉择"（constrained discretion）。

第二个问题，同时也是更重要的问题是，这些制度变化，并不一定同我们目睹的货币政策的改进相联系。Laurence Ball 和 Niamh Sheridan（2005）考察了大样本的许多国家，表明通货膨胀目标制的采用，无助于解释近来的低而稳定的通货膨胀。不论是在这些采用通货膨胀目标制的国家，还是在那些没有采用通货膨胀目标制的国家，货币政策都得到了改进。

全球范围的通货膨胀结果的这种改善，或许是因为：世界经济不再不得不去 20 世纪 70 年代所经历的那种供给冲击；或者由于中央银行从 21 世纪 10 年代的经历中，学会了应该竭尽全力避免高通货膨胀。不过，该证据表明，通货膨胀目标制并不是好的货币政策的先决条件。

在这一点上,格林斯潘下的美联储就是一个例子。按照 Alan Blinder 和 Ricardo Reis(2005)的说法,艾伦·格林斯潘无疑是"最伟大的活着的中央银行家"。确实,在绝大多数报道中,在他的领导下,货币政策运行得相当好。不过,在格林斯潘掌管美联储的时间内,他避免宣称任何政策规则,而是重视借助于声明的灵活性。如下一段话表明了格林斯潘(2003)如何为他的选择辩解:"某些批评家曾经认为,这样一种政策太随意(貌似斟酌)、太难以解释。某些人下结论说,联储应该通过对正式政策规则处方的单独反应,尽量令操作更为正式。然而,任何沿着此方向的方法将导致经济表现的改善的说法,是非常令人质疑的……规则本身的性质决定了它是简单的,但当经济环境中存在显著的、不断变化的不确定性时,它们不能代替风险管理范式,而后者显然更适于政策的制定。"

不过,尽管格林斯潘讨厌政策规则,但通货膨胀在他就任美联储主席期间却是低而稳定的。与基德兰德和普洛斯科特想法不同,格林斯潘证明,中央银行在显著地舞弄酌情权的同时,中央银行能够产生合意的结果。

▷ 六、财政政策的观点

寻求宏观经济理论实际影响的另一个地方,是财政政策分析。美国布什政府在 2001 年和 2003 年的减税,提供了很好的研究案例。

可以肯定的是,布什减税政策的设计有多方面的动机。例如,儿童信贷的扩张,基于政治哲学和社会哲学的考虑,同基于经济的考虑同样多。不过,经济顾问委员会和财政部的经济学家,在制定政策的过程中投入很多,因此考察一下他们使用的工具将很有启发。

布什减税计划的经济分析,一只眼放在长期增长,另一只眼放在短期经济周期。其长期视角应该是财政专业的学生所熟悉的。最显著的是,布什于 2003 年对公司资本所得废除了双重征税。国会最终通过的法案并没有完全实现这一目标,但对于红利税率的大幅削减沿着税收中性的方向前进了一大步,减少了相对于红利的留存收益的偏差,相对于股权的债务的偏差,以及相对于公司资本的非公司资本偏差等。

同时,它还沿着对消费而非收入征税的方向,将税法推进了一大步。后一个目标同财政领域的现有文献相一致（例如，Diamond and Mirrlees，1971；Atkinson and Stiglitz，1976；Feldstein，1978；Chamley，1986；等），作为经济理论没有什么是特别新的。30年前,阿特金森和斯蒂格利茨写道,此后,一直存在"更偏爱消费税而非所得税的传统推定"。

不过,同该文更为相关的则是对税收政策的短期分析。随着乔治·布什总统于2001年就职,经济在20世纪90年代末股市泡沫破灭后,一头扎进衰退之中。减税的一个目标是刺激经济复苏和就业。当布什总统签署2003年《就业与增长减税协调法案》(Jobs and Growth Tax Relief Reconciliation Act)时,他将该政策解释如下："当人们的钱更多时,他们就能够将它花费在商品和服务上。在我们的社会中,当他们需求额外的商品或服务时,必将有人去生产这些商品或服务。当有人生产这些商品或服务时,这意味着一些人更有可能找到一份工作。"其中的逻辑,是典型的凯恩斯主义。

经济顾问委员会(CEA)被要求对"减税如何影响就业"进行量化分析。我们运用了一个主流宏观经济计量模型来回答这一问题。当我在经济顾问委员会任职时,我们使用的具体模型是宏观经济顾问劳伦斯·梅耶在就任联储主管之前成立并经营的咨询公司所维护的模型。事实上,美国不论是民主党政府还是共和党政府,该模型几乎已经使用了20年。

不过,由于宏观经济顾问模型同其他大型宏观经济计量模型(比如联储维护的FRB/US模型)类似,因而选择这一特定模型并不是至关紧要的。从人类智力发展的历史角度看,这些模型都是克莱因、莫迪利亚尼和Eckstein等早期模型化努力的直接后裔。新古典和新凯恩斯主义的研究,对这些模型的构建只曾经产生过非常小的影响。令人难过的事实是：过去30年来的宏观经济研究,对于货币政策或财政政策的实际分析,仅仅产生了微不足道的影响。

对于这种现象的解释,并不是政策领域的经济学家忽略了近来的理论发展,而是相反：美联储的成员包括一些最优秀的年轻的经济学博士；而不论是民主党政府还是共和党政府,经济顾问委员会都从全美顶尖的研究性大学挖掘人才。现代宏观经济研究没有在实际政策制定过程中得到广泛采用的事实,是它几乎没有用于这种目的的、初步认定的证据。作为科学,相关研究取得了很大的成功,但对于宏观经济"工程"则没有明显的贡献。

▷ 七、宏观经济学家几乎没有工程师

约翰·梅纳德·凯恩斯(1931)的一个著名看法是:"如果经济学家能够设法将他们自己的思想,视为类似于牙科医生的谦虚和胜任,那将是很了不起的。"他表达的希望是,经济学这门科学,应该演变为一种有用的工程学。在这一未来的乌托邦中,避免衰退将同"填洞"一样直截了当。

过去几十年宏观经济学学术的主要进展,同牙科几乎没有什么相似性。新古典和新凯恩斯主义研究,对于那些从事繁杂的实际货币政策和财政政策的现实宏观经济学家,几乎没有什么影响。同样,对于那些未来对宏观经济政策进行投票的年轻人,当他们进入大学课堂时,新古典和新凯恩斯主义研究对他们的老师讲授的内容也几乎没有什么影响。从宏观经济工程学的角度看,过去几十年的研究,似乎不幸是一个错误的转变。

然而,从宏观经济科学更为抽象的角度看,这些研究可被视为更为积极的。在表明大型凯恩斯主义宏观经济计量模型的局限性,以及基于这些模型的政策处方的局限性等方面,新古典经济学家是成功的。他们令人们察觉到了预期的重要性和政策规则的重要性。

对于解释工资和价格为何不能出清市场,以及更一般地,理解短期经济波动需要何种类型的市场不完全等,新凯恩斯主义经济学家提供了更好的模型。这两种看法之间的紧张关系,尽管并不总是彬彬有礼的,但或许是富有生产性的,这是因为,竞争对智力进展及其对市场的结果一样具有重要性。

它们所导致的创见,正在融入新综合中;这种新综合目前正在发展中,并将逐渐成为下一代宏观经济计量模型的基础。当我们展望未来时,宏观经济学家所渴望的谦虚和称职仍然是一种理想境界。

2015 年 5 月 16 日

取势,明道,优术:财富因何而来,又因何而去?

题记:财富因势而生,为道而停留,借术而集聚。你的财富、你的成就、你的事业不会大于你的格局。

每轮牛市都会创造很多临时性的股神与富翁,甚至是上帝:据说镇上做拉面生意的王六娃现在非常反感乡亲称呼他的本名,因为他不听任何消息,完全通过自己研究并买入的创业板股票组合已经上涨超过了3倍。

而一旦牛市结束,能保持硕果的人其实寥寥无几。张三还是那个张三,李四还是那个李四,六娃还是那个六娃,只是多了一点酒后与子孙辈的回忆谈资:想当年……

过去20年,A股和港股像样一点的牛市,加起来不下10轮了吧,你身边有多少人因此而进入财务自由?

财富是个很奇妙的东西。很多时候,你并不知道它因何而来,又因何而去。但有些基本的原则是亘古不变的:其实很多时候,财富的来去与多寡,与你直接谋求财富的手段(学以致用也罢,辛苦打拼也罢,坑蒙拐骗也罢)并无太大关系,而是与你的视野、你的人、你的品有莫大关系。

所谓取势,明道,优术:手段是术,人与品是道,大环境是势。财富因势而生,会为道而停留。术面前,财富永远只是过客。

听起来很玄,简单文雅的解释是:无论多么卑微与渺小,都永远把自己置身在历史潮流中,先做人,去追随并承担,再聚财,去分享和帮助。

再简单粗暴一点的解释是:让自己有点格调!居庙堂之高则忧其民,处江湖之远则忧其君。穷则独善其身,达则兼济天下。这不是为了装,是为了让自己更有资格接近和管理财富:绝大多数时候,我们拥有的财富,只是暂时替佛祖代管一下而已。

财富因势而生。没有美国持续200多年的国运上升,断然不会有巴菲特的投资传奇。没有改革开放三十多年的厚积薄发,也断不会有今日中国层出不穷的技术创新与迭创新高的"神创板"。这就是格隆一再强调的:很多时候,我们只是赚了一个大趋势的钱。

有了这种谦卑而清醒的认知,你才不会偶有所得而志得意满、得意忘形;你才知道暂时替佛祖管理钱财的真正含义;你才知道幸运赚了钱以后去帮助你的亲朋乃至身边的陌生人是应有之义;你才知道分享的天经地义与快乐;你才不会在朋友圈一而再、再而三去晒自己推荐的股票涨了多少:那是牛市的功劳,与你没有半毛钱的关系。镇上王六娃选的股票,丝毫不比你差。

格隆的家庭成分上溯三代据说是地主,家里颇有积粮,但很快被后进门的太奶奶败光,父亲也是在家道中落的情况下向家里要挟,宁可饿死也要读完小学。这在20世纪50年代的历次运动中的江汉平原算是高学历了,因此他才有机会做了当地行政长官——公社书记。但后来父亲被批斗和狠打,好几次都差点跳河自杀,好在贤淑坚强的母亲坚决站在父亲一边并把他保护了下来。后来又几经沉浮,但父亲从未消沉和退缩。后来格隆大学毕业,也是父亲力排众议,坚决支持我走向远方:待在巴掌大的地方,你能看得见什么?

终其一生,父亲都只是一个没离开过楚地的农民。但我总在想:以父亲的大局观和禀赋,如果他的青春岁月是在中国真正崛起的今天,他做得一定远比我好。

多数人之所以只是凡人,是因为他永远不会把自己的思考方式和行为方式上升到一个与历史趋势哪怕略微挂钩的高度,而是甘于做一个完全无关历史的局外"小人":蝇营狗苟,自得其乐,与家国无涉,与族群无涉,与责任无涉。

取势而后借道。财富因势而生,为道而停留。

纣王无道,起而伐之!人尚如此,何况财富这种有灵性的东西?!道就是你的思考方式,就是你的行为逻辑,就是你的格局。你的财富、你的成就、你的事业不会大于你的格局。一个境界低的人讲不出高远的话,一个没有使命感的人做不出有责任的行为。

事实上,你能发现身边这种无道的人比比皆是:比如阿里巴巴上市前,很多人攻击马云拿了日本人的钱,是在替日本人赚中国人的钱,并义愤填膺号召抵制阿里。且不说在马云的电商急需用钱一筹莫展的时候,你为何没有日本人孙正义的眼光去投资马云,就算马云真的替日本人挣了钱,干卿何事?你为何不是去赞赏马云在所有人对电商嗤之以鼻时全情投入的果敢?为何不去思考为何崛起的商业模式会是电商?为何不去思考怎么是马云,而不是自己?

类似的案例是:格隆汇遍布全球50多个国家的会员深度的研究与挖掘,经常能发现一些不错的潜力标的,在格隆汇平台分享后,似乎会对价格产生一定影响。有一个买方研究员写了一篇文章,大义凛然质疑格隆汇研究上市公司并无偿分享的这种互联网研究模式。

是的,他不是探讨研究文章的逻辑成立与否、数据真实与否、模型假设科学与否、结论可靠与否,而是站在道德高地上指责用互联网平台做研究这种模式,以阴谋论的假设来推测会员做深度研究的出发点,而且文章多达数千字:写数千字需要多长时间?以格隆的经验,正常两三个小时是要的。有这个时间,如果是一个多少还有点水平的研究员,是不是已经足以读5份上市公司报表,然后在这5家公司里挖出一只潜力股了?

《史记·项羽本纪》有这样一段记载:"秦始皇帝游会稽,渡浙江,梁与籍俱观。籍曰:'彼可取而代也'。"

项籍者,下相人也,字羽。

随喜、赞赏、容人、助人、习人之长、补己所短,以做大做强自己,这是正道。挑刺、诋毁、自以为是、冷嘲热讽,这是歪道,一种恶习,它反映的是你的虚弱与不自信，你的不思进取与消极懈怠。采取这种思维与行为方式的人，大多数只有资格在台下风言风语。事实上，这种看似一言既出、内心舒爽的风言风语不利人，却必定损己：因为它会蒙蔽你明道、取道的努力与方向，戕害的只是自己，而且浑然不觉。

相由心生，境由心造。当一个人具备包容而进取的心态时，他的思考才会是正面的，他的表达才会是正面的，他的行为才会是精进的。不怕念起，就怕觉迟，每个人内心都有阴暗的一面，当内心沉渣泛起时，努力让自己阳光一些，让自己往有光的地方靠拢。这不是为了装高大上，只是为了让自己更靠近正道，让内心不至于那么憋屈，让自己活得更真实。

成大事者，取势，然后必须明道：随喜心、包容心、利他心，懂得认同别人、懂得学习他人。

财富因势而生，为道而停留，借术而集聚。取势，明道，最后才是优术。

拥有了势和道，为你停留的财富一定已经足够你使用了。术再精妙（比如你能一枪毙命），或者再有瑕疵（比如你常常因为与生俱来的恐惧与贪婪而舍大取小），都已无关大局和无伤大雅，因为它决定的只是财富短期的集聚与消散，与财富的停留与否没有任何关系。

术永远只是一个不可能完美的工具。能看懂甚至精读财务报表的人一大把（网上见识过一个知名度很高，财务知识娴熟，分析财务作假一套一套的人，但他的投资结果只能用一塌糊涂来概括），你真的可以不必去精通，也不必熟悉阿尔法、贝塔，你也不必抱怨自己一直无法克服恐惧与贪婪，这些都不会对你的财富积累产生根本性影响。

根本性影响的是什么：取国势，走正道，拿你该拿的。

正在伏案写这篇文章的时候，格隆收到好友多吉才让从西藏吉隆镇发来的短信——格隆兄悉知：刚从聂拉木抵吉隆，吉隆已不复往日。

短信让我悚然心惊并生出一种虚幻感：我辈日日浸淫股市，几千里外藏尼交界处发生的连续强震，貌似与我们一点关系都没有。

但那里的地震死亡人数实实在在已经超过 8 200 人。

多吉是川西汉藏混血，在成都拉萨经商多年，拥有西藏最大的文化与旅行综合企业，多年前在珠峰大本营与格隆相识，一见如故并结伴同游吉隆、尼泊尔。多吉一脸罗马雕塑一样的五官，常常成为我们旅行途中被美女骚扰的对象，但我们能成为挚友,则更多是因为他身上几乎与生俱来的悲天悯人情怀:他关注他家乡、他生活土地上的每一个细节变化,并力所能及贡献他的力量。这次尼泊尔二次强震,他放下所有公司业务,第一时间筹集了资金和队伍赶赴聂拉木和吉隆。

临行前,格隆特意要求他去往吉隆时看看朗萨,一个在日喀则市高二的美丽藏族女孩。3年前格隆非常荣幸请求到支持她学业的机会:不为其他,只因凭她的纯洁、善良与虔诚,理应比我更值得拥有一个美好的人生。

朗萨家正好在破坏严重的藏尼交界处的吉隆镇吉普村。自从地震以来,我一直未能与她取得联系。

北京时间 18:52 分,格隆再次收到多吉的短信——格隆兄悉知:朗萨安好。我已快 24 小时没合眼,先眯一小会儿。

谢天谢地。

好人,好梦!

2015 年 5 月 17 日

这次也不会有什么不一样：
泡沫化投资的纠结与选择

题记：泡沫化投资，比的不是客观严格的估值分析能力，而是泡沫产生初期敏锐的嗅觉与感知能力，泡沫形成中期出色的市场情绪引导能力与高估值恐惧的自我安慰说服能力，泡沫吹大后期的冷静、决绝、果断退出和终止游戏的能力。

最近格隆听到两个关于 A 股泡沫化投资的笑话。

一个是语重心长的投资经验总结：只要把 PE 搞到 100 倍以上，一个票就能脱离基本面的束缚，进入梦和想象力支撑的蓝海。如果不幸堕入 50 倍以下，它将沦为一只价值投资股，在拼业绩的红海里浴血奋战。

另一个是发生在两个做资产管理人之间的对话。甲：听说你最擅长分析公司基本面和估值？乙：你才擅长分析公司基本面和估值！你们全家都擅长分析公司基本面和估值！

泡沫化投资是与价值投资相对应的一个投资术语，简单来说，就是指某个市场、行业或者个股的股价明显脱离和超越基本面估值水平后的投资行为。泡沫化投资是令所有证券投资者最纠结的东西之一：证券市场泡沫化似乎是个常态。

参与，还是不参与？以何种方式参与？如何全身而退？

从路径上说，泡沫化投资是一种完全不同于价值投资的盈利模式。价值投资的博弈对象是投资对象本身，也即上市公司。你需要做的功课是确定公司的收入、盈利与估值水平，然后在一定的安全边际之内买进。换句话说，价值投资赚的钱是从上市公司身上赚到的。

泡沫化投资则完全是另外一回事。做泡沫化投资的时候考虑估值水平是大笑话，试图从泡沫化的股价上寻找到估值安全的安慰感绝对是南辕北辙，白费功夫。做泡沫化投资的博弈对象是人,需要做的是仔细倾听、深入了解并不露痕迹地引导市场其他投资人的审美情趣与偏好,制造大众狂热,让他们相信这个美好的游戏可以继续高枕无忧地玩下去,因为你的投资需要别人来埋单。

说到底,泡沫化投资是个抢钱的游戏,你赚的钱来自你的博弈对手,上市公司股票扮演的只是一个可有可无的传销工具而已。这种盈利模式下,比的不是客观严格的估值分析能力,而是泡沫产生初期敏锐的嗅觉与感知能力,泡沫形成中期出色的市场情绪引导能力与高估值恐惧的自我安慰说服能力,泡沫吹大后期的冷静、决绝、果断退出和终止游戏的能力。

正因为泡沫化投资是与人博弈,而不是与公司博弈,这很类似于行走江湖打家劫舍,干的都是刀口舔血的斗殴买卖,武艺再高强,也难以保证哪次不会马失前蹄,因此多数有经验的职业投资人会把这种盈利模式视作畏途,不会当作一种常态化的正常路径。

问题在于,市场似乎经常会处在一种非常态化的状态,一旦市场整体泡沫横飞而且你身边的多数人都愉悦地享受到了泡沫的快乐,你会发现,维持一个冷静的旁观者角色是多么艰难。最典型的例子是 20 世纪末美国纳斯达克的互联网行情。纳斯达克指数自 1991 年的 500 点上涨至 2000 年的约 5 000 点,把诸多理性回避互联网泡沫的投资大家都逼入了一种极其尴尬的境地,这其中包括大名鼎鼎的巴菲特。尽管后来网络股泡沫的破灭证明了巴菲特的终极正确,但此前他面临的各种辛辣嘲讽与严厉指责足以让任何一个固执的职业投资者屈服。

今年国内 A 股的泡沫化投资也把很多资深投资人士逼上了近乎精神分裂的绝路。上半年 A 股市场冰火两重天,权重股估值便宜但弱不禁风,创业板估值昂贵却一骑绝尘。国内上半年以来业绩靓丽、排名前列的少数基金,几乎无一例外重仓投资创业板,业绩落后的则基本都是对主板所谓蓝筹股的投资。从 2012 年末的 585 点开始,到当前的超过 3 500 点,创业板在两年多的时间里上涨超过 500%;同期沪深 300 的涨幅只有 91%,上证综指的涨幅为 103%。创业板与主板估值水平之差已经拉大到了 7 倍以上。板块疯长背后是个股的火爆。截至今年第一季度,创业板 405 只股票,市盈率超过 100 以上的个股高达 250 只。暴风科技 3 月上市时发行价为 7.14 元人民币,两个月时间里,股价最高曾超过 320 元人民币,昨日收盘依然报 237 元,市盈率超过 700 倍;大股东宣布要在未来 6 个月套现 100 亿元的乐视今年同样股价出现数倍增长,目前市值 1 386 亿元，市盈率380倍。

如果创业板这种火爆行情的背景是整体宏观经济的持续红火与微观企业利润的大幅增长，那会是一个相当和谐的共振。但可惜不是，实际情况是中国几乎绝大多数行业都挣扎在需求大幅下滑、供给严重过剩的盈亏门槛上。企业财税支出的压力持续上行，全体A股上市公司的ROE长期低于社会真实融资利率。创业板上那些所谓的高科技高成长的龙头公司，就算真的代表了不受传统经济约束的新经济，但不要忘记纳斯达克泡沫破裂后，尽管互联网新经济确实崛起，但纳斯达克市场仍有超过1/3的公司最后走到了破产、退市或者彻底边缘化的境地，更何况中国创业板公司更多是跟着苹果、谷歌、亚马逊等美国公司炒作概念的边缘跟随者而已。

这种反差很刺眼、很滑稽，也令人崩溃：你不知道对于一个市盈率已经超过100倍、甚至200倍的所谓成长股该不该买进去（格隆最新看到的一份A股大行研究报告，给予一个动态市盈率200倍的创业板公司翻番的目标价，这意味着要给400倍的动态PE，这不是做研究，真的是比胆量），如果不参与进去，你也不知道市场这种癫狂状态会持续多久，泡沫维持的时间与你的投资甚至职业生命哪个更长。

太阳底下没有新鲜事。对于泡沫化投资，市场每次找的理由都大同小异：诸如代表了国民经济结构改革的方向，代表了人类新技术的革新方向，行业与公司具有高成长性等，而且每次市场都会说这次不一样。

我们当然知道，这次依然不会有什么不一样：高速成长的皇帝新衣一定会脱下，泡沫最终一定会破裂。

人人都知道泡沫化投资最终结果会很残酷，但人人都假装结果会很美好并不断安慰和说服别人结果也会很美好。对于职业投资者而言，这个时候需要做的是在忽悠别人时自己不能入戏太深。

在所有市场，成长类公司不断扩大其指数权重的趋势不会改变，但收益率曲线呈现抛物线式回落的趋势也不会改变，收益率曲线的前半段是投资人的超高预期与前期高增长率的和谐共振所致，随后进入增长率陷阱，最后一段则是退潮时发现90%的人都在裸泳，这几乎是所有成长股的宿命，也是泡沫化投资的必然过程。

在泡沫还没有足够大足够刺眼的时候果断按下"GAME OVER"键退出游

戏是一个试图参与泡沫化投资的职业投资者必须具备的基本素质。此时，巴西狂欢节上的警示宣传语"狂欢吧，但记得坐得离出口近一点"会比"佛祖保佑"更能起到保护作用。

当一个市场整体估值水平已经超过 120 倍 PE，11.40 倍 PB（2000 年纳斯达克指数最疯狂时候的 PB 为 8.5 倍。除中国的创业板外，全球金融史上再也找不到一个有规模的股票市场整体 PB 能超越 10 倍）；当做手游的掌趣科技市值已经超过国内网络游戏两大巨头盛大和巨人市值之和；当营收只有同类公司迅雷 1/15 的暴风科技两个月时间上涨 45 倍，市盈率超过 700 倍，市值达到 9 个迅雷；当大股东宣布要在未来 6 个月套现 100 亿元的乐视今年同样股价数倍上涨，市盈率 380 倍，市值 1 386 亿元，相当于 5 个国内视频网站份额第一的优酷土豆时……你还在说服自己这次是真的不一样的时候，恭喜你，你已经完成了从一个职业投资者向戏剧演员的过渡了。

当然，你也完全可以不参与这种泡沫化投资的游戏。这个市场有很多牛人，他们的思维与行为模式可以根据市场情况很好地自由切换，他们可以做好牛市，也可以做好熊市。他们可以做价值投资，也能在泡沫化投资中游刃有余。但很多人不是。

你不参与并不代表你不能在这个市场活得很好，结果其实很可能是恰恰相反。

2015 年 5 月 31 日

为什么一定要争夺港股定价权
——兼论港股的调性与世纪机会

题记：以资产定价权为核心的金融主权必须拿回。

▷ **港股的调性及其由来**

上周末港股被中东 SRAS("MERS")弄得一惊一乍后，格隆一个在香港大投资机构管投资的哥们发来一段血泪控诉：我今年最大的失误，就是手贱，把自己的主力仓位放在了港股上，把次要仓位投在了 A 股上。港股这个市场，原以为估值无法容忍的便宜，赚钱应该更靠谱，但没想到港股是扶不起的阿斗，赚钱真的难啊！我妈从老家给我发来信息，说邻居孩子在工厂里上班，今年炒 A 股赚了 10 倍，刚买了套别墅。我说妈你千万千万别告诉人家你儿子是干什么的！说出去丢人啊。

这个朋友的话，我感同身受。如果把炒股比作玩通关游戏，A 股这个博傻的市场选的一定是"easy"模式，几乎是闭着眼睛挣钱。而港股则选择了"hard"模式，绝大多数时候，A 股涨，它不涨；A 股跌，它立马跟跌。欧美股涨，它不涨；欧美股跌，它也立即跟跌。内地的脸色要看，美国人的脸色要看，连万里之外希腊人的脸色也要看，整个一个没爹没娘的孩子，调性十足，甚至连个传闻的"MERS"都要让青衣地铁站瞬间变空城，港股也跌个大跟头。

原因何在？

市场总结了不少，包括香港非主权的自由开放市场，定价就应该低；香港缺乏散户投资者；香港市场欧美机构资金为主的候鸟市场；香港没有本土沉淀资金；香港自身没有实业基础；香港货币绑定美元，没有自主调节权……不一而足。

有道理吗？似乎都有一定道理，但又都似是而非。

根本原因在哪？

在格隆看来，有且只有一条：在港股，我们没有定价权。

在港股混了一段时间的朋友，最近一定会听过一个由格隆汇发起的标语式的呼吁："争夺港股定价权！"但是在与一些朋友交流的时候，发现不少人对何为定价权并不清楚，甚至错误地认为与己无关，是格隆汇在哗众取宠，是格隆汇试图在香港复制 A 股的泡沫。

所以我觉得非常有必要来阐述一下这个道理：何为定价权？以及为何要争夺港股定价权？只有当你明白了这个道理，才能在港股当前这个黎明前的黑暗中坚定自己的信心，明白港股的症结在哪儿，大方向大趋势在哪儿，机会在哪儿，以及你该怎么做！

低估值是一种耻辱，是一种病，得治。

在探讨定价权之前，我想先澄清一个市场上近乎荒谬的结论：港股长期以来的低估值，体现的是香港作为一个开放、成熟市场的本质特征，它是一种优势，并因此而吸引了大量外资的参与。这是活脱脱被打了个鼻青脸肿，还连声说打得好、打得好！

美国证券市场才是真正的全球最开放的证券市场，你见过美国股市估值长期在 10 倍 PE 晃悠吗？提醒一下，美国标普过去十年平均 PE 是 25 倍！纳斯达克自成立以来平均 PE 是 46 倍！

低估值不单不是优势，本质上更是一种丧权辱国的澶渊之盟，是一种耻辱。因为低估值意味着向交易对手更多、甚至无偿让渡了资源、劳力、劳务，以及最后的物质财富。拿这个当特长，说这个定价水平才体现了成熟市场的真正定价水平，甚至为此沾沾自喜，要么是极端无知，要么是助纣为虐的潜伏第五纵队。

天下熙熙，皆为利来；天下攘攘，皆为利往。无论是内地尊崇的马克思《资本论》，还是研究假设出发点与《资本论》完全不同的西方经济学，其研究的最终落脚点都是交易——马克思经济学里的交换！经济学将经济活动划分为生产—分配—交换—消费四个环节。世界这么大，你不妨去看看，本质上最终都是一种交换关系—交换行为产生并形成了价格，价格回过头来决定你的竞争地位与在财富分配环节中的位置。

因此从核心上说，你的竞争优势不是来自你的技术水平，不是来自你的科研实力，不是来自你的廉价资源消耗，更不是来自你的低廉人口红利，而是来自你在交换时的定价能力。

如果没有定价能力，哪怕你是全球最大买家，比如中国之于铁矿石；又或者你是全球最大卖家，比如中国之于稀土，价格也都与你没有半毛钱关系。你能做的是等待别人的报价，并默默接受被剪羊毛！

如果你有定价权，哪怕你对该商品既不是最大卖家，也不是最大买家，你也一样能予取予求，比如拥有世界储备货币地位的美国之于99%的全球大宗商品。

资本也是商品，一种金融商品，资本定价权，本质是国家金融主权的一部分。股市估值水平不是单纯的PE、PB那么简单，在经济学上，股市估值水平倒推回去，终极体现的是企业股权融资成本。换句话说，股市不正常的低估值，反映的是企业过高的股权融资成本。我们看到中石油在港股被压到1倍PB发行，股息率都超过10%，看到中石油A股10倍于中国香港的发行价，这在经济学上的解释是：相较于实业投资回报率与股权融资成本，中石油在香港融资是极不合算的，或者说根本没有必要在香港融资。

低估值低定价，不是什么"公开、公平、公正"的市场化行为，在很大程度上应是外资大行为代表的"打手"刻意为之，予取予夺的工具。比起枪炮，资本定价权才是更锐利的掠夺武器。最关键的，夺走了，你还得忍气吞声：人家会说这是市场的游戏规则，公开公平公正的玩法！低估值，意味着人为刀俎，我为鱼肉，辛辛苦苦生产的财富与劳务，最终怎么分，任由他人说了算。这种看似由双方一致达成的市场化价格，本质就是一种一千年前宋辽实力对比下的"澶渊之盟"。

对于外资而言，低估值不仅令其投资组合获得了一个随时可以配置、安全边际很高、下行风险很低，类似货币资产一样的组合对象，更可以近乎免费获得资本增值利得。中国上市公司发行的股票，毕竟不是货币工具，它是实实在在的资本。

香港回归多年，但香港资本定价权实际长期是拱手让人的。我们对国内股改中所谓的国有资产流失精打细算，甚至斤斤计较而捆绑国企改革手脚，但对香港股市不正常定价带来的长期国资流失却视而不见，是不是多少有些滑稽？

如果说，在10年前、20年前，我们的各项积累，尤其是资本积累相当有限的情况下，我们需要大量引进外资资本，我们需要在资本定价上做一定让步还情有可原，那么在今天我们外汇储备达到惊人的4万亿美元，我们的产能、资本都已过剩需要输出的时节,我们还需要这种"澶渊之盟"吗?

很明显,低估值,这是病,得治!

定价权缺失:我们吃过多大的亏?!

在继续展开后面的问题前,我们有必要回顾一下过往我国在国际商品贸易中"定价权"缺失所带来的屈辱后果。这种缺失从进口到出口,从铁矿石、稀土、石油到玉米、棉花、大豆,再到纺织服装、电子产品等工业制成品,无论是我们有比较优势的,还是没有比较优势的,比比皆是。

我国是全球最大的铁矿石消费国和进口国,但定价桌子上始终没有中国人的身影。屡屡受制于淡水河谷集团、必和必拓集团、力拓集团三大矿山企业,不得不为连年飙涨的铁矿石价格沉痛埋单。在2009年,占全国总产量80%的71家重点大中型钢铁企业,钢产量增长10%左右,利润却同比下降31.43%,平均销售利润率只有2.46%。钢铁企业在中国重工业化最红火的日子里也是掰着指头过日子,在今天,很多钢铁企业甚至不得不去养猪谋生;而国外企业通过抬高原料价格,轻松从我国攫取本不属于他们的利润。国际铁矿石巨头澳大利亚的必和必拓集团依赖原材料铁矿石涨价,仅2009年下半年就实现净利润61亿美元,同比增长134.4%。

这里你或许会问,国外是如何控制铁矿石的定价权?

1. 国际上铁矿石交易以美元计价(结算货币是最终极的定价权控制的一种,这里展开可以讲三天三夜,美国通过绑定石油,控制了全球的石油贸易)。

2. 全球主要产能集中在三大巨头手上,他们往往通过价格同盟联合起来控制价格。

3. 我国长期铁矿石存货不足,需求分散,三巨头通过控制产量增加谈判筹码。

4. 价格发现的期货市场被国外控制。

不过我国最失败的不仅是在最大买家时,我们没有定价权,在中国垄断的部分上游资源领域,在最大卖家领域,我们也没有定价权。"中东有石油,中国有稀土",邓小平的话道出了中国稀土大国的地位,我国拥有超过全球50%的稀土资源储量,并占据全球90%的市场份额。但定价权同样不在我们手上,这一资源优势并未给我国带来应有的收益。稀土价格极其低廉就不提了,令人气愤的是,国外企业利用定价权的谈判优势,把稀土的初级提纯工厂也设在了中国,稀土的初级提纯污染极大，但一些地方政府为了仅有的一点利润敢怒不敢言。外企真的做到了把利润带走，把污染留下。在稀土的定价权争夺中，我国产能分散，稀土开采类似小作坊，不能形成有效的价格联盟。国外虽然需求旺盛，但存货充足，有充分的谈判筹码。

不过，最后好消息是我国在商品贸易中正在慢慢找回定价权。以稀土为例，我国开始取缔稀土小作坊企业，稀土企业开始整合，同时控制稀土出口，削低国外存货水平。

何为定价权？

我们这里说的定价权并不是所谓的漫天要价，在价格形成时靠比肌肉打砸抢，因为价格最终还是由买卖双方通过供需博弈决定的，我们不能歪曲这个最基本的经济学原理。

格隆讲的所谓的定价权，是对价格形成的主动权与话语权，而价格是市场资源配置和财富配置中最灵敏、最有效的杠杆，也是最高级的形态和工具。简单来说，当物品价格上升，我们就会投入更多的资源去生产该物品，资源流入的产业或产品必定能够带来比资源流出的产业或产品更多的利润，这也满足了资源本身的最大化效用需求和投资者利润最大化的目的。

争夺定价权其实就是争夺合理资源和财富配置的主动权与话语权。拥有定价权的一方将拥有配置资源和最终财富分配的主动权。

以稀土为例，如果我们没有定价权，国外可以通过抬高稀土价格，让我国生产资源不断进入稀土行业加快稀土开发，从而使稀土资源加速流入他国，变相从我国攫取财富。而如果我国控制了稀土的价格，那我国就能控制让多少生产资源进入稀土行业，使稀土可以得到有效合理的开发利用。

何为股票定价权？

股票实质上是股权的一种代表，而股权也可以看作一个商品，即对一个公司的拥有权。股权价格的高低本质上如同对商品价格一样，是资源配置和财富配置机制中最灵敏、最有效的杠杆。

格隆举个 PE/VC 的例子。现在互联网创业很火爆，只要你有个好点子，VC/PE 会很大胆地给你高估值，大把大把的钱给你烧。很多人都以为他们钱多得慌，但他们给创业公司股权高估值，拿大把大把钱给创业者烧的结果就是促使更多有想法的年轻人敢去运用新 idea 去创造财富，而这些 idea 也正不断发展互联网行业,使之更加繁荣。所以另一种流行的说法就是现在是创业的黄金年代。这就使资源(idea 和钱)实现最有效的配置。

股市也是同理,当上市公司可以把股权卖更多钱的时候,他们就会倾向于股权融资,而在监督体系完整的情况下,融来的资金必然会扩大企业的投资与生产,从而创造更多的财富。

▷ A 股定价权的例子：不只是泡沫

这轮 A 股大家都是有目共睹,市场一般解读为改革牛。在我看来,国家需要这轮牛市的目的就是为了重塑国内股权的价值估值,通过对股权价值的重塑,引导企业减少债权融资,降低企业股权融资成本,更多地进行股权融资。

以前说得最多的就是企业融资难,根本原因是我国长期是以银行为中介的间接融资发达,企业股权融资很困难,基本靠债权融资,而大量债权融资的需求推高了银行的话语权,这就是为什么经济下行、A 股熊市的时候银行还可以赚那么多钱的道理：实业辛辛苦苦赚的血汗钱,都被银行的垄断性资金定价权拿走了。我国通过提升股市的价值体系鼓励企业更多进行股权融资。这是对内重塑股权价值对资金分配起到的作用。

▷ 为什么要争夺港股的定价权

我们先来看一组简单数字：

指　　数	平均 PE	指　　数	平均 PE
纳斯达克 1971 年成立以来	46	上证指数近 10 年	20
A 股创业板成立以来	48	标准普尔 500 近 10 年	25
		恒生指数近 10 年	15

我们都知道,港股很多上市公司的主要业务都在内地,其本质和内地上市公司没有任何区别。但恒生指数近 10 年平均 PE 只有 15 倍,这个估值水平,低于内地的上证指数的 20,更低于美国的标准普尔 500 的 25。说明在港股市场,公

司股权的价值不仅低于内地，更低于美国。

也就是说，同样的公司每发行一股，在美国、在内地和在香港卖的钱是不一样的。而三者中香港是最低廉的。为什么优秀的企业都喜欢去美国上市？因为在美国能实现股权价值的最大化。

对内，A股的牛市已经开始慢慢纠正股权价值体系，而隔着浅浅深圳湾的香港，我们不仅没有纠正过来，甚至背道而驰。但正如我国推进的"一带一路"倡议，我们也必须纠正中国公司在香港市场上的股权价值，我们不仅要把股权以合理的价格卖给自己人，更要以合理的价格卖给外国投资者。

为什么南北车要合并，原因不就是希望我们的高铁在国外能卖出合理的价格吗？股权也一样，同样的股权，我们在国内卖20倍，为什么在香港卖给国际投资者就只卖10倍？

格隆曾经与一个在香港上市、市值约100亿港元、PB只有0.3的内资公司交流，他们说过去有一家外国机构和他们谈合作，外国机构坚持希望通过股权的方式去合作，然后这家公司很气愤地告诉格隆："凭什么，我们公司的净资产就值300亿港元，下一年资本开支就计划100亿港元，合作方出10亿港元就想占我们10%的股权，门都没有！"

是的，我也为这家公司抱不平，但同时尴尬的是，资本开支这100亿港元的钱从哪里来？总不能全靠举债吧？没有定价权，就等于没有融资能力啊！

所以，我们争夺港股定价权，不是民族主义，不是阴谋论，不是为了一口气，更不是面子问题，那些个都没意义，而是为了中国资产在国际上卖出应有的价格，提升在港上市企业的股权价值，让企业可以更低廉的股权融资成本，从国际市场获得更多的资金来发展自身。没有微观企业的健康顺利发展，我国经济要转型要变革、中国要崛起，都是水中花、镜中月、痴人说梦而已。

这就是格隆说的，我们为何必须要以国家意志来推进和纠正港股的错误定价机制，以国家意志来推进港股定价权的获取。

很多人把中央放开沪港通、放开公募进港、放开险资进港、放开基金互认这一连串动作，只是看作中央对香港的一个安抚和托底，这是太低估中央政府的长远眼光和气量了！这是一盘大棋，而世纪投资机会就在这其中酝酿！

最后一个问题，HOW？

股票市场中存在两个市场：一个一级市场，一个二级市场。

一级市场的作用是为企业创业进行股权融资,二级市场的作用是发现股权的价值。公司以什么价格在一级市场 IPO 或增发股份,很大的话语权掌握在二级市场。

换句话说,企业在市场每发行一股能融到多少钱,很大程度要看二级市场给同类公司的定价。而二级市场说白了也是一个供需决定价格的市场。人多好打架,只要内地放开水龙头,让稍许多的资金过来(内地 A 股每天成交高达 2.5 万亿元人民币,香港每天只有 1 000 亿港元),自然就能获得绝大多数中资港 A 股二级市场的定价话语权。

当然,拧开水龙头不代表会有水流出来,这个就需要多方力量的配合,包括你我在内在战略高度的认识。

如果格隆说争夺港股定价权,一定程度上事关中国战略转型的成败,或许有点言过其实,但这个顶层思路的大方向是大概率成立的,港股目前的调性确实很折磨人,但风雨过后见彩虹,目前只是黎明前的黑暗而已。未来 1~2 年,我们面对的,是一次港股重新定价的世纪机会。

还是格隆经常说的那句话:不谋全局者,不足谋一隅。

如果你希望提前战略布局下一个风口,不会有一个市场比港股更有吸引力!

2015 年 6 月 14 日

牛市杀人与斯德哥尔摩综合征

题记：对绝大多数普通投资者而言，有两点是基本确定的——牛市赚钱不是天经地义的，而牛市杀人是躲不过去的宿命。

▷ 股市会绑架绝大多数人

格隆汇已经有很多文章探讨"牛市杀人是躲不过去的宿命"这句经典股市谚语。如果理解了这句话至少会明白两个道理：

1. 对绝大多数普通投资者而言，牛市赚钱不是天经地义的；
2. 对绝大多数普通投资者而言，牛市杀人是躲不过去的宿命。

原因何在？其实很简单，牛市是绑匪，它会从两个角度绑架你：绑架你的思维与你的仓位。

牛市初期，被前面旷日持久的熊市折磨得已心灰意冷、草木皆兵的投资者，没有多少人会意识到牛市已经到来，因此牛市初期都是小仓位，浅尝辄止，而且多半是见好就收，所获寥寥，收益率远远跟不上指数。及至发现了不对，几乎每次卖出都是错误的，市场情绪也开始变得热络起来，你才会开始大胆起来，逐步加仓。等到牛市已确立，市场气氛已经亢奋狂热，你才恍然大悟是牛市，你才开始重仓，甚至放杠杆。而这个时候一旦有风吹草动，你前期小仓位的微薄利润会很快被高位布局的重仓所吞噬。

最关键的是，如果市场见顶，你会以为千金难买牛回头，你会说服自己前期就是因为犹疑不决、出手太软而错失赚钱良机，于是你会在下跌途中不断加仓：2008年很多人不是死在没有在 6 124 点逃顶，而是死在 6 124 点后不断的抄底过程中。

熊市的绑架过程与牛市一样，只是会反过来。至于熊市为何反而不容易死人?原因很简单:熊市你不会放杠杆。

这种绑架,我们会在日常生活中用一个粗糙的俗语概括:屁股决定脑袋。但在投资学上有一个更精确的术语:斯德哥尔摩综合征。

▷ 斯德哥尔摩综合征

1973年8月23日,两名有前科的罪犯Jan Erik Olsson与Clark Olofsson,在意图抢劫瑞典首都斯德哥尔摩市内最大的一家银行失败后,挟持了4位银行职员。在警方与歹徒僵持了130个小时之后,事情因歹徒放弃而结束。然而这起事件发生后几个月,4名遭受挟持的银行职员,仍然对绑架他们的人显露出怜悯的情感:他们拒绝在法院指控这些绑匪,甚至还为他们筹措法律辩护的资金,他们都表明并不痛恨歹徒,并表达他们对歹徒非但没有伤害他们,却对他们照顾有加的感激,并对警察采取敌对态度。

更有甚者,人质中一名女职员Christian竟然还爱上劫匪Olofsson,并与他在服刑期间订婚。这两名抢匪劫持人质达6天之久,在这期间他们威胁受俘者的性命,虽然有时也表现出仁慈的一面。在出人意料的心理错综转变下,这4名人质抗拒政府最终营救他们的努力。

这起事件的情节看似离谱,甚至匪夷所思,但并非不着边际,后来无数电影也以此事件为蓝本。现实生活中这种爱上绑匪甚至死心塌地为之服务的案例貌似并不常见,毕竟日常生活中铤而走险靠绑架谋生的悍匪还是稀有品种,但在投资领域这种案例则不胜枚举。

这种行为用一个专业术语称为斯德哥尔摩综合征,又称人质情结或人质综合征,是指犯罪的被害者对于犯罪者产生好感、依赖心,甚至反过来帮助犯罪者协助加害于他人。放在投资界,简而言之是指投资者在投入很多时间、精力、财力进入某市场,或者买入某股票后被套(这种被套包含两种情况,一种是直接亏损本金的被套,另一种是曾经赚过,甚至还赚了不少,但回吐很多,这在多数投资人眼里也是不可接受的),而且越套越深,这种情况下投资者会开始有选择性地屏蔽大部分甚至全部有关该市场、该股票的不利信息,而开始有意识地关注、寻找、挖掘,甚至刻意人为编造有关该市场、该公司的利好信息,最终,势不两立的套牢关系,戏剧性地变为匪夷所思的共生关系。

▷ 斯德哥尔摩综合征的本质是缺乏直面和改正错误的能力

这种掩耳盗铃式的偏执深深地根植于人性的弱点之中：没有人有勇气和肚量大大方方承认自己的选择错误与决策错误，哪怕这种错误显而易见，而且已经给他造成了明显甚至巨大的伤害。

大多数人的选择不是断然纠错，而是选择遮掩、修补或者粉饰美化乃至纵容放大先前的错误。选择与错误决裂，还是与错误共生乃至为错误殉葬——看似非常简单的选择题，但对多数人来说其实不然。最经典的斯德哥尔摩综合征路径：投入—犯错误—投入更多—在错误的泥潭越陷越深不能自拔—放弃自救，与错误绑在一起结成同盟，哪怕因此要放弃或者突破某些底线。

投资中的斯德哥尔摩综合征会更普遍，根本原因是投资界中绑匪众多——做投资，利润回吐，或者被套牢几乎是一种常态。另外投资界中的绑匪不以凶神恶煞的面目出现，而是以性感诱人的投资标的的面貌出现。大多数人都懂得不与股票谈恋爱的道理，也知道买股票就是为了卖，但如果你投入了大量心血与精力，重仓买入，然后又曾经赚过大钱却最终南柯一梦甚至被套，那就完全是另外一回事了：没有几个人在这种情况下有断然纠错的勇气与魄力。

正是从这个角度而言，纠错能力其实是投资能力的核心要素之一——我们会经常犯错，而且往往犯了错还浑然不觉。

▷ 屁股多坐几把椅子，脑袋自然就清醒了

既然犯错在投资中不可避免，那么避免斯德哥尔摩综合征的唯一办法就是不要陷入错误太深而积重难返。有效的办法就是资产配置、分散投资与止损。资产配置是为了让自己不在某一个国家、地区或者品类上投入过多，以保证自己随时拥有在地区间调配的空间与能力。分散投资是为了不让自己在任何一只股票上投入过多，以保证任何一只股票可能的错误不会威胁或吞噬掉整个组合的利润。

也许很多人会认为自己对选择的股票有相当把握，也会认为仓位取决于自己对相关个股的确定性把握。但现实情况是，我们多数人做投资时会高估自己

的能力边界。统计数据显示，除无风险套利机会外，对任何公司，我们都很难超过七成的胜算。我们知道的永远是少数，不知道的是多数，市场永远有无数的不确定性，包括个股的、系统的，甚至是不可抗力的。如果我们的屁股始终坐在几把甚至是一把椅子上，我们的脑袋注定是无法清醒思考的：其实屁股多坐几把椅子，脑袋自然就清醒了。

▷ 把钱包扔给劫匪

看到过一则新闻：某摩托车抢匪夜半飞车抢夺一女士的背包。女士死死抓住背包不放，以致被劫匪拖行，最后脑袋碰撞路基，不治身亡。

这是一出本不应发生的悲剧：不把损失控制在可控范围内的结果，多半是损失的窟窿越来越大。所以投资交易学里最经典的军规就是：一旦买入就开始损失，最愚蠢的行为就是补仓。

止损，就是为了不让自己在错误的路上越走越远，而导致最终被错误彻底绑架。斯德哥尔摩综合征有一个比较经典的前提要求，就是被绑架者有巨大利益乃至生命都被绑架者掌握。多数时候我们之所以被明知错误的股票绑架，就是因为不单是投入了很多，最关键是投入的部分已经损失了很多，这种损失甚至有可能影响你整个组合的回报或者本金安全——类似绑匪已经掌握你的生死。

避免这种整体利益被绑的方法只有在来得及的时候就止损一条路：把钱包扔给劫匪，然后自己往反方向迅速跑离。如果你试图留下来与劫匪周旋以保护钱包里有限的几张钞票，几乎超过九成的机会你会把自己的生命掌控权也搭进去。

投资不是一个比谁更聪明的游戏，而是比较能否对投资的基本原则近乎弱智的遵守。如果你自以为聪明，自信满满，习惯于用5只以内乃至更少的股票构成你的组合，请放心，你一定会染上斯德哥尔摩综合征。

2015年6月27日

股灾与机会：
火灾时逃离火场后，一定要再返回火场

题记：只看到当前状况来决定是否买卖股票是非常不明智的做法。如果你一定要等到你看到知更鸟的时候，春天早已经结束了。——巴菲特

这段时间（注：2015年6月）投资者阻止资金组合里A股下跌的方法只有三种：

1. 跌停板；

2. 停牌；

3. 对不起，没有第3种方法，请回。

忧伤的不单是A股投资者，全球估值最低的港股也见缝插针，屁颠屁颠地跟跌，而且跌得很令人绝望——因为没有跌停板。有港股投资者给格隆发来如下信息：刚开始还无比同情A股投资者，最后发现对他们只有羡慕嫉妒恨的份——他们一天最多只会跌10%，我的港股全跌20%以上。

指数两周跌25%（上证指数），这在全球任何一个市场都能称之为股灾了。

但硬币从来都是正反两面。股灾不单只是风险，也是机会。

何谓股灾并没有一个严格定义。股灾形成的原因，以及事后恢复时间也都千差万别，但所有股灾都有一个共同特征：弥漫于全市场的恐慌，以及在恐慌支配下投资者不计成本的夺路而逃。

历史上最经典的股灾大致有以下几次：1929年和1987年美国股灾，1991年的日本经济泡沫股灾，1997年东南亚金融风暴股灾，以及2008年次贷危机肇始的股灾。最恐怖的一次是1987年10月19日，道琼斯指数暴跌22.62%。同一天，中国香港恒生指数下跌11.2%，停市4天后，10月26日恒生指数再暴跌33.33%，创世界股市历史上日最高跌幅纪录。1987年的整个10月，股灾造成

世界股市的市值损失,相当于第一次世界大战中经济损失的5.30倍。

现在回过头看,几乎所有的股市都在重创后很快恢复并创出新高。

中国香港自1965年有恒指开始,46年间发生过7次股灾,但均已成过眼烟云。美国历史上经历了第一次世界大战、20世纪30年代大萧条、第二次世界大战、石油危机、9·11等诸多"末日劫难",股市大跌40多次,超过33%跌幅的有13次,但如果你购买道琼斯指数后一直待在市场里,听任所谓股灾的来来去去,过去70年你仍将录得11%的年均复合收益率。在史上众多股灾之中,日本大概是唯一一个经历二十多年挣扎至今未能重返高点的市场。

股市的上涨,实际上代表着整个人类的财富创造能力与财富积累程度,这种进程会因为某些原因而暂时停滞甚至倒退,但长期一定是螺旋向上的。换句话说,股市是不死鸟,它会崩盘,但不会死去,而且能迅速自我修复。当证券市场的闪电劈下来的时候,如果你没有先见之明提前离场,而是很不幸的恰好在场,那就在场好了。所有的事实都证明,在火灾现场静卧装死,都远比惊慌失措抱头鼠窜好很多很多——多数火场里死去的人,不是因为烧伤,而是因四处乱窜而吸入过量烟尘。

但是,如果你很幸运地提前离场了——多数老手是可以做到的,事实上判断要离场一点不难。但根本就不应该演变为牛市杀人宿命——返回火场。

要不要返回火场?当然要!傻瓜才会看着遗弃满地的珠宝不抢!

股灾往往预示着不计成本的踩踏,意味着泥沙俱下、哀鸿遍野,这个时候买入好公司,赚钱是大概率事件。

如果是在一个"和平"年代、一个市场参与者情绪都很正常、理性的时候,会出现很便宜捡货的机会吗?

极难!

只有在市场被极端恐惧情绪绑架的情况下,才有可能出现匪夷所思的便宜买入机会。这种机会并不常见,可能很久才出现一次,但一旦出现就是天赐良机。这种机会出现的时候捡到了,未来两到三年的胜局实际就已经锁定了。

真正的长期价值投资者会乐于看到所谓的股灾,因为可以一战而锁定胜局。

股神巴菲特的股票基本上都是在股市大跌时便宜买入的。巴菲特非常在意价格。他宁可花几年的时间去耐心等一个好价格的出现。他1966年买迪士尼,1973年买华盛顿邮报,1987年买可口可乐,都是在美国股市接近崩盘的时候。

这种投资不能说是一劳永逸,但至少可以锁定未来很多年的胜局。

至于什么时间段才是返回火场的最佳时机?老实说,我也不知道。昨天中央电视台播放央行降息降准新闻时,屏幕下方提示火灾时逃离火场后,不要再返回火场,这个应该是消防局的专业提示,但对于投资者而言,格隆更推荐你阅读下面巴菲特的这段话。

2008年金融危机结束一年后,巴菲特在哥伦比亚大学回答一个学生关于危机时为何大量买入,以及买入时机把握的提问时回答如下:"明天谁知道会发生什么事呢?我在1942年买进了我的第一只股票。你觉得,从1942年到现在,对市场而言最好的是哪一年?你大概想象不到,是1954年,道琼斯指数上涨了50%。实际上你回顾1954年时会发现那是一个萧条期。那一次的不景气始于1953年的7月,失业率在1954年9月达到最高点,到11月的时候就业市场更是凄凉。因而,只看到当前状况来决定是否买卖股票是非常不明智的做法。你得着眼长期来考虑特定时期中你投资的股票价值。所谓的'下周'没什么意义,因为下周实在太近了。重要的是,要对你投资的行业和公司有着正确的长期预计并做出评估,否则你看到的永远是糟糕的经济和低迷的市场。这样的时期(金融危机)给了我一个机会去做一些事情。等待是愚蠢的。如果你一定要等到你看到知更鸟的时候,春天早已经结束了。"

这种人弃我取的投资行为不一定明天就盈利,但却是保证你离成功投资更近一点的不二法门。

2015年6月29日

牛市忏悔录：
一场本该狂欢的牛市盛宴，为何成了一场屠杀？

题记：下班后我用针孔打印机打印被平仓的客户名单，一张又一张，一张又一张，打着打着我突然就哭了起来，觉得这不只是一份份平仓名单，更像是一份份阵亡名单。

▷ 我们猜中了开头，却没有猜中结尾

在上周五台风"莲花"逼近东南沿海之际，广东惠来海岸数十万条小鱼争相跳上海滩。这种情景在古代会被视作"天生异象"，并被穿凿附会出很多神级的社会预测。但生活在海边的人都知道这种现象并不罕见，常发生于超强台风等极端天气来临之际，也就是俗谓的"风暴来临的时候，鱼也裸泳"。

鱼群并不知道跳上沙滩意味着死亡，他们这么做，只是因为其他鱼也在这么做。

是不是与散户比例超过整个市场参与者 96％ 的中国股市神似？

他们数量巨大，经验缺乏，基本没有独立判断与自控能力，极易盲从和追逐交易，一旦风吹草动或者风暴来临，立刻会导致数千万散户如同海洋风暴中鱼群般惊慌失措，甚至慌不择路跳上海滩。

在经历了差不多 7 年的痛苦等待与煎熬后，中国终于迎来了这轮万众期待的 A 股牛市。牛市本应该是一个普天同庆的狂欢节，但我们硬生生把它变成了一场需要开动整个国家机器来应对的金融危机，变成了一场投资者极度恐慌和自相踩踏的屠杀，而即使现在惊魂喘定，我们仍不清楚未来等待我们的是什么：没有人知道后面会怎么样！

这很像周星驰《大话西游》中的经典台词：我们猜中了开头，却没有猜中结尾！

当下（注：2015 年 7 月）市场貌似企稳了，但很多人都已经没有了明天：这包括认赌服输后跳楼的那个长沙股民，也包括一批独自在灯下饮泣的不知名投资者。

劫后余生的我们，该庆幸？还是该后怕？该如同鱼群一样，只有 7 秒的记忆，遍体鳞伤后立即投入另一次群体疯狂？还是该关起门，认真做一次灵魂的忏悔？

▷ 谁的灾难？谁该忏悔？

毫无疑问，这是一场股灾，有些损失我们已经看到并可以衡量，比如 20 多万亿元财富灰飞烟灭，比如一批中产阶级重新沦为贫民。但还有些损失是我们看不到的，而且也无法去量化。它会成为一种无法愈合的疼痛和伤疤，在未来很长很长时间，持续影响我们。

政府和监管层之所以也必须检讨和忏悔，是因为他们在这场灾难中远不是那么无辜的。

对配资、两融等杠杆的暧昧、放纵，甚至某种程度上的推波助澜，无疑是这次财富过山车闹剧的核心原因之一。部分股民的贪婪无度纵然应该被指责,但监管层更应该明白自身的低级失误:在一个价值被忽略甚至被鄙视,本质为零和博弈的"抢钱市场",在多层次资本市场完善,以及丰富对冲工具设立前,枪支管制与发放的失控,几乎必然导致街头大规模流血事件的发生。

没错,美国是枪支自由国度,但别忘了,美国在枪支发放前的权利约束与其他对冲措施匹配,美国的枪支登记、资格审查等都是全世界最完善和最严苛的(其严格程度甚至超过了移民局的入境检查):这保证了美国境内某些角落也许会发生擦枪走火,但断然不会发生成规模的群体火并灾难。

监管部门需要做的,是务必管好、用好你发放枪支的权力,而不是偷运武器单方面武装战场上的某一方,这样也许短期看不到所谓的"政绩",但至少能减少自相残杀,能避免发完枪支后,又禁止持枪人开枪的尴尬。这是一种撕毁契约的行为,它危及的不单是市场,更有市场对权力的信任。

对普通投资者而言,仅仅单纯的忏悔已经不够了,因为很多人已经没有了明天。

前天格隆一个在券商工作的朋友给格隆发来一段话:下班后我用针孔打印机打印被平仓的客户名单,一张又一张,一张又一张,打着打着我突然就哭了起来,觉得这不只是一份份平仓名单,更像是一份份阵亡名单。好端端一个个鲜活的中产家庭,从此开始为基本衣食生计而奔波。他们有没有未来不知道,但真的是没有明天了!

有什么是需要你拿你和你家庭的未来去赌的东西?

想过日出而作、日落而息的田园生活吗?他们知道股票吗?他们的幸福比你少,还是多?

或者,你可以换个思路,通过你在股市的疯狂赌博,你真的赚到了李嘉诚那么多钱(当然,根本没这个可能性),你会觉得你就拥有了你想要的幸福?格隆要确定地告诉你的是,李嘉诚的烦恼远远多过你:他86岁了,为了商业帝国的运转,还得每周上6天班,每天工作16个小时。而且,他永远没有你那份想走就走川藏线的洒脱和自由。

如果说认赌服输的人多少还算"盗亦有道",他们的忏悔多少是会被佛祖接受和原谅的话,另一批所谓"投资者"——实际的赌徒——真的不值得同情和原谅。

这波杠杆牛市,制造了一大批股神,虽然他们消失的速度比产生的速度还快。牛市的自然力量以及牛熊短期迅速转换的闹剧,如同一面魔镜,照出了诸多人性的弱点与不堪:

- 在 5 000 点时和创业板 120 倍 PE 的时候,他们自诩股神狂买股票,并嘲笑那些提示风险的人只会越来越聪明,而自己会越来越有钱!
- 在 3 500 点的时候破口大骂,骂政府、骂证监会,骂所有与他们的投资其实没有毛线关系的任何人,唯独对自己无比宽容。
- 当政府救市成功,他们又立即开始对政府歌功颂德,并不忘第一时间重新加上被吓得丢弃了的杠杆。这像极了那些几进宫的惯犯,出了监狱,去的第一个地方不是家,而是过去团伙作案一直聚集的窝点。

英文中有句谚语:万事皆有因(Everything happens for a reason)。

这种表达具有典型的英国人的文绉绉,中国人的表达其实简单直白得多:no zuo no die。没有人在 5 100 点拿枪顶着你去放杠杆买 A 股。驱使着你疯狂的,是你自己内心的贪欲。

最关键的是,这批人的杠杆绑架了整个市场,并让那些诚实的价值投资者、那些根本不知股票和杠杆为何物的人(国家投的每一分救市钱都有他们的份)无端来为你的愚蠢和贪婪埋单。

面对上周市场反弹后场外配资的迅速死灰复燃以及格隆的疑惑,一个朋友如此解答:有些人是救不了的,也无药可救。赌徒的麻将只会越打越大。赌徒赌输了绝不会安心离场的,更多地是砸锅卖铁回来继续翻本。这种人,是不能被教育的,只能被消灭。

天做孽,犹可恕;自做孽,不可活。信哉斯言。

▷ 如果藏区没有秃鹫,如果索罗斯被警告

这次救市,争议最大的,是对做空的限制、禁止,乃至司法入刑。

在任何市场,做空只是与做多相对的一种市场营利手段,天经地义,无可指责。价格低于价值,做多;价格高于价值,做空。这其中无涉任何道德因素或者正义、恶意的分野。如果说把一个只值 10 元,股价却涨到了 20 元的股票放空赶回 10 元是恶意,那把一个只值 20 元,却被干到 300 元的做多行为(这种案例在

创业板比比皆是），也未见得丝毫高尚。

没有做空的制约，市场必定陷入泡沫产生并膨胀—崩溃—泡沫，再产生—再膨胀—再崩溃的恶性循环。而且，做空不是包赚不赔的无风险旅行，它与做多一样是一种高风险行为，盲目的做空一样是自寻死路。

这次监管层通过用限制做空、甚至追究恶意做空者的做法，无疑在救市中起到了至关重要的作用。乱世用重典，要救市就必须成功，这个无可非议，但未来采用类似措施必须慎之又慎。这种某种程度上严重牺牲契约规则的方法无疑是采用了核爆的激烈方式：敌人或许是被消灭了，但核污染或许会在很长时间产生影响，甚至惩罚我们自己。

核爆后的污染，你看不见、摸不着，但，它存在于空气中、水源中、土壤中，接触你的皮肤，侵入你的呼吸道，悄无声息，日积月累侵蚀你肌体的抵抗力，而我们救市的本意是希望市场健康茁壮地成长。

刚到中国香港时，格隆曾对市场上的那些做空者深恶痛绝。现在我发自内心认可并欢迎他们。他们看似不受欢迎的行为最大限度保证了我们这个市场的清洁。如同藏区那些吞噬尸肉的秃鹫，看似外表丑陋，但在藏区人看来，它们是人死后灵魂升入天堂的唯一通道。如果没有它们，藏区的雪山草地是否依然会显得那么圣洁无瑕？

伦敦之所以是长盛不衰的全球金融中心，是因为1992年它没有向做空英镑狂赚20亿美元、并导致英镑几乎崩溃的索罗斯做任何讨伐行为，哪怕是口头警告。

这个同样适用于中国市场。仅靠公安部与手铐，是无法建设一个国际金融中心的。

▷ 危机过去了吗？灾难会重来吗？

危机过去了没有，天才知道。

但我们不可能装作什么也没有发生过。

对有些人，灾难可能永远也不会再来了：这种被打痛的教训会从此深入他的骨髓，并在他未来的投资生涯中保驾护航。

但如果你只是像本文开始的那些鱼群，记忆力只有7秒，那灾难随时会重新回来,随时!

　　事实上,很多人的记忆力并不比跳上沙滩的鱼群好多少,至少,对于配资的记忆力只有半天。在上周末市场反弹后,融资、场外配资迅速死灰复燃,在前面暴跌中每天下降一千多亿元的融资额,开始不降反增。

　　这两天朋友圈广为流传的一条信息是:"有做配资生意的朋友刚才说,今天重新来找他融资放杠杆杀入市场的客户几乎打爆他的电话,而且不少是之前强平出局的客户,说现在有机会翻本当然要杀回来……只能感叹赌性深重之人,果然无药可救。"

　　如果你不能克制你的贪婪,危机永远会与你如影随形。

2015 年 7 月 11 日

十倍股与围棋俗手

题记：极品的妙手，就是看破妙手的诱惑后，落下的平凡一子。

▷ 投资如棋局

格隆除了琢磨股票，最大爱好就是下围棋，因为这两者有颇多相通的地方：弈棋也好，买卖股票也罢，到了一定的境界，它就是一种理念，一种生活的态度，一种生命的哲学。围棋的每一颗棋子，类似于投资组合中的每一只股票。初盘如何布局，中盘如何腾挪，尾盘如何收官……做好了以上，最后的胜负其实就已经定了。

围棋入门就必须学习的十一诀，几乎就概括了投资中所有的注意事项：

1. 不得贪胜：越是对胜利存有贪念，越得不到胜利。
2. 险地勿入：有危险的地方，绝不轻易涉足。
3. 入界宜缓：穿越警戒线，进入敌占区时要缓慢。
4. 攻彼顾我：向外攻击对方的时候要回首自身形势。
5. 弃子争先：即使丢掉部分棋子也要抢到先手。
6. 舍小取大：放弃小的利益追求大的收获。
7. 逢危需弃：遇到危急情况要弃子。
8. 慎勿轻速：不要轻率快速行棋。
9. 动须相应：每步行棋需相互配合。
10. 彼强自保：如果对方势力强大则需先谋求自身安全。
11. 势孤取和：形势危孤则首选平和。

但格隆感触更深的，是行棋中的俗手、妙手选择。

做投资的都渴望找到翻倍股，甚至十倍股，这很类似于围棋棋手都渴望的妙手：最精妙的下法，一着妙手可解开困境，可扭转败局，可一举制胜，堪称妙到毫巅的智慧。所谓俗手，是与妙手相对应的一个围棋术语，指按部就班，中规中矩的棋——类似于投资了一家四平八稳的公司，不够性感，没有故事，貌似也没有多大想象空间。

围棋是一人一步下的，逻辑上应该让每步棋都发挥它的最高效率——所谓的妙手。理论上，四平八稳，按部就班的行棋在高手层面会直接导致失败。

▷ 吴清源的俗手

但很多时候，以上结论却不尽然，这就是围棋的魅力，也是投资的魅力。

格隆先上一个图，不熟悉围棋的朋友可以跳过这一段。

这是围棋界泰斗吴清源大师于 1950 年执白对炭野武司的一局棋。白 1 刺，没有任何过分之处，老老实实占自己的位置，还帮对手坐实角部，业余选手都看得出来是超级俗手。但是，演变至白 9，由于伏有白 A 黑 B 白 C 黑 D 白 E 的先手，当黑 F 扳，白 G 反扳，黑便动弹不得。也因为这一超级俗手，中央白棋顺利地与右边白 1 子会师。

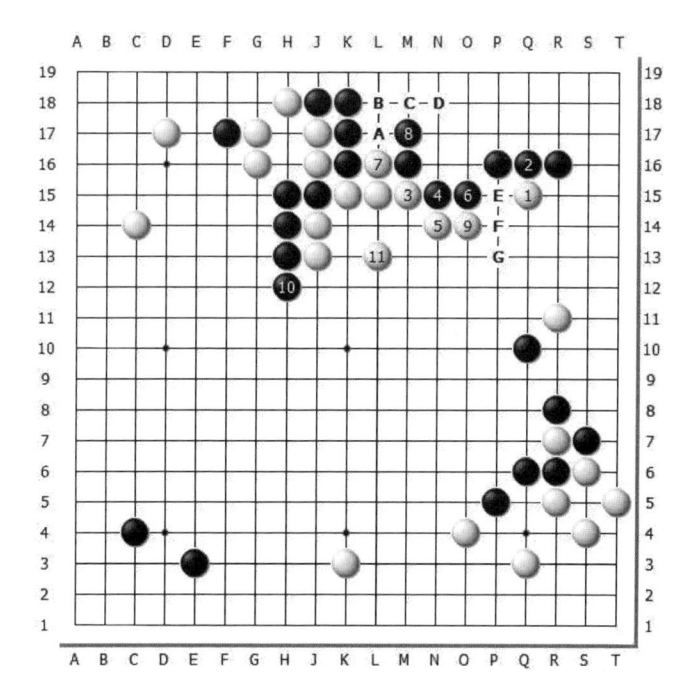

如果没有这触目惊心的俗手，结果会如何？格隆简单推演一下：

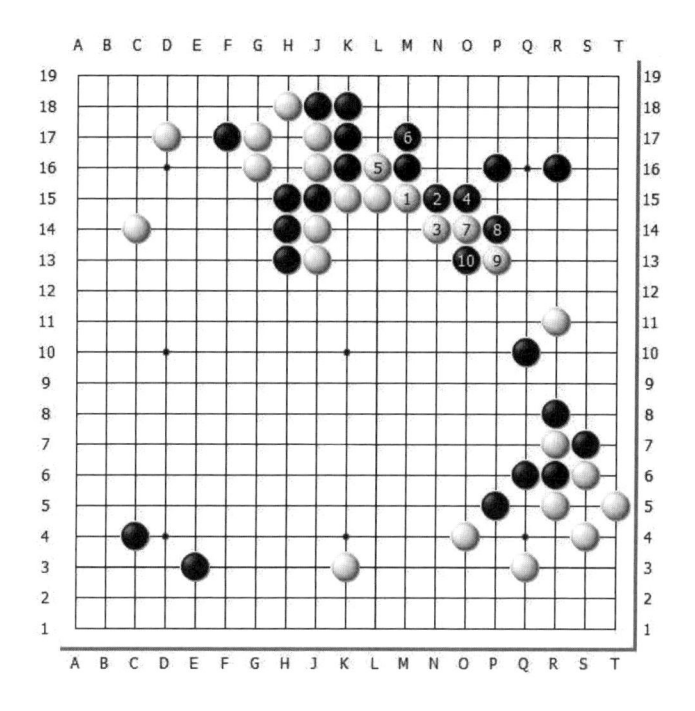

很明显，白方将被黑 10 切断，白棋将惨败。而前图中白 1 的刺，不眼红对手的既成空地，只是占自己该占的位置，四平八稳的一着，超级俗手，却发挥了无可比拟的作用。

在吴清源的围棋生涯中，这种四平八稳、按部就班的俗手比比皆是，却往往对整个棋局产生长远的影响。后来吴老在接受采访时这样解释自己频频放出俗手的原因："从拿起棋子开始的 80 年来，我从来不把围棋当作胜负来考虑。"

不争胜，自然胜。

急功近利，自然容忍不了任何俗手。忽视俗手是一种优雅而轻佻的错误，投资也是如此。

▷ 李昌镐的俗手

20 世纪上半叶的围棋，属于吴清源。下半叶，非李昌镐莫属。如果说吴清源在俗手和看似无理的"凶手"兼而有之的话，李昌镐下的棋几乎全部是俗手。看李昌镐的棋，你会有一种实在不以为然，最后昏昏欲睡的感觉。

但坐在他对面的任何一个对手都不敢睡。这个木讷无言、脸上几乎从没有表情、石头一样的棋手用这种四平八稳的"俗手"构造的组合，拿走了 20 世纪下半叶几乎所有的围棋冠军头衔。

李昌镐 16 岁就夺得了世界冠军，并开创了一个时代，但其整个围棋生涯，却极少妙手，就像一个每年拿第一的基金经理，组合中却从来没有一只当年涨幅翻倍的票。无法容忍的韩国记者问他这个问题，内向的他木讷良久，憋出一句："我从不追求妙手。"

"为什么呢？妙手是最高效率的棋啊！"

"每手棋，我只求 51% 的效率。"

李昌镐又说："我从不想一举击溃对手。"记者再追问，他就不开口了。

这个说法也从侧面验证了李昌镐的老对手，中国围棋界代表人物之一马晓春九段的话：如果一手棋的效率满分是 10 分，那么李昌镐的棋，每一手最多只能打 6 分到 7 分。

问题来了：每手棋只追求 51% 的效率，为何能做到世界第一？

追求 51% 的效率，就是用 51% 的力量进攻。用 100% 的力量进攻，甚至一招毙命,不是更强吗?

表面上看似乎如此,不过换一个角度:人求胜欲最强的时候,恰是最不冷静的时候;对别人进攻最强的时候,正是防守最弱的时候。所以,李昌镐每步棋都只是用51%的力量进攻,另外49%的思路放在防守。这使他的棋极其稳健、冷静,极少出错,使任何对手都感到无隙可乘。年轻的他因此得了许多与年龄不相称的绰号:少年姜太公、鳄鱼、石佛……

妙手极美,从另一个角度看,却是陷阱。谁能让自己的思维一直保持在100%的高效上呢?因追求妙手,用上全部精力,思维也像透支一样,妙手之后,不假深思的棋也来了。如果对手没有被击溃,你的破绽就完全呈现给了对方。全力之后,必有懈怠;极亮之后,必有大暗;迈最大步子往前冲,也最容易一脚踩空。

而这恰恰是围棋十一诀中的第一条:不得贪胜!

这个道理,基本每个棋手都懂,但却知易行难。没有几个人会抵受住花哨妙手的诱惑,就如同没有几个投资人能经受住"十倍股"的诱惑。但李昌镐却是彻底践行了。

在他眼中,极品的妙手,就是看破妙手的诱惑后,落下的平凡一子。

▷ 巴菲特的俗手

巴菲特懂不懂围棋我不知道,但他在投资领域的作为,几乎就是李昌镐在围棋界的翻版。

巴菲特投资的公司几乎没有一家是在当下看起来无比性感,能给予市场无限憧憬,给人以十倍股想象的股票。他甚至在20世纪90年代互联网泡沫中被吓得没有投资一点互联网股票,并被市场足足嘲笑了3年之久。

他买的所有股票,都不会有多性感,但一定都符合一个基本要求:做好买入后马上就会退市,5年之后还活着的公司——他所有买入都并不准备当期盈利。

这就是巴菲特所反复强调的安全边际:找到足够的安全边际,比找到某一只牛股重要得多。成功地抓住一只牛股无法成就你的整个投资生涯,而坚守安全边际则可以。

孙子曰:"善战者,立于不败之地,而不失敌之败也。"先让自己立于不败之地,是战争的第一要诀,也是投资的第一要诀:如果你没有做好防守,你前期挖掘出的所有十倍股,只是为了给未来某一天一次性亏掉做好了埋单准备而已。

不贪胜。缓图之。

胜利是好东西,但对胜利的贪欲却会让你远离最终的胜利。

记住:投资中,用俗手。

2015 年 7 月 19 日

投资中最重要的事：
只有买得便宜，才能卖得便宜

> **题记**：为美貌（无论是表面的，还是真实的）支付高价的代价大多是惨重的。

投资中最重要的事，到底是什么？

这是很多朋友和格隆探讨过的一个问题。

学习深奥的金融、财务知识？对数字和概率有天生朴素的敏感与直觉？谙熟现代投资组合理论？能分得清阿尔法和贝塔？克服人性贪婪与恐惧的天生弱点？风险控制？止损与止盈？……

貌似都有一定道理，但貌似又都不充分：如果必须要拿到金融学或者会计学博士文凭才能做投资，那你很难解释为什么身边很多做投资游刃有余的人实际上连初中都没读完。如果一定要每日三省吾身，修身养性，脱离人性的"低级趣味"才能做投资,你也很难解释为何身边也有大量的案例:投资做得可圈可点,但离哲学家、艺术家和圣人仍相当遥远。

一名经营一间杂货铺的老板给出了最接近真相的回答:"只有买得便宜才能卖得便宜。"

这个老板叫山姆·沃尔顿,靠这个理念,他只用了50多年的时间,就把发迹于美国南部阿肯色州的一间杂货铺做成了全球最大的连锁零售企业,以营业额计算也是全球最大的公司。

这家公司叫沃尔玛。它有闻名全球的十条经营法则,其中两条与成本相关:

第一条:严格控制成本;

第九条:永远让自己的成本比所有竞争对手至少低一分钱。

上帝从不掷骰子?

在投资中需要做些什么,或者什么事情最重要,取决于你到底如何看待投资的本质:投资到底是不是博弈?

多数投资者会对这个没有"格调"的说法嗤之以鼻,他们会说:巴菲特从不博弈。市场对投资最高大上(当然也是最误导投资者)的解读是:所谓股票,归根结底只是一张纸,证明你分享一家企业未来利润的资格。如此而已。

这是价值投资者对投资最形而上学,也是最肤浅的理解:去找到一家好公司,然后做它的股东,长期持有。这也是绝大多数投资者从巴菲特身上学到的最核心"秘诀"。

但绝大多数人都忘了巴菲特式价值投资的一个核心要素:巴菲特从不做没有话语权的小股东。《华尔街之狼》中有句实际上来自巴菲特的经典台词:我从不做小股东。我要么做董事长,去决定公司怎么发展,以及最终利润怎么分。要么拿枪(股权)顶着董事长的脑袋,告诉他该怎么发展公司,以及把最终利润怎么分。

很明显,巴菲特不是不博弈。他只是换一种方式在博弈:这种方式,胜算会更大。

如果你做不到这一点,你唯一能自保的办法,就是让你手上那张叫股票的纸足够便宜,这样在未来无论与大股东、与其他投资人,还是与市场的不确定性博弈中,先保证不输。巴菲特和市场大侠们把这称为"安全边际",但格隆更愿意用阿肯色州那个杂货铺老板的朴素语言来概括这种博弈的核心原则:便宜才是硬道理,让自己的成本永远比你的竞争对手低一分钱。

天下熙熙,皆为利来;天下攘攘,皆为利往。从经济学角度而言,所有财富的创造和再分配,其实都是经由博弈完成的。对证券市场而言,这句话更加成立。于投资这个行为而言,几乎99.99%的情形下,在支付了高价的当时,你就已经输了。

如果你还是没明白格隆想说什么,不妨重温一遍经典的"市场先生"寓言故事:"设想你在与一个叫市场先生的人进行股票交易。每天市场先生一定会提出一个他乐意购买你的股票或将他的股票卖给你的价格。市场先生的情绪很不稳定,因此,在有些日子,市场先生很快活,只看到眼前美好的日子,这时市场先生就会报出很高的价格。其他日子,市场先生却相当懊丧,只看到眼前的困难,报出的价格很低。另外市场先生还有一个可爱的特点,他从不介意被人冷落:如果今天市场先生所说的话被人忽略了,他明天一定还会回来,同时提出他的新报价。市场先生对我们有用的是他口袋中的报价,而不是他的智慧。如果市场先生看起来不太正常,你就可以忽视他或者利用他这个弱点。但是如果你完全被他控制,后果将不堪设想。"

这则寓言的作者是本杰明·格雷厄姆——巴菲特在哥伦比亚大学的老师。巴菲特几乎所有的核心投资理念都来自他。

在西方宗教界有一道最经典的哲学思辨命题:神父在天国问上帝,如果上帝是万能的,那上帝能否造一块自己搬不动的石头?上帝思索良久,拿起了骰子。

是的,上帝也掷骰子。巴菲特也博弈。

为美貌(无论是表面的,还是真实的)支付高额的代价大多都是惨重的。

怎么买得便宜?其实很简单,不凑热闹,在"丑陋"中寻找美丽。很多时候市场把这概括为"在市场贪婪时恐惧,在市场恐惧时贪婪"。

格隆先讲一个笑话:公青蛙无比愤怒地指着刚生出来的癞蛤蟆问怎么回事,母青蛙羞愧地说:"对不起,亲爱的,认识你之前我整过容!"

证券市场很类似喧嚣热闹的选美舞台,参选者淡妆素颜者有之,浓妆艳抹者有之,更极端的做点隆胸拉皮削骨之类的整容者更不乏其人。以A股市场最为典型,近几年随着创业板与中小板的节节高升,越来越多的灰姑娘们打着新经济、互联网+的旗号装扮一新粉墨登场,并以匪夷所思的高价获得各路王子的垂青与认领。但皇帝的新衣注定无法御寒,当"整容成为一种时尚"(韩国某电视台广告语),这类包装出来的容颜最终都会随着时间推移而原形毕露。也许它们中的极少数能在一两年后证明以现在的价格买入是物有所值的,但是绝大多数出场时美艳如花的"新"经济们——正如每次绚烂的泡沫破灭——结局无法改变,尘归尘,土归土。

当然,真正的公主肯定也在其中。但问题是,在午夜12点的钟声敲响之前,谁能找到那些能真正成为公主的灰姑娘们?A股创业板指数今年从高位最多下跌了42.99%,目前依然走得颤颤巍巍,预示着这种整容包装后高价嫁入豪门的游戏已经基本结束。

但那些为表面的美貌支付了高价者的代价是惨重的:本轮A股股灾,很多重仓创业板的中产阶级几乎是被消灭掉了。

投资就是买卖的博弈,怀疑是从事这个职业的基本品德。任何貌似理所当然的神话,往往都是不可信的。越是无懈可击,往往越值得怀疑。格隆从来都相信,事物的发展是粗劣的,是有锋芒和缺陷的。当一个商业故事以无比圆滑和光鲜的姿态出现在你面前的时候,你首先必须怀疑:要不要为此支付高价。

而所有对美貌的怀疑,最终都会被证明是正确的,或者至少是值得的。

伽利略与牛顿有一个共同的特征:他们俩从小就有和路标争辩的倾向。所以后来他们很快学会了同当时所有的东西争辩,包括从没有人怀疑的科学公理。

我受够了在后穷追猛赶的做法!

在践行"买得好才能卖得好"这一点上做得最漂亮的是约翰·聂夫——格隆最欣赏,也认为最适合我们学习和效仿的大师,没有之一。

约翰·聂夫在投资界以外基本是默默无闻,但在他执掌温莎基金的30余年间,却创造了让人瞠目的投资纪录:他执掌温莎基金31年,年平均收益率13.7%。其中22年跑赢市场,投资收益增长55倍,超过市场平均收益率达3%。1995年退休时温莎基金规模为110亿美元,成为最大的共同基金之一。

约翰·聂夫投资的启蒙老师是他父亲,其父深谙博弈之道,经常教导聂夫特别注意投资时他所支付的价格,父亲常挂在嘴边的话是:"买得好才能卖得好。"这句口头禅影响了聂夫的一生,并成为搭建投资框架,即所谓在"丑陋"中寻找美丽的低市盈率法的基础,其基本要素有七条:(1)低市盈率;(2)基本成长率超过7%;(3)收益有保障;(4)总回报率相对于支付的市盈率两者关系绝佳;

(5)除非从低市盈率得到补偿,否则不买周期性股票;(6)成长行业中的稳健公司;(7)基本面好。

约翰·聂夫最擅长寻找那些目前处于"水深火热"中,但是有潜力逆袭的股票。他能够在股票价格非常低、表现极差时将其买入,在股价过高、走势太强时准确无误地抛出:对我们来说,丑陋的股票往往是美丽的。如果温莎基金的投资组合看起来就很容易让人认同,那么可以说我们在敷衍了事。我们从不人云亦云、大量持有热门股,而是采取相反的做法。温莎不跟着市场起哄,抢买当时流行的股票——那一定会让我们支付高价。我们的优势一直在于耐心等候遭人忽视的冷门股从价值低估涨到公平的价值。我们的目标是找容易增值、风险低的股票,把"自欺欺人"的投资法留给别人去运用。

应该说聂夫的投资策略非常保守,他希望尽量让回报和风险的天平倾向回报一侧。在他看来,投资者对于高增长的追求常常由于实际增长而低于预期,且当初购买股票时支付的价格过高而带来糟糕的回报——那些翱翔天际的股票,一旦有些许利空消息,就会直线下跌。但被市场冷落的低市盈率股票,由于投资者不带任何高增长预期,股价没有反映任何期望。投资人漠不关心低市盈率公司的财务绩效,因此也很少给予它们惩罚,从而避免投资跌入"增长率陷阱"。

无论市场涨跌,约翰·聂夫一直坚持这个简单的原则,"华尔街的喧嚣无法扰乱我们的节奏。低市盈率投资虽然沉闷乏味,但始终是我们坚守的阵地"。

之所以如此,是因为约翰·聂夫早期投资也是追逐热门,但屡屡因为被迫支付高价而所获靡靡。"我受够了在后穷追猛赶的做法""知名成长股的市盈率通常都很高,价格上涨引来投资人关注,反之亦然——但有其极限。最后,它们的业绩都会回归正常,股价也是。我不希望夺门而逃,更不想到最后才逃出来。"

这样做,会不会与真正的一流伟大公司失之交臂?毕竟好公司,市场都愿意支付溢价。

答案当然是否定的。我们继续听听约翰·聂夫对这个问题的回答:历史一再告诉我们,股票市场上的记忆短得出奇。根据我的经验,市场一直愚不可及。利空消息总是压过利多消息,连优良公司也会受害于投资人的恶劣心情。由于这种情绪上的变化,在我31年的任期内,温莎几乎买遍了美国所有的行业——各行各业迟早有低市盈率的便宜货可捡。

最关键的是,如果你赚到了钱,你是否真的需要那么在意你买的到底是一家真正一流的伟大公司,还是只是一家在市场上努力挣辛苦钱的二流公司?

你的任务是赚钱,见证历史的事情,交给恺撒。

没有什么是不变的,到最后能够陪伴你的,唯有便宜。

投资并不比人类的任何商业活动更高大上,因而也就不会存在独一无二的秘诀。

你可以去问问所有菜市场的商贩、早点摊的大爷、山区校办工厂的推销员、甲级写字楼电商公司的CEO,他们会告诉你一个共同的秘诀:买得便宜,才能卖得便宜。

投资与卖菜,没有本质区别。

经常有人问格隆:你最近怎么一直说应该布局港股啊?屁股决定脑袋吧?

没那么复杂,就是基于卖菜小贩的简单逻辑:便宜。

平均只有9倍的市盈率,远超银行存款的股息率——基本就是香港市场每次历史大底对应的估值水平。也许你会说因为这个、因为那个,这次会不一样。但股市估值水平实际反映的是自由流动资本在综合考虑一个地区主权风险系数、长期潜在经济增长率及社会无风险回报率等几个要素后的一个综合回报水平,这个回报水平可能会因为某些偶然政治事件或者短期经济波动而有所跳跃,但一个社会的主权风险系数、长期潜在经济增长率及无风险回报率在长期来看一定是相对稳定的,从而决定了股市的估值水平有一个相对确定的底线。

这也是为什么恒指几乎每次历史大底的市盈率都在7~8倍的根本原因。

于投资而言,买得便宜是王道。其他事情,交给佛祖好了。

至于很多人说港股便宜不是一天两天了,便宜有便宜的道理,不会有改变的。这话如同说爱情会天长地久一样可笑。

谁能告诉我,永远有多远?有什么是不会变的?

秦王嬴政二十六年(前221年)挟雷霆之威灭六国,以王号不足以显其业,乃自称始皇帝,冀子孙二世、三世……无穷尽焉。

二世而亡!

2015年8月8日

你自己是自己最好的奖励
—— 致所有参选新财富的研究员

题记：中国封闭式的、以单一利益链条捆绑的传统投研模式必定日渐式微。修剪自己的美丽羽翼去适应一个确定要被淘汰的旧模式是愚蠢的。

▷ 一、研究员不单是个职业，它是一个天然高贵的称呼

又是一年一度的"新财富最佳分析师评选"季。每到这个时间段，格隆都非常感慨。不是因为看拉票的热闹，而是对所有研究员发自肺腑的心怀感激：证券市场如同永远没有尽头、浓雾弥漫的黑夜，忐忑与恐惧如同挥之不去的梦魇，与每一个投资者如影随形。而你们，则如同星星点点的灯火，以自身微弱能量，

照亮了身边一块或大或小的地方。正是因为你们兢兢业业、殚精竭虑的研究努力，才让大多数类似格隆这样，过去一直匍匐在地上摸索前进的投资者能够站立起来，直立行走。格隆由衷对每一位研究员说声谢谢！

格隆自己十几年的证券研究经历让我对研究员工作的艰辛感同身受。我深知研究的辛苦，哪怕只是为了核实研究报告中的一个关键数据，你们可能都需要花上几个小时乃至几天的工夫，去皓首穷经搜寻，去不辞辛劳调研。而这个时间里，他人可能在旅游、在看电影、在与家人一起吃着水果看着《中国好声音》。而这一切，只是因为一种职业与生俱来的荣誉感和责任感：你们担心自己的研究不够专业，担心自己的研究给他人带来误导。

格隆内心一直都固执认为，研究员不单是个职业，而是一个天然高贵的称呼。你们肩负着划破浓雾，挖掘和发现价值并指引航向的作用。没有一个研究员希望自己的研究给人以误导。这种植根内心的担心犯错的焦灼、精益求精的压力、使命感与责任感，远不是职业两个字所能概括的，更不是鬼扯的"分析师"三个字的分量能概括的。

所以，格隆希望再次对你们的职业、对你们的辛劳、对你们的专业致以最诚挚的敬意。这种评选季并不是向你们致敬的最好时机，因为这个特殊时点明显不是你们享受职业荣耀的时点，但无论如何，我想说的是，是因为你们，无数类似格隆一样的普通投资者的投资之路才走得更加踏实和顺畅！桃李不言，下自成蹊。也许你们不知道，但肯定有很多人在默默感激你们。真心谢谢你们！

▷ 二、目前传统的投研模式必定会日渐式微

老实说，"最佳分析师评选"这本是一个类似科举考试一样非常无聊的游戏，但因为它在当前体制环境下很大程度上决定了一位研究员的身价与前途，因此导致诸多分析师被迫裹挟其中，甚至背离内心意愿去做一些专业研究以外的拉票活动。这种明显变味的体制裹挟，已经不只是一场闹剧，而是对研究员这个天生高贵的职业的某种亵渎：一个专业本身就是挖掘、寻找和创造价值的职业，竟然被胁迫做一些专业之外、明显不创造价值的作秀表演，这本身就是一种莫大的讽刺。

格隆的判断是，这种体制环境只是中国 A 股这种封闭、价值被透支，甚至略

显病态市场下的一种临时性游戏,断不会长久。随着中国金融市场的不断开放、互联网的超强渗透,这种封闭式的、以单一利益链条捆绑的传统投研模式必定日渐式微。

"最佳分析师评选"评选之所以还能有市场,是基于中国内地传统投研模式的贫瘠土壤。中国内地传统投研模式的几个核心要素是:

1. **内地市场本身不具备明显投资价值**,研究很多时候需要做的不是挖掘价值,而是人为包装价值。这让研究的本质多少有些变味,并人为导致研究这个高贵职业的价值发挥受到约束、挤压甚至变异:你让一个建筑工程师去种植水稻,他的价值在生产队长眼里可能远不如一个"公社先进生产工作者",只会是任人揉捏。

2. **封闭式**。这体现在两点:一是市场的封闭,外面资金进不来,内地资金出不去。研究员研究的标的被迫只局限在A股那一亩三分地(因为他服务的买方也只投这一亩三分地)。二是服务对象的封闭式。除非对象是能给公司带来直接利益(比如分仓交易,比如投行业务)的,否则统统不会在自己公司研究员的服务范围内。

这种封闭式的直接后果就是:所有研究成果都是在一个划定的小范围内,为特定小众对象服务,这如同签了卖身契,研究的价值自然大打折扣:做投资的人都知道,没有比较就没有价值。价值是在开放式的比较中得出的,每届掌握选票的评选机构虽多至千余家,但仍是小众,这种小众样本并无比较的置信度可言,更不谈这种票选过程中的随意性。

3. **单一利益链条捆绑**。直接受制于以上第二条的封闭式,内地投研模式几乎都是单一的利益链条捆绑,研究员所有的价值评判都来源于少数分仓机构的主观判断与好恶:哪怕你的行业今年完全没有机会,哪怕你对你覆盖的公司做了足够深度的风险揭示。

天知道上述情况什么时候会得以改变,但几乎可以确定的是,一定会改变。一旦基金分仓——券商获取佣金——给研究员发工资奖金这种原始、粗糙、笨拙、单一的营利模式被突破,研究的价值才会真正得以体现。你需要做的是,现在就开始做好这种传统投研模式被彻底打破的准备。换句话说,你要考虑的是去颠覆和淘汰这个日渐没落的传统行业,而不是因为担心被这个传统怪胎所淘汰而每日恐慌,不停奔跑。

▷ 三、无须取悦他人，你自己是自己最好的奖励

上述这些现实捆绑因素短期很难改变，但并不是说你就必须被这种病态体制所裹挟。修剪自己的美丽羽翼去适应一个确定要被淘汰的旧模式是愚蠢的。你可以做的其实有很多。作为一个本身就是发现和创造价值的职业，你唯一要打造和确立的核心竞争力就是自己的独立性——独立研究、独立思考，独立发现和挖掘价值。一旦具备了这种能力，你自身就有了真正的价值，你也自然顺理成章获得财富与价值——不是通过乞求新财富的选票，不是通过公司的工资奖金，是通过你的独立的研究和投资。

永远记住一点：研究这个职业，无须取悦他人，你自己是自己最好的奖励。你无须为人作嫁，因为你自己手中就掌握着价值。

什么？中国证监会不允许做Ａ股投资？拜托，你可以合理合法投港股，你可以合理合法投美股，甚至你可以投欧洲股市，这些市场集聚了几乎全球绝大多数的优秀公司。格隆的研究重点在港股与美股，经常与一些Ａ股研究员交流时，都会下意识询问：您覆盖港股和美股吗？多数时候对方都是一脸茫然："不覆盖。为什么要覆盖？我们的客户不投那些市场。"然后格隆都会善意提醒一下：还是覆盖一下吧，对你自己有益无害。

格隆想说的是：研究是不分市场的。对于几乎全球所有最优秀的互联网公司集聚的美国市场你不研究，我很难想象只是覆盖Ａ股市场那些个不伦不类的所谓互联网公司，你能做好研究？你能发现和创造价值？你能抱怨体制裹挟你去拉票？

格隆想说的是：重新定义你的研究，摆脱体制的裹挟与绑架。让自己做到足够专业、足够独立、足够精益求精，你覆盖的行业内全球优秀公司都能如数家珍，而不是看你公司要求你覆盖什么，更不是看你的客户在投哪个市场。这个时候，你的价值想不体现都难。

格隆最喜欢的一部电影《肖申克的救赎》中有句台词：世界上有一种鸟是关不住的，因为它们的每一片羽毛都沾满了太阳的光辉！

格隆想说的是：做研究注定是一个孤独的职业，很多时候我们需要打造一个虽置身闹市，但内心足够独立且强大的自我。我们生活在两个世界中，一个是

内在的世界,是心灵的、精神的世界;一个是外在的世界,是现实的、物质的世界。人在旅途,就是在内在的世界中寻找内涵、发现自我、体现价值;在外在的世界中拓展外延,结朋交友,辅助价值发现。人生在世,不能没有朋友;而在所有朋友中,最为重要的一个,便是自己。缺少了这个朋友,一个人即使朋友遍天下,也只是表面热闹而已。一个人是不是自己的朋友,一个可靠的标准是看他能否独处,独处是否感到充实。既不自恋,也不自怨,不卑不亢,有忠实于内心的独立人格,才是纯粹的研究和自我。

作为一个研究员,如果你需要别人的掌声与喝彩来证明自身的价值,你一定是走错路了。

注:本文格隆初撰于2014年10月的新财富评选季。时光如梭,匆匆一年又过去,所有内地研究员再次进入了无奈且无聊的评选季。恰好此时又传来某基金公司投资总监英年早逝的消息,让这个评选季平添了一丝悲凉色彩:这很容易让我想到2009年7月另一家沪上投资总监也是英年早逝,而碰巧格隆在职业生涯中带过他做过一年多的研究。彼时的他聪慧、正直、尽责且勤勉,勤勉到没日没夜做研究的程度——几乎是每个证券投研这条路上的人的共性,为了寻找和发现价值,他们一直在路上挥汗如雨地奔跑,如同逐日的夸父!再次向所有在证券投研这条路上奔跑的朋友致敬!

2015年10月12日

为什么自己总是赚不到钱？

题记：始大人常以臣无赖，不能治产业，不如仲力。今某之业所就，孰与仲多？——刘邦

▷ 一、中国的事情并不复杂

最近写文章，格隆经常有些手足无措，因为我不知道该写些什么，以及怎么写。

我在动笔写每篇文章前，其实都已对观点和文字做了调整。但，既然著文，总得有独立的思考，并让开卷者有所思有所得？否则，岂不是浪费读者时间与生命？这个社会有多少所谓的文章，其实是转眼就被扔进故纸堆的垃圾啊！

歌功颂德是爱国，诤言直谏无疑也是爱国。

我始终认为，中国的事情并不复杂，你只需要让那些满口喊着爱国，但实际是在贴标签站队、附势投机的骗子们回家去。如果听不到真话，那么我们改革和转型的前景还用想吗？

▷ 二、掏洞远比拆墙有效

媒体报道澳大利亚政府即将批准2014年11月与中国政府达成的自由贸易协定，中澳近十年的自贸协定谈判终于修成正果。同时外媒披露习主席将在11月访问新加坡与越南。

这几件事情貌似不相干，甚至有些不太好理解，但稍加揣摩，格隆却觉得非常有意思：如果你来自农村，你会知道农村男孩子最大的爱好之一就是掏洞：在

任何能看到的墙上掏洞,比如公社的谷仓,比如大队的牛棚,比如小队的水电站房,甚至是村里简陋公共厕所用来分隔男女的中间隔墙。

是的,这就是最经典的中国式大智慧:不大张旗鼓、靡费力量去拆墙,也懒得绕道而行,直接从墙上拆几块砖,掏个洞,这堵墙就废了。TPP 12 个成员国里,澳大利亚这块砖的经济实力排第四,无疑是块大砖;新加坡排第七,也不小;越南差点,排第十一位,但好歹也是块砖。美国人花了 5 年时间辛辛苦苦搭起来的那堵看似不可逾越的 TPP(踢屁屁)厚墙,就这样无声无息被掏了一个大洞。

昨天格隆调研了一家水泥企业,总经理告诉我,行业日子很难过,8 月全行业 9 亿元利润,海螺一家拿走 7 亿元,剩下几千家分 2 亿元。他们算好的,上半年卖了 1 000 万吨,利润也只有 800 万元,全国水泥产能有 3 成闲置。

突发奇想:奥巴马总统可否买去这些多余的水泥,加固 TPP 那堵墙?

▷ 三、财政悬崖:不只是美国人的游戏,因为它会砸坑

美国人从来都不愿让自己躲在聚光灯之外。**把全球都折腾得近乎愤怒的美联储加息刚消停一会儿**,又开始了财政悬崖游戏:美国财政部长雅各布·卢上周末警告国会,美国联邦政府将在 10 月底无力偿还债务并偿付政府支出,希望国会尽快上调债务上限。并特别强调:过去未能及时调高债务上限,对企业和消费者信心、金融市场均产生重大负面影响。他这还真不是威胁,两年前他们就这么玩过一次,当时美国政府非核心部门还就真的关门 16 天,当时全球股票市场确实也给吓得连跌了好几天。

这次会怎样?又砸个坑?

当然,那次的结果是没跳崖:关了三个星期的美国政府重新开张,债务上限谈判也在最后一刻达成协议,奥巴马在最后一刻游戏通关成功。看似会对全球都造成巨大冲击的事件瞬间消弭,一切都有惊无险,一切似乎什么也没有发生过。

这事情怎么看都像游戏。那次美国政府刚停摆时,格隆问美国的朋友对他们的政府关门怎么看,她回答了两个字:so what?看来他们完全不当一回事,而且很享受这种无政府的感觉,像小孩子过家家玩游戏一样,倒是千里之外的我们

整天提心吊胆。

政府停摆最多影响一段时间的美国国内消费,但债务上限谈不拢就似乎是天大的问题了:美国这个全球最大的债务国债务违约当然是全球的噩梦。他们不是没这么干过,2008年美国国债就技术性违约过。美国人经常玩这种在悬崖最后一米处刹住车的惊险游戏,这是美国人自己的游戏,但却是全球投资人的梦魇。

美国人应该也不会傻到打破239年来按时兑付债券的信誉。这如同巴菲特所说:信用如同贞操,一旦失去了就很难复原。但脚长在美国人自己身上,踩不踩刹车,什么时候踩,点刹还是急刹,都是美国人自己说了算,我们能做的只能像一群吃瓜群众一样在旁边围观、猜测和祈祷。美国人玩这种两党政治游戏已经驾轻就熟,没有人相信美国人会摔下悬崖,但也没有人会否认这种游戏通关前的忧虑与煎熬,尤其是中国香港这个见风就是雨的市场。

通关的快感只属于美国人,无论是这次通关,还是下一次——当然会有下一关,否则怎么叫游戏?

▷ 四、近期最大的基本面变化

不是美联储暂停加息,而是长短期市场利率的快速下行——确定利好股市。我们来看近期的两个最关键数据。

一个来自央行的新增人民币贷款创纪录:9月新增人民币贷款1.05万亿元,创有纪录以来同期最高。9月末,广义货币(M2)余额135.98万亿元,同比增长13.1%。如果只看绝对额,多数人会把数据理解成利好,并会得出实体经济信贷需求旺盛,银行也乐意放贷的结论,但看相对数就会发现其实并非如此,在格隆看来,数据的隐忧颇多。

GDP已经下了一个台阶,M2增速还有13.1%,这多少是在吹气催肥,不是标准放贷,说明真实经济增速早已破7,**此隐忧一**。

今年以来信贷投放渠道占社融总额比例在不断增长(见下图),非信贷和非标社融不断萎缩,说明实业内生增长于融资需求很弱,渠道也极其不畅,靠政策性指定信贷投放在维持,这有点打肿脸充胖子的味道,不太可能长久持续,**此隐忧二**。

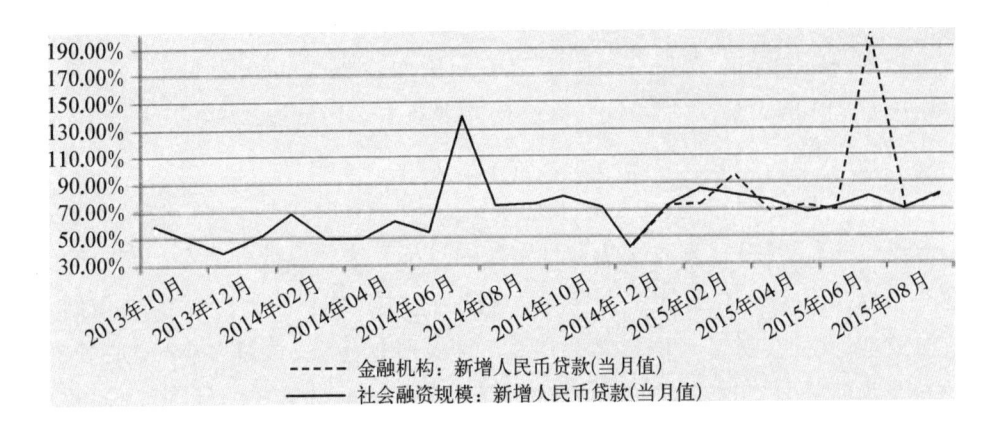

金融机构：新增人民币贷款(当月值)
社会融资规模：新增人民币贷款(当月值)

狭义货币 M1 超预期增长 11.4%，显示社会在窖藏流动性，未来货币政策边际效用会越来越弱，此隐忧三。

但也有利好，就是放的钱多了，会逼着市场利率快速下行。基本的估值模型告诉我们，这会直接推升股市估值。但这与实体经济基本面改善无关，纯粹是注水倒逼，资本市场估值被动抬升，反弹够了，但似乎不足以打造一个牛市。

能佐证以上推断的另一个市场关注数据，就是财政部上周四公告人民币 10 年期固息国债中标利率仅为 2.99%，这是 2008 年 12 月以来首次跌破 3%。10 年期国债利率基本代表了一个国家的无风险收益率，10 年期国债中标利率跌破 3%，显示大量市场资金堆积但无处可去，长期避险情绪的高涨已经到了一个很恐怖的程度，这会直接拉低整个市场的利率水平。

▷ 五、我们真的需要 7% 吗？

下周一将公布三季度 GDP。很多人都在忐忑：会不会破 7？

格隆一直在想的是另一个问题：为何一定要保 7%？

保 7 的最大理由不外乎两条：

1. 完成十八大目标。十八大报告中提出，要实现到 2020 年国内生产总值比 2010 年翻一番的目标。照此计算，2015～2020 年的 GDP 复合年增长率需达到 6.6%。

2. 保就业。两个官方数据：人社部数据——中国每年新增城镇就业需求约超1 000万人,其中高校毕业生700多万,另有约300万农村劳动力转移就业。国务院发展研究中心数据——中国GDP每增加一个点,可增加就业140万~160万人。以此计算,7%左右的GDP增速即对应新增就业1 000万人以上(说实话,格隆天生害怕官方数据)。

第一个理由容易辩驳。在全球绝大多数国家,GDP是一个经济政策的最终自然结果,而不是一个事先人为规划定死的目标。绝大多数国家会用充分就业这个指标来跟踪经济,这也符合经济学理论的基本逻辑:一个社会,只要做到了充分就业,其社会财富产出自然会达到约束条件的上限,该是多少,就是多少。这也是为何美国"非农就业指标"被称为"这个星球上最重要的经济数据"的原因。中国经济最大风险之一,就是经济被地方政府的GDP目标绑架。很多时候地方政府为乌纱帽考核需要,只为完成一个数字,倾尽资源。这除了极大可能导致资源错配,最关键的,我们真正需要的经济结构调整、去产能可能都成为一个口号,成为水中花、镜中月。

所以,保7站得住脚的理由还是就业,也就是经济学中的"奥肯定律"。但就业是个更复杂的经济学课题:同样的GDP,不同的经济结构,将支撑截然不同的就业。十年前中国GDP每增长1个百分点,吸纳的就业人数是80万,而不是目前的140万~160万。所以然者何?经济结构变化使然。2013年政府拟定新就业指标是1 000万,实际完成1 300万。之所以出现GDP增速下降,但就业反而变好的情况,一个主要原因是改革带来的服务业快速发展——服务业是吸纳劳动力的黑洞!

所以,我们并不是真的需要7%。该盯的,还是结构调整,而不是从GDP倒推就业数据。做该做的事情。至于结果,交给上帝吧。

▷ 六、市场机会永远都是在悄无声息中来的——当然,顶部也是如此

过去两周,涨幅超过30%的港股公司比比皆是,格隆汇港A100指数也悄无声息从低位涨了25%。市场机会,永远都是在悄无声息中到来的。

超低估值、外围不确定性因素的消除,都让香港这个市场出现上涨只是个时间问题。而8·11人民币汇率波动以来最大的另一个巨大变化是:大量内地资金涌港(见下表)。这种资金的流入与积累如果持续,大概率意味着未来1~2年港股会有确定的机会。

香港金管局 2015 年 9 月以来注资情况 亿港元	
9月1日	两次 155
9月2日	124.78
9月4日	51.92
9月7日	31
9月14日	65.88
9月15日	42.63
9月21日	23.25
9月22日	42.63
9月25日	15.5
9月30日	120.13
10月1日	38.75
10月2日	46.5
10月9日	44.95
10月13日	69.75
10月14日	62
10月15日	73.63
10月16日	46.5
合　　计	1 054.8

香港金管局 2015 年 4 月注资情况 亿港元	
4月9日	31
4月10日	两次 131.75
4月11日	113.2
4月13日	62
4月20日	两次 115.85
4月21日	77.5
4月22日	15.5
4月23日	19.38
4月24日	131.75
4月25日	17.05
合　　计	714.98

资料来源：格隆汇统计整理。

这批资金有两个鲜明特点：

1. 避险和逃难性质。暂时他们没有进股市，所以收益率不高，但更具安全性的香港保险产品卖疯了，保险从业人员与保险行业股票都喜笑颜开（我可没说让你买友邦的轮子）。

2. 资金拥有者背后的资源远超过往。过去两个月大批找格隆的，最多的是问两个问题：一是如何把钱转过去（这个格隆无能为力），二是有什么干净一点的壳可以买。接触下来，格隆最大的感触是，这批过港的资金，与前两年过港资金完全不同。前两年过港资金主要是东南沿海的一些小企业主，过去买块地（买个壳),只准备(也只有那么大实力)起个三层楼。这批过去的资金基本都是大佬级,买了地(壳),都是准备(当然也有那个实力)盖100层楼的!

所以,耐心一点,静候佳音吧。香港会回馈你的耐心,请始终记住两个经典的英文偈语:(1) Money Never Sleeps——资金永不眠!(2) Money Talks——这个最直白:钱说话!

▷ 七、窃铢者贼,窃国者侯——做一个长期的大贪

经常有朋友与格隆探讨一个问题:为什么自己总是赚不到钱?

原因很简单:太短。

想得太短,看得太短,做得太短。短则贪,贪则必窃,窃铢者贼,当斩!

投资的问题绝不是选不到好股票,多数人能选出好股。不是挣不到钱,多数人投资过程中都挣过钱。投资几乎所有的痛苦和矛盾其实都来自时间。没有人不是贪婪的,但贪婪分小贪和大贪。绝大多数人是小贪:指望最短时间内获取足够财富与地位,所以无所不用其极,甚至剑走偏锋,突破一些投资明确禁止的底线。这样的人貌似聪明伶俐,长袖善舞,实则目光短浅,匹夫之勇,最终大概率沦为小贼,身陷囹圄。

真正的贪是大贪,大智若愚,尽量想长一些、看长一些、做长一些。与时间为友,平庸但安全的持续盈利会给你带来长期惊人的复合收益率。

汉高祖刘邦的二哥为人精明,自幼即能多占小便宜,刘父甚喜欢,常批评好结友疏财的刘邦愚笨木讷,以后不会成大事。当了皇帝后的刘邦为父祝寿,说了一句很经典的话:始大人常以臣无赖,不能治产业,不如仲力。今某之业所就,孰与仲多?

2015 年 10 月 17 日

安纳塔汉岛上的女人，以及 A 股的自我救赎

题记：不能 IPO 的 A 股市场，是一个纯粹存量博弈的孤岛。要想得到岛上那个女人，唯一的办法是干掉其他所有男人。

▷ 一、IPO 放开：你若安好，便是晴天霹雳

今天 A 股强势上涨，三连阳且突破年线，一切看起来都那么美好：曾经痛苦不堪的大跌离我们远去，美好的牛市又在向我们招手。

但对于 A 股这个三天不折腾就上房揭瓦、各种异动、各种上蹿下跳的奇葩市场来说，网上最经典的评价是：你若安好，便是晴天霹雳。

这个霹雳发生在下午 4:00，证监会新闻发言人表示，将在完善新股发行制度之后重启 IPO。由于完成相关准备需要一定时间，在此次完善新股发行制度全部落实前，证监会决定先按现行制度恢复暂缓发行的 28 家公司 IPO。其中，已经履行缴款程序的 10 家公司会在本月 20 日之后先行启动，完成未完成事项预计需要 2 周时间，剩余 18 家公司也将在年内重启发行。同时，证监会将恢复 IPO 审核会议，合理安排 IPO 审核进度。

多数股民有周末的两天时间去消化和揣摩这件事，但也有性子急躁的人直接撸起袖子开干了：该消息发布后，新加坡 A50 指数即刻下跌 2%。

很显然，市场的第一反应：抢钱的来了，风紧，扯呼！

如果考虑到 7 月 4 日暂停 IPO 时，尚有 710 家公司在排队入场，我们必须承认这些人的第一反应是对的：一眼看不到头的人拿着剪刀在排队，就等进场剪羊毛，你说是利好，不是利空，你说不要跑，你骗谁呢?!

但，果真如此吗？

▷ 二、安纳塔汉岛上的 32 个男人与 1 个女人

在说明 IPO 重启实际是 A 股的一次自我救赎这个拗口的难题前,我先讲一则发生在第二次世界大战时的真实故事:安纳塔汉岛上的那个唯一的女人。

1944 年,有 32 个日本男人和 1 个叫和子的女人被困在塞班岛以北约 177 千米的一个小岛——安纳塔汉岛——上,岛上除了一片椰子林,剩下的就是饲养的 40 头猪和 20 只鸡,这是这座孤岛上所有的资源。

但这还不是最关键的。

最关键的是:岛上只有和子 1 个女人。而男人有 32 个、32 个、32 个、32 个、32 个、32 个、32 个、32 个、32 个、32 个、32 个、32 个、32 个、32 个、32 个——重要的事说十五遍。

围绕着女人展开的纷争是每个人都可以预料到的。所以,最年长的人提议,让在岛上原本住着的和子和中里在大家的面前赶快举行婚事,这样就可以让其他人都对和子死心了,这样也可以防止此后会发生的纷争。之后,和子和中里在岛上完成了他们的婚事,两个人也在远离大家的地方住了下来。

但事情很快发生了变化,一架美军飞机坠毁在岛上。有两个男人在飞机上发现了两支手枪。于是这两个人迅速胁迫和子,和子也被迫开始了和 3 个男人共同的夫妻生活。

安静的日子没有持续多久,一个经常骚扰和子的男人很蹊跷地从树上掉下来摔死了。然后拿着枪的男人之一,干掉了另一个老是纠缠和子的男人。几个月后,两个有枪的人显然不想共享权利,于是其中一个果断开枪射杀了另一个。那家伙把另外的一支枪也拿到手之后,就成为绝对主宰。和子的正式老公中里吓坏了,把和子拱手相让给杀人的那个男的。

但是,就算这个绝对支配者也没过多久舒坦日子。在那之后不久,有天晚上钓鱼时,掉进海里淹死了。怎么掉进去的?没人知道。到底是意外还是他杀,到最后都不得而知。

那两支枪,到了中里和一个名叫岩井的人的手中。中里、岩井、和子三人开始了同居生活。一个月后,岩井把中里射杀了,独霸和子。然而两年后,岩井也被射杀了。

从此岛上不断死人。从悬崖上掉落摔死的,吃东西中毒死的,忽然失踪不见了的男人,一个接着一个。显而易见,这样放任下去,互相之间的杀戮必定将会继续。所以,他们一致商定:把罪魁祸首——那两支枪——扔到海里。从那以后,大家都觉得小岛会和平下去了,但谁知现状根本就没什么改变,之后又有4个男人,不是失踪就是死了。在32个男人死得只剩下19人时,他们似乎终于发现了,那个女人才是杀戮的元凶。

于是,他们一致商定:把那个女人处决掉。

得知消息的当天晚上,和子逃进了丛林,在如野人般躲避了33天后的1950年6月,和子被一艘偶然路过的美国船只救走。

▷ 三、A股:安纳塔汉岛的自我救赎

在今天宣布重启IPO前,A股与安纳塔汉岛没有任何区别:一座不产生资源,生态链完全断掉的孤岛。

别看最近A股貌似闹得很欢,但其实多数人都知道该怎么做,从来就没有长待的打算,捞一把就溜。所以10月23日双降,市场会见光死。用格隆汇一个高手当日的经典评价:霜降杀百草。

原因很简单,因为大家都明白:目前的A股市场,是一个孤岛,是一个纯粹的存量博弈市场。

自2015年7月4日,证监会宣布暂停IPO后,A股市场就成为一个生态无法闭环的孤岛:没有IPO,创新事业无法得到资本支持;无法股权抵押,不能减持套现,不能再融资,做大市值的公司也只是一个只能观望的诱人泡泡。对乐视的贾跃亭而言,各种努力,把公司做到1 000亿元市值,如果是以前的闭环生态,这个市值是有用的,因为公司可以去抵押贷款,可以增发融资,可以高PE减持套现,然后用钱去低PE收其他资产。现在全不行了,因为没有埋单的闭环生态。市场的波动,都是存量资金的博弈,互相杀伐。存量资金博弈,是不产生价值的。市场上出现很多毫无逻辑的妖股,他们的上涨、下跌,都是二级市场投机行为的表现,虽然股价上涨,但是真正的价值并不能产生,也不能变现,对公司、对实业、对投资者而言,都毫无意义。

所以,我们能看到的是,尽管中国目前进入降息周期,市场无风险利率快速

下行，存留在股市之外的资金非常多，中国股市的孤岛生态，明摆着是坑，所以宁可去买债券，把债券收益率推得很低。10年期国债破3%，实际就表明了主流资金的态度。

所以，结论很清楚了：A股不能IPO，不能再融资，不能减持，不能抵押，不能套现……这是一种病，不正常的孤岛病，得治，否则最后的结果一定是32个男人全部死光。你永远不要指望孤岛能成长为一个生机勃勃的生态花园。

所以，放开IPO，让A股恢复生态的自我救赎。这是产生长牛的充分必要条件！

▷ 四、A股在恢复的路上

此次重启IPO，一方面说明中国股市的跌宕起伏与危机救治已告一段落；另一方面也显示市场已经具有了融资能力，整个金融生态开始完善，逐步恢复正常。

而此次的重启IPO，将会实行更完善的IPO体制。

修改的方面主要包括：(1)取消预缴款制度（目前估计是网下发行的部分）；(2)二是缩短发行周期，规定公开发行股票数量在2 000万股以下，无新老股转让的，可以以直接定价方式确定发行价格，不进行网下询价和配售，等等。

懂行的都知道，取消预缴款制度意味着什么：如果网上网下都享受这个待遇，则发新股将不再冻结资金，预示这新股发行对资金面的冲击将几乎没有——辅以市值配售，这是在让大家学习国家队好榜样：让自己手头的市值尽量大、尽量大、尽量大——重要的事说三遍。

或许也是市场在理解此次重启IPO对整个金融生态的意义，在笔者撰写本文期间，A50指数明显出现反弹。

如果参考以前的几次重启IPO后市场的发生情况，我们可以看出，中国股市2006年的牛市。2014～2015年年中的牛市，都是在IPO重启之后，金融生态形成闭环之后才形成。

比如：2006年6月5日，中工国际（002051）招股，IPO重启，虽然导致市场的短期回落，但随后很快就创出新高，此后更是一路上涨到6 124.04点（2007年10月16日）。

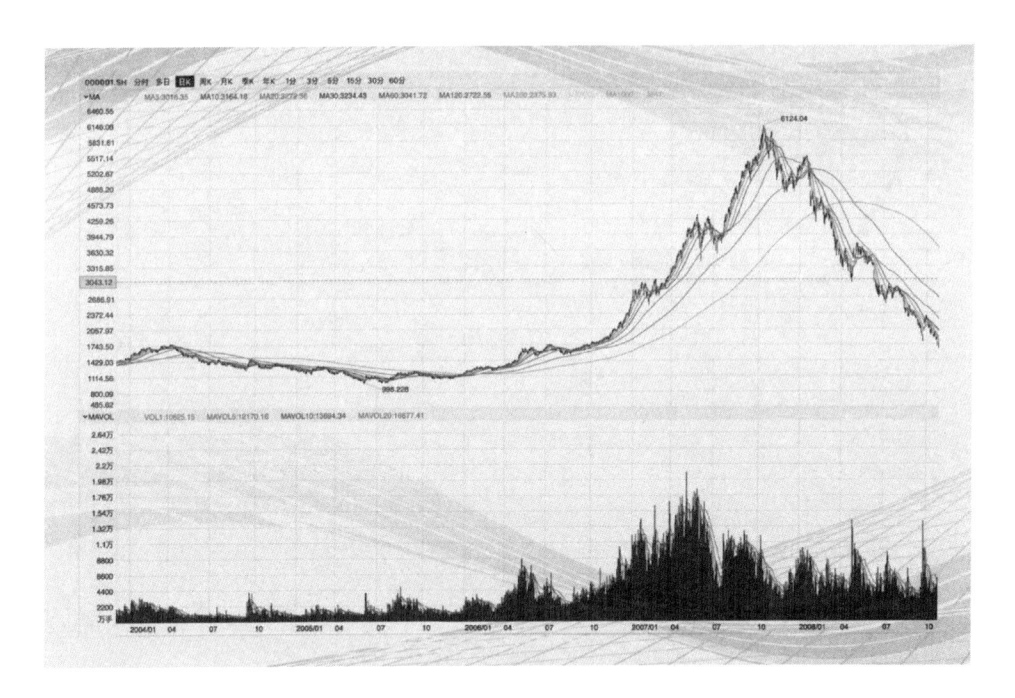

再比如：2014年1月，IPO重启，沪指维持震荡，随后大幅上涨，一路走高，开启一波罕见的牛市行情。沪指最高到5 178点。

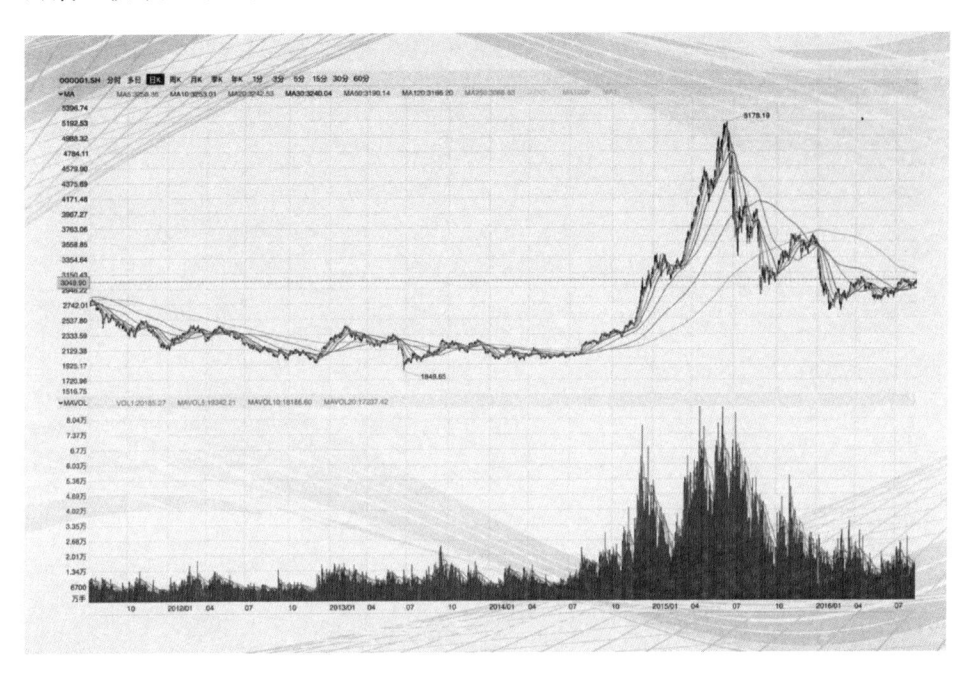

所以，为 IPO 重启而欢呼吧！

否则 A 股永无牛市。

　　　　　　　　　　　　　　　　　　2015 年 11 月 6 日

对海外投资几个焦点问题的看法

大家好,我是格隆。

先 mark 一下:现在是公元 2016 年底,我坚信这个时点提请大家高度重视和布局海外市场,尤其港股市场,是一个胜算较大的下注。

我讲五个方面。观点不一定对,我的分析和演讲从来都是这样,只抛出我的分析数据、思考逻辑,对不对,你去判断,但我的所有分析都会以数据说话。当然,我希望大家更多的是关注我的思考角度、逻辑与方法,这些比结论重要得多。

第一,涉及汇率问题。

我先说一句话:任何做投资的人,资产配置思考的第一出发点,就是汇率。盯汇率,实质就是在选币种,选国家和地区。简而言之,哪怕你最后做出的决策还是只下注中国,但前提也是你用全球视野扫描和比较了全球所有核心市场与币种。

还是从我两年前讲的那句话开始。这里我要澄清一下,两年前(编者按:2014年)我从资产配置角度提过一句话,"把资产留在境外,把负债留在境内"。这句话流传很广,有好事者上纲上线说你这是在掏空中国。所以我想借现在这个机会修正一下,"把负债留在内地,把资产留在香港"。深港通、沪港通都是一个闭环,钱都还在中国体系内,自然不存在掏空的问题。

我两年前提出这个话的背景是什么?不知道大家记不记得,两年前美元什么时候升值的?大概是2014年的5月,美元指数从78.9升到2015年的3月的100,涨了25%左右,也就是10个月时间涨了25%。

人民币什么时候开始贬的?

是2014年和美元升值同步,真正开始大贬的时候是2015年8月11日(也就是著名的8·11),这样的背景下我提出这样的话,"把资产留在境外,把负债留在境内"。当然,要在合法合规的情况下做这件事情。有些人说你是不是想掏空中国?我是不希望上升到任何政治高度的,我们只谈投资,不要去涉及政治。我也不明白有些人为什么会把这个往政治方面扯。这就是单纯的普通投资者为了保证自己的财富不受损,利用合理合法的渠道做资产配置而已。你不能说我在合理合法的渠道上保证我资产不受损是不爱国?

所以我永远不能理解有一部分人思考逻辑是这样,为什么他的思考能去到那个匪夷所思的角度?所以我很相信"你的思维境界决定你的财富与阶层"这句话。实际上这就是一个普通的居民资产配置的问题。2016年10月1日人民币加入SDR货币篮子,现在离岸是6.75左右,两种货币一来一回就差了约30个百分点,这是不是风险?是的。要不要回避?是风险当然要回避。怎么回避?做资产配置。这是我当时提这句话的背景。

人民币会走到哪里?我不知道,今天是公开的大会,我会把我的思考讲出来,我会用数据表达。我是做投资的,我对数据最敏感。人民币汇率走到哪里?大家应该知道货币怎么定价,汇率是什么东西?简单地说,汇率就是货币的国际价格,利率是货币的国内价格。货币是有价的。怎么定汇率?教科书上会给出很多的理论,国际收支理论、国际借贷理论、利率平价理论、购买力平价理论等。我不知道有没有人读懂,对于我来说理解汇率很简单:你是一个商品的价值锚,你要与商品相匹配,就这么简单。货币多了,商品没多,你自然就要贬。

那我们货币发行了多少?大家有没有印象?因为我是学经济学的,这些数据我记住就不会忘。1978年我们刚刚开始改革开放,货币的总量是多少?860亿元,当时还在改革开放的时候。1990年为1.5万亿元,2000年到了13.5万亿元,这个速度还可以接受。2000年开始,货币像潮水一样发出来,2000年到今年的9月,M2大家记得是多少吗?151万亿元,这个数字在2000年的时候是13.5万亿元,过去15年,增加了11倍。从1978年到现在,37年,货币量年均复合增长21%。

货币发行量增长11倍是什么概念?简单来说,你2000年开始躺着睡觉到现在,你的资产也应该增值11倍了。

你没有增长11倍?好吧,那只能说明你躺错了地方。

我经常和朋友说,改革开放以来国民财富增长很多,很多人变富裕了,其实很多人是"被富裕"。只要你手中有资产,基本上都会慢慢变得"富有"。如果什么资产都没有,就持有货币,那没办法,自认倒霉吧。如果你有资产就会通货膨胀至少11倍,这是一个平均数。过去15年是增长超过11倍,过去5年统计是5~6倍,过去5年房价涨了多少?刚好5~6倍。

所以,不是房价涨了,是发了这么多货币,必须涨。

你说到了这种情况下,货币有没有压力?当然会有压力。如果发了这么多货币,你的货币还没有压力,那货币是什么?货币本质就是承兑汇票,在央行的资产负债表里,它是负债。简单来说,央行发一张纸给你,承诺在未来某个时间,你可以相应的价值在市场上换商品。如果说货币越发越多,最后还能以同样的价值购买,那还得了?中国拼命印钞票去买下全世界不就完了?

货币有压力这个不用说了。汇率问题相对敏感,但数据摆在那里,我只能说几个月乃至一年,都会有反复,但如果把观察周期放到一年以上,压力是确定的。压力大不大?不小。会贬到哪里去?我不知道,但我们能看到十·一加入SDR后,马上就破了6.7关口,可以看出压力还是不小的。当然,人行会在这个过程中出手干涉是必然的。

所以说,你必须做资产配置。

什么叫资产配置?

简单来说,你的资产至少要在货币币种之间做出选择,比如说配港元资产,人民币资产还是美元资产？至少在币种上要做配置。我不知道多少人理解资产配置，很多人做投资不考虑资产配置，就只是简单的炒股票。其实是要考虑在什么地区，选择什么货币币种配置、结构配置、行业配置，这些都得考虑。当下首先要考虑币种的配置，是把资产全部放在人民币资产上，还是放一部分在港元或者美元资产上，肯定要思考这个问题。

至于说能不能赚到钱是另外一回事。很多人说已经不敢配美元资产了，因为美国股市已经涨了那么多，肯定会跌的。这是一个很怪异的思维，涨多了，永远不是一只股票，或者一个市场下跌的理由。美股短期也许会跌，但是我觉得相比较来说，A股已基本被玩死了，可以设想一下，如果能够全球资产配置，你愿意买A股还是愿意买美股？当仁不让还是选美股吧！美股是全球流动性买的，欧洲负利率、日本负利率，美国上市公司平均每年可以提供3.5%股息回报率，好的，我这边融资，那边买美国的股票，你的近乎无风险收益就出来了，我为什么不买呢？这个逻辑一想就能明白，所以你说美股为什么肯定会跌？你给我个逻辑。

这就是我想说的第一个事情，是关于货币币种方面的资产配置，也是关于汇率方面的思考。

第二，涉及宏观经济。

真正的投资永远是投资一个大市，这个大市不合适，投资也就不合适。我之前写过一篇文章《离开了牛市，你什么都不是》，表达的就是这个意思。

所以，金融学上最经典的估值公式是什么？绝对不是PE，不是PB，经济学里经典的估值公式只有一个，三个核心要素：

第一个是政府的主权风险系数，第二是无风险回报率，第三是潜在的经济增长率。

首先是最重要的主权风险系数。韩国、朝鲜你投谁？不同领导上台，主权风险系数是会变化的，你投资投的是大势，如果民国的时候做投资，清朝晚期做投资，怎么会有好结果呢？

无风险收益率，这个大家比较好理解，利率水平决定了你的PE，PE就是利率水平倒推出来的，我就不展开了。

我最想谈的是第三个核心要素：一个地区的潜在经济增长率。

改革开放到现在年均经济增长率是9.7%，这是一个非常厉害的数据，如果你考虑到货币发行速度，货币发行速度从1978年起步，860亿元到151万亿元，有没有算过年均复合增长率是多少？21%，经济增长率9.7%，货币复合增长率是21%，1978年到现在每年增长21%，这是什么概念？我们经济增长到底是怎么来的？有多少是货币吹起来的？这决定我们潜在经济增长率到底是多少，未来有多少？

最新的GDP增长率已经出来了，去年是7.1%，今年上半年是6.7%，未来你认为中国的经济增长率是多少，估计每个人有自己的数字，但是至少从我这个角度来看，我认为如果现在是算在过冬，这个冬天，可能比我们想象得长，比我们想象得冷。

我们用数据说话，我们去年7%的经济增长率，用电量增长0.5%，你想一下一个国家GDP增长7%，用电量增长0.5%，这不就是说大家基本不用电吗！中国GDP的大数是10万亿美元，全世界GDP过1万亿美元的国家有16个，过5万亿元的就2个，中国和美国。美国16万亿美元，中国10万亿美元，大致这个体量。10万亿美元的体量7%的增长率，却只有0.5%的用电量增长，这个数字是怎么出来的？你说各地方政府与统计局没掺水，你信吗？

李克强总理的三个指标：信贷增长率、铁路货运量增长率、用电量增长率，这三个指标都是非常接地气的，除了用电量增长率，另外两个指标都是可以造假的。信贷增长率央行可以改一下，铁路货运量增长率，那么多车皮可以空着来回拉。用电不行啊，如果根本不赚钱，你会把机器、空调开着用电？那经济怎么能增长7%？除非过去一年，我们的经济结构发生了突飞猛进的变化，我们的经济结构彻底转型了，服务业为主了，不用电。

不符合常识，0.5%的用电量增长率怎么创造了7%的经济增长率？这个东西我不懂。未来会怎么样？老实说还是刚才的结论，这个冬天可能比我们想象得要长，想象得要冷，没有我们想象得那么简单。很多人认为现在的经济是L形走势，现在是在底部横着走，但这种横着走会不会再下台阶，以及横着走的状态还要持续多久真的不确定。因为中国经济已经发生了很大的变化，最核心的变化是，很多人觉得是经济结构转型没着没落的问题。

我是学经济学的，我学了这么多年，经济增长的推动因素有很多，对我来说，我认为最核心的永远是人口的问题，中国的人口发生重大的变化，导致经济增长模式不可持续。中国的经济增长模式是什么？中国的经济增长是国企代理形式的公有制，什么概念？它是一种经济学中的代理制，就是少部分人把这个资源集中在手上,代理别人来行使资源的分配、处置权力。我们习惯上把它称为集中资源办大事。这个模式是一种巨大的创新,在世界的经济史上前无古人,没法说他不好或不行,至少没有完全证伪过。但它的瑕疵也是非常明显的,他把大多数人的创造能力腾挪空间压缩了,或是窒息了,因为你手上没有资源。我们大部分人,从经济学的角度是准佃农的角色,就是你没有生产资料和物质资源,你的创造力就会受到压制。

中国这些年人口哪方面发生变化?一是人口数量,不增长了,与计划生育有关系,不增长是指适龄劳动人口不增长了,这个问题很大,能劳动的这部分人少了。二是质量,质量主要是年龄,一个经济体人口构成的结构上就能看出来。

香港为什么在这个地方压力很大?就是因为香港人口不增长,香港的人均年龄43岁。深圳为什么行?深圳每年差不多有近100万本科生以上的流入,怎么可能不行呢,深圳平均年龄是33岁,香港是43岁。

日本为什么不行?安倍晋三拼命发钞票都还是不行,就是因为人口不行,日本1/4的人口在65岁以上,75岁上的人口占了日本总人口的13%,按照联合国经济学上传统的标准,65岁人口超过7%就算进入老龄社会,日本是25%,日本这个国家,太老了。

中国呢?也有这个问题,中国2005年的时候做过一次人口普查,当时统计出中国65岁以上的人口占到8.8%,已经进入老龄社会。

最后还有一点是创造力,中国是代理制,大部分人手上是没有资源的。这几年总体上政府在进、民间在退,过去给民间让出来的资源在往回收,过去三十多年GDP创造出了增长奇迹,很多人都总结和归功于中国模式,说是我们集中力量办大事,很少有人反向思考,最重要的原因极大可能是因为大一统的体制在放,我们让民间产生创造力,但是目前这方面却在往回收。从这个角度来看,中国的经济转型,道阻且长,我们要做好打持久战的准备,必须团结起来渡过这个难关。但至少在未来2～3年,我基本看不到经济能转型成功的线索。

这是关于中国经济的一些看法。

第三,我想谈谈政府的选项。

现在政府面对的最重大问题是什么?

很多人认为中国的最大问题不就是经济结构问题吗?传统经济不行了,新经济没起来,所以经济失速、急速。

没错。那么,对于我们的政府而言,最需要什么?

两个字:时间。

经济结构转型非一日能成功,一定要给他们时间,这个时间不是手表上滴滴答答的时间,而是经济学术语上的时间,是无损变现的时间,最简单地说就是不知道经济转型多长时间能完成,至少在转型的时候经济不要出事,尤其金融领域不要出事。

所以目前不仅各位焦虑,政府也焦虑。政府在焦虑钱往哪里放,民间也在焦虑钱往哪里放,现在超发的货币已经成为民间和政府共同的敌人。在经济增长的时候,超发货币没问题,打仗的时候士兵多一点没问题,但是仗打完了,不管打赢还是打输了,复员军人怎么办?

历朝历代最害怕的是退伍军人,打仗没问题,如果打仗回来不给他安置他就成了土匪,所以**政府最头疼的是超发货币**,这个和大家是一个心态,钱到哪儿安置? 政府的选项多吗? 很少,中国可以安置这么庞大货币的资金池子屈指可数,A 股算一个,但 A 股基本上被玩废了。还有什么? 房地产。房地产还能不能安置? 我相信大家最近都看到了政府的几个动作。

在今年国庆期间,19 个城市限购,5 天之前深圳市市场和质量监督管理局杀向 20 个楼盘,所有的销售人员蹲在一边,搜大家的公章、资料,电脑拿走。政府为什么这么做?

因为房地产领域已经是高危池子,风险很大。

那么中国的房地产有多大的泡沫? 这么解释吧,美国美联储有一个统计数据叫作 Financial Accounts of the United States,其中有一张表叫作 Derivation of U.S. Net Wealth,是统计社会居民和非营利机构持有房地产的价值,2016 年一季度这个数字是 25.12 万亿美元,二季度是 25.59 万亿美元,增长 1.8%。

说明美国房子也在涨,如果按照最新的汇率 6.75 折算下来,折合成人民币是 172 万亿元。也就是说,美国居民和政府共同拥有的房产,按照市场价算出来折成人民币是 172 万亿元人民币。

我们回头算中国。中国的房地产我们可以从蛛丝马迹去抽,北京市统计局公报的数字是北京的常住人口 2 170 万,城区 1 300 万,郊区 900 万,人均住宅面积 31.69 平方米,这是北京统计局的数据,相信它是真实的。我们据此得知全北京的民用住宅面积大约是 6.88 亿平方米。

如果以 6 万元均价算,居民持有的总市值大概是在 41 万亿元左右。换一种算法,我把城区 1 300 万人口算 6.5 万元/平方米,郊区 900 万人算 3.5 万元/平方米,算出来大概是 37 万亿元,这个差距不大,这只是居民。

我们再算政府,北京那么多政府机关,全在核心地段,我是完全拍脑袋,居民的数字上乘以 0.5,这样算下来,北京居民和政府持有的房产,不算商业地产,按照市场价值计算,按照统计局的数字计算是 62 万亿元人民币。

依此类推,上海总人口 2 415.3 万人,人均居住面积 35.1 平方米,上海住得比北京好一点。上海政府这块按 0.3 的系数算,这样算下来,上海 66 万亿元。上海的房产价值比北京高一点,北京是 62 万亿元。

用同样的方法去推深圳、广州,深圳推出来是 26 万亿元,广州是 27 万亿元,政府和非营利组织的房产均按照民宅的 0.3 倍估算。

这四个城市加起来是多少?超过 181 万亿元,然而美国的全部是 172 万亿元。这些数据来源是可信的,美国是美联储公布的,中国完全是找各个地方的统计局公布数据。

简单地说,北、上、广、深四个城市加起来房地产价值已经超过了整个美国居民和政府机构持有的房产价值。

所以你能明白我们的房地产泡沫有多大,我刚才说了政府最需要的是时间。这个泡沫一破,问题太大了,一定要维持住,要维稳。发出来的这些货币实际上是政府的心头之患。

A 股不能放,房地产领域不能放了,哪里能放?你们告诉我还能放哪儿?

这个地方,首先要大家愿意去,如果指引一个方向大家不愿意去,强逼是没有用的,钱是最聪明的,钱是用镣铐锁不住的,它必须愿意去。其次,这地方最好还在政府的眼皮底下,政府能把控。

哪里最合适?当然是与美元绑定的港元资产。没人希望流到美国和欧洲去,流到香港我愿意,在我的眼皮底下,体内循环,可以监控。

第四,谈谈为什么说我认为港币资产未来大概率会进入一个强势的上涨周期?

理由有三点:

1. 博弈结构或是政治地位、要价能力发生变化,与中央的要价能力和需求发生变化。以前香港资本市场对中央来说无足轻重。现在好了,现在我们需要有一个地方安置超发货币,最好是我自己做主的地盘,而且让这笔钱合理合法地过去。而香港的经济下滑,也需要支持,所以就一拍即合,这是大背景。这个池子要用多久,取决于很多因素,但肯定不是短期租用。

2. 投资者结构的变化,南下资金蜂拥而至。投资者结构一定改变,土壤改变了,过去的游戏规则和生态都会发生改变。我还是告诉大家几个数字,截至去年底,香港海外投资者的交易量占了将近51%,其中内地投资占比21.9%,美国是22%,欧洲是34%。10年之前的数字,内地只有两个点不到,10年的时间我们变成了21%,未来"深港通"以后,这个比例只会越来越高。"深港通"有一个很大的变化,总的额度取消了,因为没有额度限制了,总额没有限制了,这等于把港股搬到了内地二次上市,请大家一定要注意这一点,很多朋友没有注意到,其实"深港通"最核心的变化就这一条。

3. 这里面的变化还有上市公司结构的变化,这个尤其关键。港股过去有一点不堪回首的日子,垃圾公司和老千公司很多,不少人受伤,是不可否认的,这个情况正在发生变化。很多公司都在过去,包括很多内地代表未来的好公司,都在过去香港。我以最近热门的美图为例,这家公司是第一家在香港亏损上市的,趟出了一条新路。它的这条路趟出来以后,小米、美团、滴滴、陆金所等都可能跟过去,它们跟过去以后,香港才是中国互联网和新经济的主战场。

每家新经济公司都是一个奇幻的魔方,不能用传统方法去理解和估值,它们自身充满变数,自然也会给这个市场带来变数与弹性。2013~2014年的时候我还在做投资总监,很多研究员去我那里路演,都还是倒视镜的做模型思维,说微信是很有意思,3~4个亿用户了,但是看不到它怎么变现,所以不能纳入估值模型。他们没想想,如果变现了还是目前的市价吗?你们现在看到腾讯创造了怎样的奇迹。

投资者结构、上市公司结构我就讲这么多,新经济公司批量上市是港股一次里程碑式的事件,是香港市场的一次自我救赎,它会改变很多东西,也会救很多东西。

四个问题讲完了,前面我说要讲五个问题。其实我前面讲的四个问题就是想说明第五个问题:很多时候选择远比努力重要。

过去15年,任何楼盘的售楼小姐给出的投资建议,都比最优秀的基金经理的建议更有价值。

人在哪里，资产配置在哪里，决定了你未来五年、十年的社会层级。选择远比努力重要，这是我为什么强调大家做资产配置、考虑资产配置、关注海外市场、关注香港、关注格隆汇的原因。

我就讲这么多，感谢大家。

2016 年 10 月 19 日

那些改变人类历史的重大战役折射出的投资哲学系列之一：图尔战役

题记：人类历史在一定程度上来说，就是一部黑暗中互相征伐的战争史。所谓和平与安宁的时代，不过是为了迎来更大的杀戮与死亡降临的过渡喘息时期。"历史是由一次又一次的战争相连而成，人的天赋就是进行永无息止的战争（托尔斯泰）。"

"兵者，诡道也。"到底什么决定了战争的胜负？战场风云激荡，瞬息万变，事后看来，那些决定甚至改变了人类历史进程的重大战役，其最后的胜负结果，却似乎更多是由一些看似匪夷所思的偶然因素造成的。这在很大程度上与大部分时间处于相互博弈状态，行情瞬息即变的证券市场神似。人类历史战争中的诸多经验教训，或许能够帮助我们回答如下问题：到底是什么决定了我们的投资成败？

这就是格隆撰写这个系列的原因。

倘若阿拉伯人赢得了这场战争（图尔战役），那么我们今天在巴黎和伦敦看到的，会是那些清真寺，而不是这些大教堂。我们在牛津和其他学术中心听到的，会是《古兰经》，而不是《圣经》的讲解——《欧洲史》。

发生在公元732年高卢的法兰克王国与阿拉伯帝国之间的图尔战役，是一场决定整个人类西方文明命运的决战，对人类历史产生了重大影响。

战后，惨败而归的阿拉伯人从此再也没有能力对西方文明发动入侵。这直接保证了西方文明尤其是基督教文明的生存和发展：没有这场胜利，也就不可能有后世以古希腊文明为核心的改变世界命运的文艺复兴运动。

但非常有讽刺意义的是，阿拉伯人这场战役的失败，不是输在战斗力上，而是输在自己的贪婪上。

公元8世纪前后，地球上同时并存两个强大的帝国，一个是由盛转衰的唐王朝，另一个就是阿拉伯帝国。如果我们是站在全球的立场上来看，任何一个中世

纪历史的叙述者都必须承认,这个时间段毫无疑问更多是阿拉伯人的时代。

我们回溯到公元 7 世纪 30 年代。穆罕默德在八年的征战之后基本统一阿拉伯半岛。向东,灭亡了已近垂暮之年的波斯帝国;北面,把拜占庭帝国逼迫得高筑城楼,足不出户;西面,阿拉伯的战士长驱直入埃及,征服了整个北非。公元 8 世纪初,阿拉伯人在陆续征服亚、非两大洲的大片领土后,他们把扩张的目光投向了欧洲,尤其是对当时西方文明硕果仅存的一块土地:东罗马帝国的首都君士坦丁堡,更是达到梦寐以求的地步。

但由于实在是无力对抗东罗马帝国强大的海军,因此,阿拉伯王朝的统治者改变战略,采取从陆地上经由北非,越过直布罗陀海峡进入欧洲,从背后合围君士坦丁堡的绕道方案。

于是,公元 711 年,阿拉伯 6 万远征军越过直布罗陀海峡进入欧洲。阿拉伯军队的主力是北非的摩尔人,属于沙漠中的游牧民族,装备着标枪与刀剑,几乎没有人着铠甲,整个军队基本全部由轻骑兵组成。他们行动迅速,机动性极强,因而有着巨大的威慑力与攻击力。尤其是阿拉伯人征战过程中掠夺的财物,除了宗教先知与步兵各得 1/5 外,剩余 3/5 全部归骑兵,这种战争财更激发了士兵强大的战斗欲望,阿拉伯轻骑兵几乎所向披靡,如飓风一般席卷西欧。他们轻松灭亡了西哥特王国,占领了整个伊比利亚半岛,随后准备经高卢进入意大利,征服罗马城后,合围君士坦丁堡。

这是欧洲自公元452年匈奴人入侵后再次遭到的最严重的威胁!整个西方世界再次面临生死存亡的考验!

但阿拉伯人继续前进的路上,必须面对西欧高卢地区正在崛起的,由蛮族日耳曼法兰克人建立的国家——法兰克王国。法兰克王国的军队此时已做了改装:无论是少量的骑兵还是步兵主力,几乎全部重装铠甲。这种重装让他们的速度与机动性很差,但却有极强的防守能力与阵地战能力。

法兰克重装骑兵　　　　　　　　阿拉伯轻骑兵

与大的文明相比,多数蛮族在历史上都或多或少有所建树,但最终都如流星般划过。但法兰克人成功且漂亮地抓住和利用了图尔战役这次"大牛市",并从此左右了欧洲一千年的历史。

战争初期,法兰克军队统帅查理·马特采取完全不抵抗策略,而是放任阿拉伯人抢掠。等阿拉伯人所有的骡子马匹都载满了财物辎重,"整个队伍由轻资产变成了重资产(格隆语)",机动性大为丧失时,查理·马特统帅的15 000名法兰克重装军队才大摇大摆出现在了6万穆斯林军队面前。

大吃一惊的阿拉伯统帅拉赫曼头脑还算清醒,果断命令自己的士兵放弃战利品,以发挥轻骑兵的机动性优势,而这也是他们连连获胜的秘诀。

但阿拉伯士兵早被贪婪冲昏了头脑,没有一个士兵服从命令——阿拉伯人犯的第一个大错。

无奈之下，拉赫曼唯有组织军队发动攻击，试图以自己军队的冲击力解决问题。根据双方军队的特点，法兰克统帅查理·马特定下了防守反击的总体战术，针对阿拉伯轻骑兵猛烈但欠缺持久力的冲击，法兰克军队用少数重装骑兵进行牵制和骚扰，主力重装步兵则依地形，用护盾和5米的长矛排成密集的空心方阵，守住交通要道，防止阵列被突破。

本来对付法兰克人坚固的重装步兵长矛、盾牌方阵最好的办法，是利用轻骑兵的机动性和速度优势，在足够的距离用弓箭在马上向对手射击以求尽可能杀伤、破坏对方防线。可问题是，阿拉伯骑兵与东亚游牧民族骑兵的最大不同，就是他们并不善于骑射。阿拉伯人习惯的是以快速突击方式用马刀、长矛与对方近身肉搏，而这对有重甲盾牌防御的法兰克军队基本不起作用，而坚守阵地的法兰克人却可以用远程希腊弩炮远距离尽情杀戮。

在一次又一次的进攻，付出巨大代价仍然无效后，经验丰富的拉赫曼意识到不可能取胜，于是命令自己的军队撤退。这对于来去如风的阿拉伯军队来说是件很轻松的事情，装备笨重的法兰克人基本只有目送的份。

但不管统帅拉赫曼如何强令，他的士兵就是不肯丢弃部分，甚至任何一件笨重的战利品轻装撤退。这是阿拉伯人在这场战争中犯下的第二个大错误。无奈的拉赫曼只能不断派出一些部队去殿后，以保证主力慢悠悠地撤退。但这些殿后部队不断被后面追赶的法兰克军队有组织地消灭。这样蜗牛一样的撤退与对峙过程整整持续了7天，阿拉伯人终于意识到了风险，打算全线战略撤退。

但面对堆积如山，还未运出战区的战利品；他们再次进退两难。贪婪和侥幸心理让阿拉伯人犯了这场战争中最大的错误：他们决定停下来，接受全面会战！

阵地硬碰硬会战的结果可想而知，尤其是当法兰克人的一支部队从后面出其不意劫了阿拉伯人留在营地的财物后，阿拉伯人彻底崩溃，阿拉伯远征军全线崩溃，数万人战死，统帅阿卜德·拉赫曼死于乱军之中。

阿拉伯人一错再错，任由贪婪蒙蔽自己的判断力，以己之短，攻彼所长，把一场收获满满，几乎不可能失败的战役，硬生生最后变成了自己的坟墓。

这场战争，与2015年A股大牛市的大起大落是不是如出一辙？

多少人曾经在2015年的牛市上升阶段被胜利冲昏头脑，志得意满，甚至膨胀到自封股神，在5 000点还嘲笑那些提醒泡沫的人，"这个世界上有两种人，一种人不断提醒有泡沫，另一种人则愉悦地在泡沫中游泳。前一种人越来越聪明，而后一种人则越来越有钱"。

这种人当然不会越来越有钱,阿拉伯人在1 200年前就已经回答了这个问题:能保住小命就不错了。

这场战役最经典的收尾是:第二天清晨,副手欧多向统帅查理·马特提出要领兵追击溃逃的阿拉伯人。查理·马特当即拒绝了他的要求:见好就收。重装骑兵去追击身上已经没有任何财物负担的轻装阿拉伯骑兵,极可能是送死。

这次查理·马特又对了:他如同一个牛市高点落袋为安的精明投资者,顺利保住了整个牛市的战果,他的子孙也在此基础上建立了强大的加洛林帝国与神圣罗马帝国。

这个帝国极盛时期的疆域包括了近代的德国、奥地利、意大利大部、捷克、斯洛伐克、法国东部、荷兰、比利时、卢森堡和瑞士,统治了整个欧洲近一千年,直到1806年被拿破仑所灭。

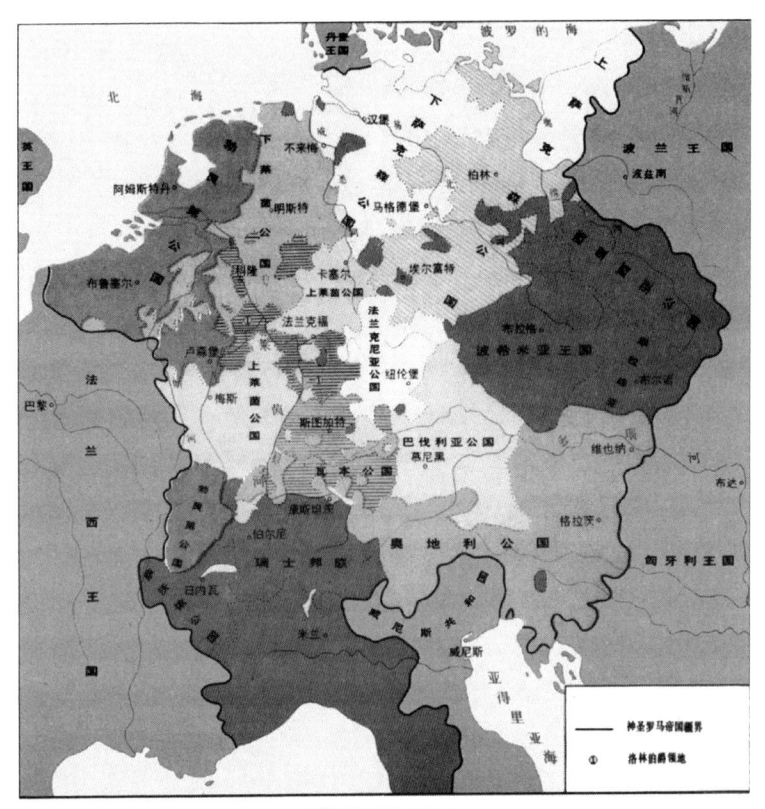

神圣罗马帝国(1512)

但这又何妨？世上有几个人的牛市战果能延续千年呢？

神圣罗马帝国的奠基人查理·马特明确告诉我们：一个人，一辈子，有一次牛市，有一次落袋为安的牛市，就足够了。

2016年1月2日

那些改变人类历史的重大战役折射出的投资哲学系列之二：布匿战争

题记：人类历史在一定程度上来说，就是一部黑暗中互相征伐的战争史。所谓和平与安宁的时代，不过是为了迎来更大的杀戮与死亡降临的过渡喘息时期。"历史是由一次又一次的战争相连而成，人的天赋就是进行永无息止的战争（托尔斯泰）。"

"兵者，诡道也。"到底什么决定了战争的胜负？战场风云激荡，瞬息万变，事后看来，那些决定甚至改变了人类历史进程的重大战役，其最后的胜负结果，却似乎更多是由一些看似匪夷所思的偶然因素造成的。这在很大程度上与大部分时间处于相互博弈状态，行情瞬息即变的证券市场神似，人类历史战争中的诸多经验教训，或许能够帮助我们回答如下问题：到底是什么决定了我们的投资成败？

这就是格隆撰写并分享这个系列的原因。

▷ 第一次布匿战争：短板的修复能力决定战争结果

在秦王朝统一中国5年后，在古罗马和古迦太基两个古代奴隶制国家之间为争夺地中海统治权爆发了一场前后延续了118年，分三个阶段的著名战争：布匿战争。这场战争让一度强大的迦太基灰飞烟灭，罗马则在付出了惨重代价后，成为地中海霸主，罗马文明自此繁盛了1600多年。

这场战争的三个阶段都堪称经典。

公元前3世纪早期，罗马统一了意大利半岛，成为地中海一大强国。迦太基则位于今天北非的突尼斯，由腓尼基人建成，公元前3世纪已发展为一个富庶的强大国家，成为罗马向海外扩张的劲敌。

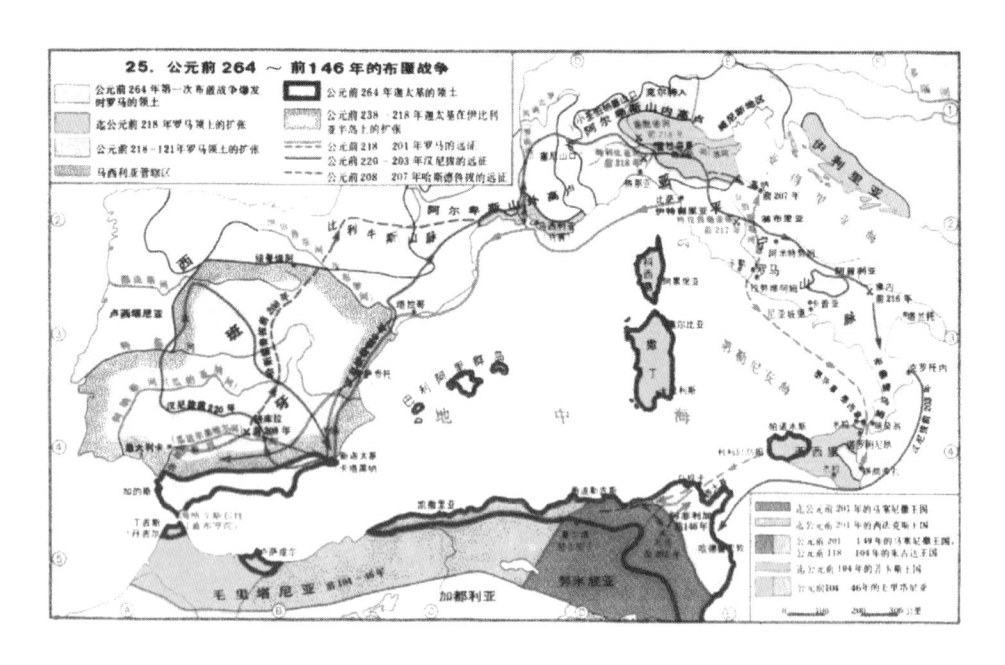

公元前264～前146年，两国为争夺地中海沿岸霸权发生了三次布匿战争。

第一次布匿战争（前264年～前241年）延续了23年，决定战争胜败的核心因素是罗马人在海战上的创新。战争中罗马人在陆地上虽然也挫折不断，包括公元前260年，罗马将军雷古卢斯率领1.5万步兵、500名骑兵登陆北非，被腓尼基将军赞提帕斯率领的1.2万步兵击溃，罗马军团最后只有2 000人极其幸运的逃生，指挥官雷古卢斯与其余士兵均成为迦太基的战俘。但总体而言，陆战上罗马人还是占尽优势。

罗马人在本土陆战中几乎获得全胜，大可鸣金收兵。但强大的迦太基海军仍巡游在地中海上，罗马人在迦太基海军面前毫无还手之力，无法把战争引到迦太基本土，导致战争久拖不决。无奈的罗马人打捞上了一艘迦太基沉船，并以其作为蓝本，短时间内建立了一支庞大舰队，同时在战舰上使用了一种新的技术装置（乌鸦吊），保证战舰能够与对方战舰遭遇时勾住对方，罗马士兵利用这种装置能够登上敌船，从而把战斗变成罗马人熟悉的肉搏战。

这一个创新改变了战局。

公元前241年，罗马海军以200艘战船组成的舰队，大败迦太基舰队于埃加迪群岛。海战之后，迦太基爆发了一场雇佣兵起义，内焦外困下的迦太基，被迫与罗马人签订了条件苛刻的停战条约,第一次布匿战争结束。

第一次布匿战争罗马的胜利,除了其顽强的信念,屡败屡战,坚持不接受失败,也拒不接受非完全的胜利外,最关键的是罗马在战争期间的动员能力与创新能力将海军短板迅速弥补:罗马鼓励公民的捐献,并引进和吸引私有投资,以及强大的模仿、学习与创新能力,短期迅速建立起一支强大的海军,从而取得胜利。

这很类似于投资:投资也会输输赢赢,最终结果与成就大小,实际取决于你的学习能力,以及短板的修复能力,而不仅仅是你的固有优势。

换句话说,与时俱进,跟上市场节奏与形势,同时堵住你漏水的地方,你的最后投资结果一定是令人满意的。

▷ 第二次布匿战争(前 218 年～前 201 年):战神汉尼拔成为罗马人永远的噩梦

第二次布匿战争是三场战争中最著名的,是因为迦太基拥有了西方军事史上极少数能被称为"战神"的人:汉尼拔。他给予罗马人几乎以亡国的毁灭打击,以致此战后,罗马元老院成员每次不论什么话题演讲之后,都要咬牙切齿重复同样的最后一句话"Delenda est Carthago!"(迦太基一定要消灭!)

汉尼拔的父亲是迦太基的著名将领哈米尔卡尔。公元前 237 年,哈米尔卡尔奉命率军渡海侵入西班牙,重新夺取第一次布匿战争中丧失的这里的领土和资源。他在西班牙取得了惊人的成功,占领的领土已超过了迦太基人过去所有占领的地方。他还雇佣当地的土著西班牙人组成了一支迦太基历史上拥有的最好的军队。

汉尼拔

汉尼拔年仅 26 岁时接替父亲继任迦太基驻西班牙军队的最高统帅后,开始酝酿一个宏伟的具有无比胆略的计划:迫使罗马人首先向迦太基开战,然后率军远征罗马,在意大利本土摧毁罗马帝国。

公元前218年春,汉尼拔战争,又称第二次布匿战争爆发了。这是罗马人进行过的所有战争中最可怕、创伤最重的一次战争。但罗马人对打赢这场战争充满自信,因为迦太基人在第一次布匿战争中元气大伤,而且已没有海军力量。这也是罗马人毫不犹豫地主动宣战的原因。罗马把主力兵分两路:一路从西西里渡海进攻迦太基本土;一路取道陆路,进击和牵制西班牙的汉尼拔军队,使其无法援助迦太基本土。

如同所有自大的投资人一样,这是罗马人在这次战役中犯下的最大战略错误:目中无人的罗马人计划的都是如何进攻,在敌方领土作战。他们做梦也没想到雄才大略的汉尼拔会无视海军劣势,长途跋涉,远征意大利,这场战争的主战场会在自己本土燃烧。

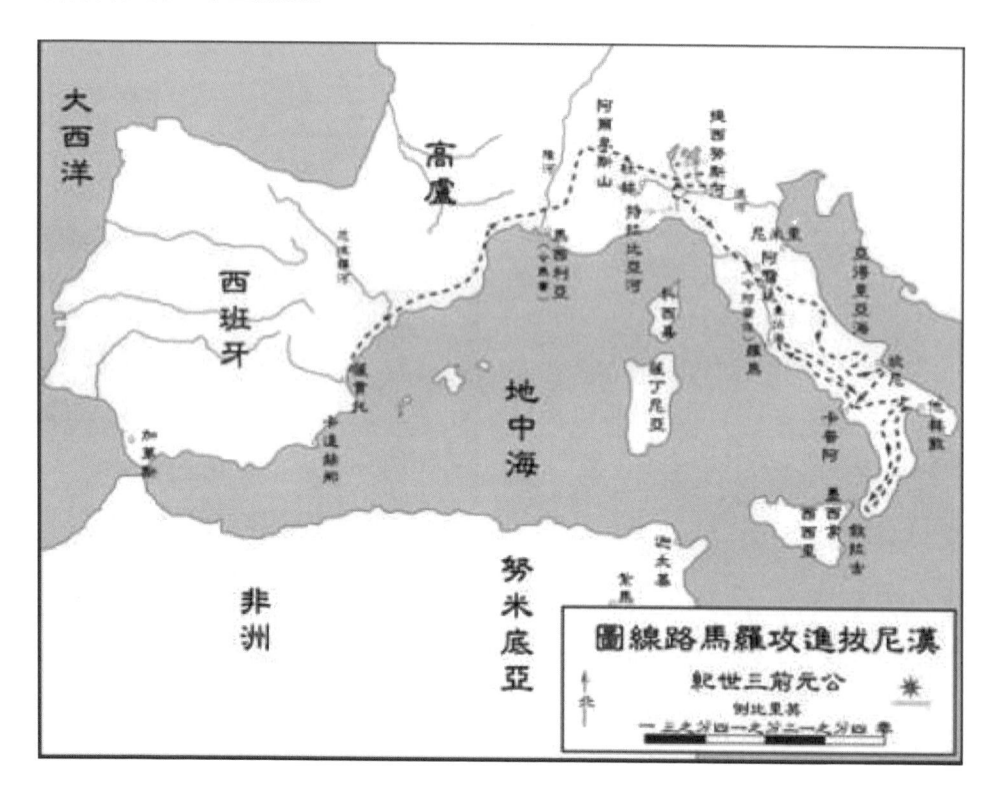

公元前218年4月,汉尼拔率领9万名步兵、1.2万名骑兵和37只战象,避开罗马军团正面,翻越白雪皑皑的阿尔卑斯山脉,开始了对意大利的远征。两千

年后,另一位军事天才拿破仑再次重复了这个天才的动作并获取了马伦哥战役的胜利。

尽管迦太基军队花了五个半月的时间,行军1600余千米,到走出阿尔卑斯山,进入意大利波河平原地带时,军队只剩下了2万步兵和6000名丢掉了战马的骑兵,37头战象只剩下1头,但汉尼拔军的从天而降还是令罗马人惊慌失措,因为他们的主力部队都在高卢地区或者去往迦太基本土的路上。

意图趁迦太基军队疲惫不堪速战速决的罗马人很快发现,汉尼拔的骑兵在速度、装备和训练和指挥等诸方面都优于自己。在取得两次遭遇战的胜利后,汉尼拔又一次采取罗马人意料不到的诡异行军路线:他通过一条没设防的亚平宁山通道,经三天三夜不间断的急行军,越过一片水深过腰的沼泽地,一下子绕过了罗马执政官弗拉米尼乌斯率领的4个军团的重重设防,踏上了通往罗马的大道。在他和罗马之间,已经没有任何阻拦。弗拉米尼乌斯发觉汉尼拔的军队已跑到他的后面去了,大吃一惊,慌忙率兵连夜急追。

这就是汉尼拔的目的:诱使罗马军队在后追赶,以便在运动中使罗马军队陷入他设下的陷阱。

公元前217年6月21日一个多雾的早晨,罗马执政官弗拉米尼乌斯莽撞地率领他的4个军团近3万人,列成长长的纵队进入了汉尼拔精心选择的特拉西美诺湖北岸的一个三面环山的谷地。汉尼拔一声令下,在迦太基人的突然袭击下,罗马人根本来不及做任何有组织的抵抗,不到3小时,战斗就结束了。

罗马军团全军覆没,执政官弗拉米尼乌斯战死。

特拉西美诺湖的胜利为汉尼拔进攻罗马城创造了完美条件,一条没有设防的通向罗马的大道向他完全敞开了。他几乎可以散步到罗马城下。

▷ 历史谜团:汉尼拔为何不进军罗马

这是后世在研究布匿战争时一直迷惑不解的一件事。什么原因使善于捕捉战机的汉尼拔放弃了这个机会呢?现在还不清楚,最可能的原因,罗马城池依然坚固,他在敌人土地上作战,四周都是敌人,他不想把他的军队投入一场没把握的拼消耗的阵地攻坚战中去。他取得的胜利都是在运动中取得的,给敌人的打击非常重,而自己付出的代价却十分微小。这是汉尼拔能远离补给,长期在敌方本土作战的重要原因。

不打没把握的消耗战，这是汉尼拔远离本土作战的无奈之处，也是他的高明之处。汉尼拔不进攻罗马也许是当时最优的决策。

这非常类似于在投资里多数人会忽略，但其实至关重要的一个原则：所谓投资，不是痴迷于各种机会诱惑，去尝试各种花哨动作，而是只做自己能力范围内的事情。以自己最擅长的方式，反复做！

新任罗马执政官费边是一位稳健的、精明老练的政治家、军事家。他受命之后，率领4个迅速新组建的军团追赶汉尼拔。赶上汉尼拔后，却并不与汉尼拔正面交锋，而是尽可能地抓住一切机会，骚扰和拖住他的军队，意在使汉尼拔陷入欲战不能、欲胜不成的境地，就必然把孤军深入、异域作战、缺少后援的汉尼拔拖垮。这就是使费边闻名史册的"拖延战术"。

无论是汉尼拔，还是费边，如果做投资，无疑都会是顶级高手：他们有坚强的意志，深知自己的能力圈和优劣势，绝不越界。他们的决策没有任何多余的花里胡哨。

"费边拖延战术"几乎是当时罗马人能采取的最好战略，但罗马人犯了第二个大错：他们无法容忍这种"扰而不打"的战术。经过全体公民大会投票，更换了执政官，开始主动出击。

这个错误令罗马人几乎亡国。

公元前216年8月2日，双方在坎尼城附近干涸平坦的平原上展开了一场殊死大战。罗马人在这场战争中投入了几乎所有能投入的兵力：步兵8万，骑兵6 000。汉尼拔一方只有4万步兵，1.4万骑兵。但汉尼拔经典的古典式包围战术令这场战役变成了一场一边倒的屠杀：迦太基中央步兵集团前凸星月变内凹弯月包围罗马人，两翼的强大骑兵则由两侧进逼，使得整个陷入战线错位的罗马军队彻底被穿插分割。汉尼拔以损失6 000人的微小代价，全歼罗马8万大军。

罗马损失了包括罗马军队的统帅、执政官保卢斯本人与两位前任执政官，80名元老院议员，48位军团将校里的29位，以及1/5的17岁以上成年公民。罗马骑士才可佩戴的作为职位象征的金戒指，汉尼拔就收集了一大木桶送回迦太基。

罗马近乎灭亡。

战败的罗马俘虏经过屈辱的轭门

坎尼战役成了古代军事史上以少数包围多数并全歼敌人的前所未有的光辉范例,以致后来凡是包围并全歼敌军的大会战都被称为坎尼。直到1914年第一次世界大战时,德国将军冯·施里芬还在模仿这套战术。

这场以迦太基人大胜而告终的战役给罗马军事力量的打击几乎是致命的。然而与之相比,它给罗马人心灵上造成的打击却更为惨痛。罗马人无论如何也想不通,一个泱泱大国如何败在这样一个蛮夷的杂牌远征部队手中,而且败得那么难看。

虽然历史的车轮在坎尼留下了深深的印记,但是它并没有停止前进步伐,世间之变故实在难以令人预料,坎尼的战果没有给汉尼拔带来最终的胜利与荣耀,而罗马人也没有屈服,而是在失败中迅速调整和自我修复:

1. 他们禁止公开痛悼阵亡者;
2. 城门安置守卫不许任何人出城;
3. 选出独裁官;
4. 把17岁以上的青年人都征入军队;
5. 在剩余联盟者和拉丁人那里动员一切可以拿起武器的人;
6. 由国家出资向私有主赎出8 000名年轻奴隶,用他们组成两个军团;
7. 拿出所有保存在神殿和柱廊中作为荣誉的战利品,以弥补武器的不足;
8. 元老们率领大群人民在城门迎接败退回罗马的执政官,感谢他集合了被击溃的残余军队;
9. 停止所有党派倾轧;
10. 向德尔菲的阿波罗神庙请示神谕;
11. 为了满足群众的迷信心理,活埋了男女高卢人各一人、男女希腊人各一人;
12. 拒绝汉尼拔用金钱赎回罗马俘虏的建议,理由是不能奖励勇气不足和战死决心的不足;

……

如果当时罗马稍有一点小清新举动,**必定被汉尼拔粉碎**。罗马迅速调整完毕,倾举国之力,并调动经营多年的拉丁同盟各国力量,用坚壁清野战术来拖垮人数居于劣势而且难以补充的汉尼拔远征军,并登陆非洲直逼迦太基本土,逼迫汉尼拔回援,最终扭转了局面。

可悲的是，迦太基的统治者们唯恐汉尼拔尾大不掉、功高震主，便忙着自毁长城，到最后汉尼拔是被自己人逼迫服毒自杀，而迦太基依旧没有逃脱罗马人的报复，罗马逼迫迦太基签订了条件十分苛刻的和约，迦太基丧失了所有海外领地和海军。即使这样，50年之后迦太基的经济仍然发展得十分繁荣，于是罗马人发动了第三次布匿战争，非洲征服者西庇阿率军经过残酷的战斗对迦太基进行了屠城，并在周围的田野里都撒上了盐。迦太基从此成为一个历史名词烟消云散。

▷ 罗马不是一天建成的，投资也是

罗马人几乎亡国，但笑到最后的，还是罗马人。

纠错能力与恢复能力决定战争的最终结局，这不但对国家适用，对投资更加适用！

对投资而言，犯错是常态。只要我们做投资，就一定会犯错，并遭受损失。可能犯了错后还浑然不觉，而损失有时可能也大得令人无法接受。在熊市中，这种情况经常发生。

你需要做的不是去避免任何错误，而是在犯错后迅速纠错，并恢复，尤其在熊市的打击后！

或许现在我们能够很深刻地理解这样一句话了：罗马不是一天建成的！

如果你试图建立一座投资的丰碑，就要做好承受不断地打击与失败的准备，这种打击有时近乎绝望，但这都是投资路上必需的。投资路上，没有所谓天才生存的土壤。

所有的投资高手，都是从死人堆里爬出来的。

2016 年 1 月 3 日

那些改变人类历史的重大战役折射出的投资哲学系列之三：中途岛海战

题记：人类历史在一定程度上来说，就是一部黑暗中互相征伐的战争史。所谓和平与安宁的时代，不过是为了迎来更大的杀戮与死亡降临的过渡喘息时期。"历史是由一次又一次的战争相连而成，人的天赋就是进行永无息止的战争（托尔斯泰）。"

"兵者，诡道也。"到底什么决定了战争的胜负？战场风云激荡，瞬息万变，事后看来，那些决定甚至改变了人类历史进程的重大战役，其最后的胜负结果，却似乎更多是由一些看似匪夷所思的偶然因素造成的。这在很大程度上与大部分时间处于相互博弈状态，行情瞬息即变的证券市场神似。人类历史战争中的诸多经验教训，或许能够帮助我们回答如下问题：到底是什么决定了我们的投资成败？

这就是格隆在假期撰写并分享这个系列的原因。

▷ 第二次世界大战的转折点

问一个简单的问题：第二次世界大战中，日本是哪一天战败的？

不是1945年8月14日天皇签署无条件投降协议那天，也不是美国人在广岛和长崎扔原子弹的那天，而是早在2年前的1942年6月5日中途岛海战失败那天。从那天开始，日本基本丧失了太平洋上的制空权与制海权，最终的结局其实只有一条垂死挣扎的路了。

中途岛海战的前半年（1941年12月7日），日本通过偷袭珍珠港，几乎敲掉了美国整个太平洋舰队。因此中途岛海战是强大的日本海军几乎没有可能失败的一场战争。

但,这正如投资,只要尚未结束,只要你还待在市场里,任何事情都是会发生的。战战兢兢、如履薄冰是每一个在投资市场不亏损活下来的人的唯一秘诀。

当美国企业号航母上的 37 架俯冲轰炸机钻出云层向着日本赤城号航母直冲而下时,狂妄自大的日本人终于认识到了这一点。之后的 5 分钟内发生的事情,则改变了全世界之后上百年的历史。

▷ 既不知己也不知彼,骄兵远征——日本人的第一个大错

中途岛距美国西海岸旧金山和日本横滨均相距 2 800 海里,处于亚洲和北美之间的太平洋航线的中途,故名中途岛,是美军在夏威夷的门户和前哨阵地。中途岛一旦失守,美太平洋舰队的大本营珍珠港也将唇亡齿寒,日本将直接威胁美国本土。日本深知美国的军事潜力。美国巨大的工业生产能力一旦完全纳入战争轨道,日本就会失去获胜的希望。所以日本希望在这种情形出现之前就逼迫美国坐到谈判桌前,迅速结束与美国的战争。

1942 年 5 月 29 日,日本海军几乎倾巢而出,4 艘航空母舰,11 艘战列舰,

23 艘巡洋舰,65 艘驱逐舰,21 艘潜艇,加上辅助舰,多达 350 艘,战无不胜的日本联合舰队,在山本五十六的率领下,从濑户内海出发。联合舰队的阵容比半年前攻打珍珠港时还强大,这一次出动消耗的燃油,相当于以前和平时期日本海军一年消耗的燃油,也是迄今为止,世界海军史上最庞大的舰队出动,目标只为了夏威夷西北 2 100 千米处,才 4.7 平方千米,面积还没有联合舰队所有船的甲板加起来大的一个名为中途岛的珊瑚小岛。

在日本人看来,这只是一次远途旅行。因此全军上下狂妄自大,作战计划制定仓促,漏洞百出,保密工作差到连军港附近的理发师都知道舰队要去北方打大仗,更不用说在珍珠港的 1010 码头旧行政大楼的地下室里,专门破译日本海军加密电报的两个鬼怪海军中校了:他们一个是留着爆炸头的萨福德,因为说话速度跟不上思考速度,常结结巴巴,但他是一个数学天才;另一个是罗彻福特,经常身着睡衣,夹脚拖,对等级和官僚体系毫不耐烦,但记忆力超群。正是记忆力非凡的罗彻福特从浩如烟海的电文中记起 1942 年初的一份日军电报,令美军在 5 月初就确认日本将要攻击的"AF",就是中途岛。

美军太平洋舰队司令尼米兹将手中所有能动的军舰(是能动的,不是能用的),一股脑儿全派到中途岛,以逸待劳,静候日本舰队:仅剩的 2 艘航母企业号和大黄蜂号,加上其他 20 多艘舰艇,以及在上个月珊瑚海战中被打得稀烂,本来需要修 3 个月,只仓促抢修 3 天,勉强能航行的第三艘航母约克城号。它驶出珍珠港时,屁股后面一直拖着一条长达几英里的浮层油膜。

但日本人并不知道这些。

骄兵远征,既不知己,也不知彼,这是日本人犯的第一个大错。

任何时候放弃对市场的敬畏之心,你都离失败不远了。战争如此,投资亦如此。

▷ 一厢情愿,分兵作战:日本人犯的第二个大错

日本联合舰队之所以没把这次作战太当一回事,是因为日军参谋们自始至终认为,美国太平洋舰队只剩下 2 艘能出动的航母:企业号及大黄蜂号。

日本联合舰队的攻击执行者南云中将本来可以有 6~7 艘航母的压倒性优势,但因为日军的航母在 5 月上旬的珊瑚海海战中,一死一伤。伤的那艘叫翔鹤号,伤势虽不是很严重,但预估也要 3 个月的修理才能重上战场。还有一艘新造

的航母叫瑞鹤号，船没事，但因为在珊瑚海海战中损失了40%的飞行员，因此也在家歇着，没带出来。

日军参谋们普遍认为，美国太平洋舰队最后还剩下的2艘能出动的航母，从中途岛2 100千米外的珍珠港，赶到中途岛差不多要两天，赶到的时候黄花菜都凉了，正好一举歼灭。为了保险，在南云的舰队到达中途岛的前4天，6月1日就已经有11艘日军潜艇，在珍珠港和中途岛之间，布好了两道封锁线，航母一出来，就算干不沉它，也能通知联合舰队。

大日本海军军威赫赫，大家普遍认为，4∶2，一倍的优势，4艘航母足以干翻美国人！

正是在这种强烈的优势意识下，日本将另外2艘能用的航母用于遥远的北方，使得在中途岛方向只能靠南云舰队的4艘航母：赤城号、加贺号、飞龙号、苍龙号。而当时世界上最先进、最大的战列舰大和号（航速高达50千米/每小时，满载排水69 988吨，比当时日本人任何一艘航母都大得多。大和号的9门主炮口径460毫米，一颗炮弹1.5吨重，一炮能打40千米，就算是美国的航空母舰，挨上一炮也玩完）虽然也跟随出征，但却莫名其妙地埋伏在航母300海里之外：他们在等拿下中途岛后，以逸待劳，歼灭来援的美国海军主力舰队。同时为了保密而保持了无线电缄默。这等于是摆设。

但他们大幅低估了美国人的修复能力与下赌注的决心。

尼米兹上将把手上仅剩的2艘航母加上其他20多艘舰艇，组成第16特遣舰队，在5月28日就出港驶向中途岛，以回避日本潜艇6月1日开始对珍珠港的封锁。最奇迹的是，在5月的珊瑚海海战中几乎被打残了，预计要修3个月，但只修了68个小时，也就是勉强能开动的航母约克城号，也在2艘巡洋舰和6艘驱逐舰的护卫下，满载72架飞机上了战场。尼米茨深知这将是一场空战，**他必须让每一艘航母甲板、每一架飞机都发挥作用。**

实力对比从4∶2，变成了4∶3。

更重要的是，因为美军更清楚地认识到舰载机的战损率（出动一次，1/3就没了），财大气粗的美国人出征时恨不能把甲板上全部堆满飞机。反观日本，毕竟穷，他们航母舰载机数量一般只有美国的50%~60%，这样，中途岛对战的美日航母舰载机，数量差不多一样。美国舰载机有233架，加上中途岛上的115架陆基飞机，共有348架，日本有舰载机325架。美国比日本还多了23架。

约克城号航母

事后来看,整个中途岛海战,一厢情愿的日本人一直把成功的希望寄托在美国人完全按照日本人意志行事的基点上:美国人只能派 2 艘航母,南云的航母舰队对中途岛发起进攻前不会被发现。完全没有估计到如果美军预先知道日军企图,倾全力对付他们怎么办。而对美国人而言,尽管实力不足,但却自始至终知道对手底牌:所以,没有退路的美国人比日本人更孤注一掷。

这很像巴菲特、索罗斯都强调的那一点:在有确定把握的机会时,下重注!

▷ 战争目标的模糊与冲突:日本人犯的第三个大错

日本人之所以要大动干戈拿下中途岛,一个是为确保日本本土不再受美国的空袭威胁(美军在 1942 年 4 月 18 日,派遣 16 架 B-25 轰炸机长途跋涉,轰炸了东京);二是引诱美国太平洋舰队的残余,一网打尽。

这两个目标,实现任何一个,都足够诱人。

原来日本陆军是不愿意按照海军制定的计划去攻打中途岛的,觉得劳师远征,补给线太长,占领了也守不住,但拗不过上面两个目标的诱惑力,也只好同意。

问题在于:占领中途岛和歼灭美军舰队,是两个截然不同的目标,而且打法也完全不一样。"中途岛作战计划"是一个双头怪物。有时候,坏事就坏在什么都想要上。

这很类似于做投资,在确定保本的绝对收益目标后,同时再确定一个跑赢指数的相对收益目标。任何一个目标实现了,貌似都不错。但如果你试图同时实现,你会发现自己迅速陷入左右互搏的境地,最终一个目标也达不到。

战后很多人批评南云中将的混乱指挥:频繁将轰炸机与鱼雷机从机舱换上换下,频繁将炸弹和鱼雷换来换去。但如果你同时有两项完全不同地点任务,你也会这样做的。

▷ 斯普鲁恩斯少将:三个历史性的决断

6月4日,南云的舰队不出美国所料,到达中途岛,开始攻击。早有准备的中途岛美军则全力反击。

攻击开始前,为了例行公事,南云还是派出了7架侦察机做300海里以内的搜索,其中有一架利根号侦察机,起飞的时候因为弹射器有点故障,拖延了30分钟才起飞。尽管日军在电子技术方面落后美国至少两年(这次中途岛海战,日军没有一艘船装备雷达,美军所有舰艇都有雷达),但优势意识浓厚的南云对延迟起飞并不太在意,因为日本海军相信美军舰艇还在2 100千米以外的珍珠港。

这30分钟的延迟是致命的。

拖延了30分钟才起飞的利根号侦察机飞了200海里后,终于发现了美军埋伏的舰队。它发回信息:"我看到了10条显然属于敌方的舰只,5艘巡洋舰,5艘驱逐舰!"

它要是早飞30分钟,南云中将就不会这么被动了。由于一直无法确认美军的航母编队是否在附近,南云不断命令手下给舰载机换炸弹、换鱼雷、换炸弹、换鱼雷……因为他刚下令所有飞机,把对付舰队的鱼雷换成了对付海岛的炸弹。而在利根号报告看到美军航母后,优柔寡断的南云犯了第二个错误:他没有采纳苍龙号与飞龙号2艘航母司令官山口多闻少将的建议——立即投入攻击机群,不顾一切,攻击美军航母。

因为护航战斗机还没有准备好,而南云刚看到了没有战斗机护航的美军轰炸机的惨状——被日本零式战斗机老鹰捉小鸡一样干掉。

机会稍纵即逝,战争与投资一模一样:关键时候,无论是攻击(出手)还是撤退(止损),最忌优柔寡断。

南云的对手与其完全风格迥异——从攻击的果决上而言,南云输得并不冤。

中途岛海战,美军的战役指挥官是雷蒙德·斯普鲁恩斯少将。斯普鲁恩斯一点也没有魅力,冷漠、沉默,从心底里讨厌抛头露面,常常独自在甲板上溜达思考一个小时,被称为沉默的提督。但就是他,赢得了中途岛、马里亚纳历次海战的胜利,战后被称为海军上将中的海军上将,当时的美国海军参谋长欧内斯特·金发表人事命令如是说:"在美国海军将级军官中,斯普鲁恩斯的心智能力超过所有的人。"

他的敌人对他的评价是:"意志坚强,考虑问题条理分明,脑子从不忽冷忽热,情绪从不忽高忽低。"

以上这些素质,是否也是一个优秀投资者天然应该具备的素质?

彼时尚名不见经传的少将雷蒙德·斯普鲁恩斯,在中途岛海战的时候,做了三个历史性的决断,让他成为世界史上最伟大的海军将领之一。美利坚合众国的幸运之处是,1942年6月4日决定国运的这场海战中,指挥权在斯普鲁恩斯手上。

当斯普鲁恩斯早晨7:00得知刚刚发现了一架日本侦察机(就是那架延迟半小时起飞的利根号侦察机),自身行踪暴露后,他做了第一个赌博式的决断:命令大黄蜂和企业号上所有飞机一秒钟都不要耽误,立即、马上,超远距离起飞(距离南云的舰队至少还有150英

斯普鲁恩斯少将

里),目标日军航母。航母的战法是所有的飞机都起飞后,飞机按照相同种类组队,互相配合,联合向对手发起攻击。这就意味着最先起飞的飞机,要在上空盘旋好一会儿等战友的飞机。这样,燃油根本不够。斯普鲁恩斯抛弃了联合战斗的战法,让各支飞行中队各干各的,分头进发:

1. 全部飞机(如果这时有日机来犯他是没有战斗机护航的);
2. 150英里(有半数飞机耗尽燃油掉进了海里没能飞回来);
3. 分头进发(不同机种完全没有配合与掩护)。

这个决策无疑是个巨大的赌注,连"有计划的冒险"都算不上。战争初期的战果也证明这个决策其实非常糟糕。

尽管突然出现的美军鱼雷轰炸机让日本舰队大吃一惊且手忙脚乱,但有惊无险,战斗是一边倒的屠杀。没有战斗机编队护航的美军轰炸机,被日本先进的零式战斗机迅速剿灭。美军三个鱼雷轰炸机中队,41架飞机,最后只剩下6架飞机;82名飞行员,只生还了14人。他们扔下了9发鱼雷,全部没有命中敌舰。

但这让日军的4艘航母总是在迂回前进躲避水雷,没有机会调头,可以迎着风弹射飞机。而且,所有南云舰队的护航飞机,都在低空飞行,因为鱼雷轰炸机飞得很低,要干掉它们,只能贴着水面在飞,整个天空,没有一架飞机在护航,也没有高射炮火,因为整个日军舰队的注意力,都在屠杀那些鱼雷轰炸机。

此时,由克拉伦斯·麦克拉斯基少校率领,从企业号上起飞的37架俯冲轰炸机鱼贯而下,等日军看到敌机并惊呼的时候,美军俯冲轰炸机已经开始投弹,赤城号和加贺号顿时火光冲天,赤城号中了两颗炸弹,加贺号中了四颗炸弹,平常的一颗炸弹没有这么大的威力,但现在甲板上布满了灌满油的飞机,还有鱼雷、炸弹、输油管,一点就着,燃烧的燃油流到甲板下面,又引发了下面的弹药爆炸。

与此同时,约克城号上起飞的17架俯冲轰炸机飞机也赶到了,因为它们看到了两条直冲云霄的烟柱,现在没有着火的还有苍龙号、飞龙号,它们扑向了苍龙号,袭击其他战列舰的中队则纷纷对尚未起火的最后一艘航母飞龙号补刀。最终战果,美军损失1艘航母,但日本4艘航母全部报废沉没。

此时的美军司令斯普鲁恩斯做出了第二个历史性决断:今晚不打了,先撤出战场,天亮了再打。然后他去睡觉了,多年以后他说:"睡眠不足,头脑就会糊涂,就无法做出正确的判断,所以我得把觉睡好。"

而此时暗中埋伏的山本五十六正希望美军追上来,这样就能来一场夜战了,凭借大和号460毫米口径的大炮,就等待装甲薄弱的美军航母一头撞上来。

斯普鲁恩斯撤出战场的决断再简单也没有了,却是智慧的结晶,而且举足轻重,影响了世界大局。彼时美军官兵都杀红了眼,士气正高。但斯普鲁恩斯一改战争初期的豪赌,为了确保胜利,不愿意尝试任何冒险,以确保当日的胜利果实。

可以下重注豪赌,也可不愿冒丝毫风险。该赌时赌,该收时收,这种进退拿捏,正是博弈投资中最核心的能力与素质。

两天后,斯普鲁恩斯少将做了第三个决断:穷寇不追,结束战斗!

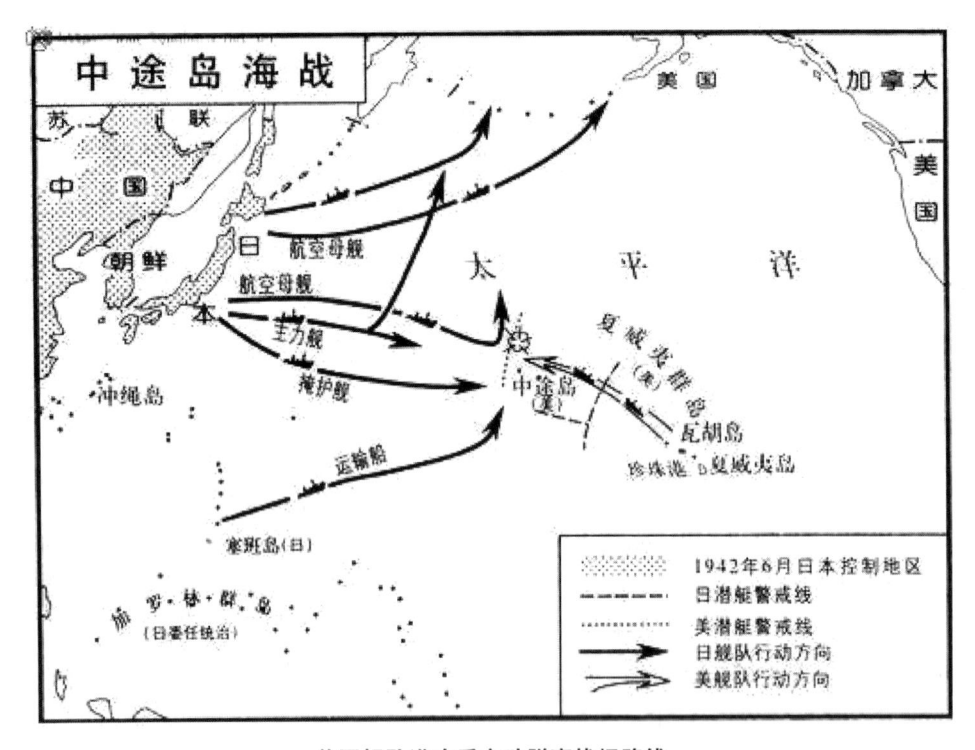

美军舰队进攻后主动脱离战场路线

　　山本五十六夜战企图落空后,撤退的时候安排了拖刀计,想把美军引入日本威克岛基地的空中势力圈,但希望又落空了。

　　这个决断更不容易下,这相当于在 A 股 6 月的 5 177 点的时候抛售所有股票,落袋为安。殊不知,有多少人在 A 股 5 000 点时得意忘形,看高 1 万点,并志得意满享受"泡沫中游泳"的快感,但最终财富怎么来,怎么去。

　　斯普鲁恩斯少将这个决定,确保了中途岛战役的完胜。

　　而这次完胜的战果,能确保在太平洋对日本制空能力及运输能力的绞杀,从而为下一次大战的胜利奠定确定的基础。

　　这如同在牛市,你的任务不是纠斗,而是将战果落袋为安,然后保存实力,静候下一波牛市。

2016 年 1 月 23 日

"APPLE PAY＋银联"：
中国移动支付行业的征与伐

题记：支付是所有经济行为的终点。任何商业模式，离支付越近，则越优。

▷ 一

中国移动支付的湖面相对平静了有差不多一年，但被一颗外太空陨石重新打破平静。

所有人应该都知道了，明早 5：00，Apple Pay 在中国上线。

不同的人从这条信息看到的肯定是完全不同的东西：苹果粉看到的是有了一个方便的工具，A 股投资者看到的是又多了一个炒作概念，银联看到的是光辉前景，支付宝与微信支付则看到了黑洞洞的枪口……

格隆看到的是：这意味着中国消停了一年多，已经基本达到相互制衡的移动支付市场再次失衡，竞合势必重新开始。

▷ 二

有人的地方就有江湖，有江湖的地方就有利益之争。

支付是所有经济行为的终点，任何商业模式，离支付越近则越优。谁都知道移动支付这块蛋糕有多诱人，所以这里向来是军阀混战之地：卡组织（银联）、发卡银行、互联网巨头、移动运营商、手机生产商、第三方支付公司……硝烟从未停歇。

银联这次联手苹果，看起来强强联手，但鹿死谁手，殊难预料。

▷ 三

中国很长时间,支付领域都是银行与银联的垄断天下,没其他人什么事,自然无战事可言。银联与银行建好渠道,帮助你完成支付(资金流),然后银行与银联开始一劳永逸地对每一笔交易的资金流抽头。

这种躺着收钱的买卖,当然会让所有人眼红。这种状况直到智能手机、NFC、二维码等近场支付技术手段发展,第三方支付异军突起后,行业混战才开始。

为便于大家理解(因为我能感觉到很多人是就概念炒概念,基本没搞懂行业的玩法和逻辑,甚至不明白第三方牌照各自的功能以及商业模式),格隆结合第三方支付,简单普及一下因第三方异军突起而一度陷入攻伐混战的移动支付行业。

中国的第三方支付行业在2010年之前都处于无监管的状态。直到2010年9月,央行制定并实施了《非金融机构支付服务管理办法》,其中明确规定了三类第三方支付牌照,分别是:(1)网络支付;(2)预付卡的发行与受理;(3)银行卡收单。

第一批第三方支付牌照于2011年5月获批,标志着第三方支付进入一个有序发展的时代。下面格隆逐一解释每种支付牌照的功能与营利模式,你就能知道支付环节是一个多么肥的环节,也知道银联为何与支付宝、微信支付等第三方支付势不两立的缘由。

先说最简单也是大家最熟悉的银行卡收单牌照。

按照管理办法中的规定,持有收单牌照的公司经营的是销售点(Point of Sale,POS)终端收单业务,也就是我们常见的通过POS机的刷卡服务。在收单服务中有几个主要的参与方,分别是:发卡行、收单机构、银行卡组织(在国内是银联独家,国外如VISA、MasterCard等)。收单业务的商业模式是这样的:当持卡人通过POS机进行一笔交易,收单业务的参与方会收取一定的手续费。这个手续费的标准是由央行来制定的,收单的手续费根据行业不同而变化,变化区间在0.38%~1.25%。发卡行、收单机构和银行卡组织都会参与分成,分成的比例为7∶2∶1。

假如有一个持卡人消费了 1 万元人民币,手续费是 1%,那么上述三个参与方的收入合计就是 100 元,其中发卡行分到 70 元,收单机构分到 20 元,银行卡组织(比如银联)收到 10 元。值得注意的是,收单机构这个角色不一定是第三方支付公司,也可以是银行本身。假如持卡人持有一张中国银行的银行卡,并且在一个中国银行自己铺设的 POS 机上面刷卡,在这种情况下,由于没有第三方收单机构,并且也没有经过银联的系统,那么刷卡手续费的 100 元就全部归中国银行所有。银行自营的 POS 机占到整个 POS 市场的 40% 份额,但是不属于第三方支付范畴。另外一点值得注意的是,**银联商务也是收单牌照的持有者,并且是收单业务中市场份额第一名**(银联商务占到整个第三方支付市场的 46%,位列第一),如果持卡人在银联商务的 POS 机上刷卡,那么 100 元中的 30 元就是银联的收入。

收单牌照业务最大的问题和冲突来自半官方背景的银联商务是这一块市场最大的参与者,其他的参与者就极可能会受到不公平的待遇(比如央行 2014 年初曾警告 10 家第三方支付机构,暂停了 8 家接入新商户,另外 2 家非常幸运地只是被要求自查,其中一个幸运儿就是银联商务)。

之后是网络支付牌照。

网络支付牌照经营范围的定义是通过互联网在收付款人之间转移资金。比如在网购的时候通过支付宝或者财付通向商家支付资金都属于这个范畴。通过在线支付,网络支付的服务商同样可以收取交易佣金,佣金率水平与收单业务相当。支付业务对于互联网公司来讲并不仅仅是赚取交易佣金,更是为了获取用户的支付数据,进而分析用户的消费行为。目前支付宝、银联网上支付和财付通是网上支付市场份额的前三位,分别占有 40%、28% 和 16% 的市场份额。

关于支付宝和财付通拥有的第三方支付牌照有一个值得注意的区别:支付宝公司拥有三张第三方支付牌照,分别是:网络支付牌照、银行卡收单牌照和预付卡发行与受理(仅限于线上实名支付账户充值)。也就是说,支付宝公司拥有支付三张牌中的两张半。为什么说两张半,因为支付宝的预付卡牌照只限于网络而不能延伸到线下。缺失的这半张牌照对于一家互联网公司来说似乎不是什么问题,可是当电商的战争从线上打到线下的时候,这半张牌的短板就开始暴露出来。

再说腾讯的财付通。财付通公司只有两张支付牌照:网络支付牌照和银行卡收单牌照。以财付通现在所经营的业务和它持有的两张牌照来看,其实有个比较严重的缺陷。使用过财付通的朋友都知道,和支付宝一样,财付通的用户向财付通账户中充值,等到需要消费的时候再通过财付通账户向商家支付。这样财付通的账户上通常会沉淀一些没有使用的资金。

但是请注意,财付通持有的两张支付牌照是没有办法支持资金沉淀的!不论是线上支付还是POS机收单,资金只能是从付款方账户到收款方账户,而不能停留在支付服务商的账户上面。三种支付牌照中能够支持资金沉淀的只有预付卡牌照,而这张牌照恰恰是腾讯缺失的。随着网络支付的市场份额越来越大,央行也表明态度要明确支付三张牌照各自的功能界限,不能通过一张网络支付牌照就把另外两张牌照的功能都绕开了。

另外格隆还想要澄清一点,很多人认为支付宝账户上的沉淀资金可以拿来放贷款。其实是不可以的,这已经是银行牌照经营范围,所以这些沉淀资金通过协议存款的方式放在银行。阿里和腾讯如果想打这些沉淀资金的注意,就要拿到银行牌照才行。但是拿银行牌照,就意味着要接受更严格的监管,而且利益方的阻力也非常大。所以他们想了个聪明的办法,让这些沉淀资金去买基金。但是这是靠基金代销牌照做到的,已经不属于支付牌照的范围。

最后要讲的支付牌照类型就是预付卡的发行与受理。

预付卡支付除了可以收到与网上支付和收单业务同样的支付手续费以外,最大的不同就是预付卡可以实现资金沉淀。资金沉淀一个显而易见的好处就是预付卡发行商可以赚到沉淀资金的利息。预付卡上的沉淀资金能有多少?对一个运营平稳的预付卡公司来讲,资金沉淀大概是当年发卡金额的70%~80%。比如一家预付卡公司一年的发卡量是100亿元,那么沉淀资金就是80亿元左右,按照4.5%的协议存款利率理论就是3.6亿元的净收入。100亿元的基金都消费掉收到的交易手续费按照0.78%来计算(《特约商户手续费惯例表》生活中常见消费的手续费率都是0.78%),只有7 800万元。可见,如果是同样的交易额,预付卡的利润要远远高于其他两种支付牌照。

除此之外,预付卡还有一个比较隐秘的收入来源,那就是死卡率。死卡就是在预付卡规定的有效消费期内还没有被使用的剩余金额,这些金额会变成预付卡公司的收入。北京是死卡率最高的地区,大概有5%的水平。上海、深圳为2%~3%。北京的死卡率最高是因为北京是预付卡发行最多的城市,好多人卡多得最后忘了用了（原因你懂的）。如果加上死卡的收入，预付卡的利润率其实是惊人得高。但是预付卡牌照之前一直都是最不被市场重视的，因为预付卡业务相关的交易额在三种第三方支付牌照中占比最小。在最近两年第三方支付金额当中，收单业务的占比最大，占到56%；之后是线上支付业务，占到42%左右；预付卡业务的交易金额不足1.5%。很重要的一个原因，就是上面所讲的本属于预付卡经营范围的业务被网络支付牌照绕开了。

最后格隆想强调一点，虽然预付卡牌照已经发放了接近200张，占到了第三方支付牌照的2/3，但是其中有6张预付卡牌照是最有价值的，因为这6张预付卡牌照是可以在全国范围内发行预付卡。而其他的预付卡则限制在某个区域内。这6张全国性的预付卡分别在以下6家公司手里：北京商服通网络科技有限公司、开联通网络技术有限公司、裕福网络科技有限公司、渤海易生商务有限公司、海南新生信息技术有限公司和深圳壹卡会科技服务有限公司。这6张全国性的预付卡都是在2011年5月第一批支付牌照时发放，以后就再也没有发放过全国性的预付卡牌照。因此这一批6张预付卡牌照也就成了珍贵的"绝版"资源。

▷ 四

那么，这次银联引进APPLE PAY，又是怎么个说法？

很简单，银联试图用NFC这种移动支付技术，压制支付宝和微信的二维码支付技术，试图重新洗牌，切分蛋糕。

近场支付技术与路径，经过这么多年的演化，最后胜出的基本就是两种：(1) 以二维码为代表的无卡支付；(2) 以NFC为代表的有卡支付。

移动端的有卡支付，指通过芯片等实体完成支付交易。典型的有卡交易包括金融IC卡和NFC支付——一种基于NFC近场通讯方式的交易。无论哪种，都属于有卡有安全芯片的，各方争执焦点只是在于安全芯片植入哪里，是植入SD卡（银行把控），还是SIM卡（运营商把控），或是直接集成到手机主板（手机生产商把控）。其方式与生态如下：

很明显，NFC支付的产业链异常复杂，涉及相关方众多。整个NFC的产业生态中，包括有运营商、银行银联等金融机构、第三方支付、终端设备制造商、上游芯片和天线制造商、电子标签制造商、TSM平台、一卡通公司、应用开发商和

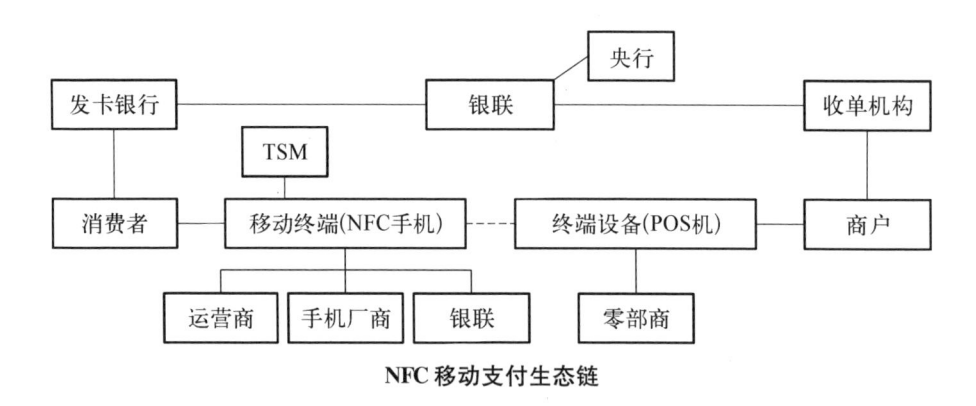

```
       ┌──────┐      ┌────┐
       │ 央行 │      │    │
┌────────┐   ┌──────┐   ┌────────┐
│发卡银行│───│ 银联 │───│收单机构│
└────────┘   └──────┘   └────────┘
     │         │           │
     │      ┌─────┐        │
     │      │ TSM │        │
     │      └─────┘        │
     │         │           │
┌────────┐ ┌──────────────┐ ┌──────────────┐ ┌──────┐
│消费者  │ │移动终端(NFC手机)│─│终端设备(POS机)│─│商户 │
└────────┘ └──────────────┘ └──────────────┘ └──────┘
              │    │    │          │
          ┌──────┐┌──────┐┌──────┐┌──────┐
          │运营商││手机厂商││银联  ││零部商│
          └──────┘└──────┘└──────┘└──────┘
```

NFC 移动支付生态链

系统集成商等,其中银联与运营商在生态链上处于相对强势地位。

二维码支付是一种基于账户体系搭建起来的新一代无线支付方案,也是互联网巨头普遍采用的方式。在该支付方案下,商家可把账号、商品价格等交易信息汇编成一个二维码,用户通过手机客户端扫描读取二维码数据,便可实现与商家银行账户的支付结算。二维码支付与 NFC 最大的不同,是其并没有涉及 SE 安全芯片,是无卡支付方式的典型代表(见下图)。

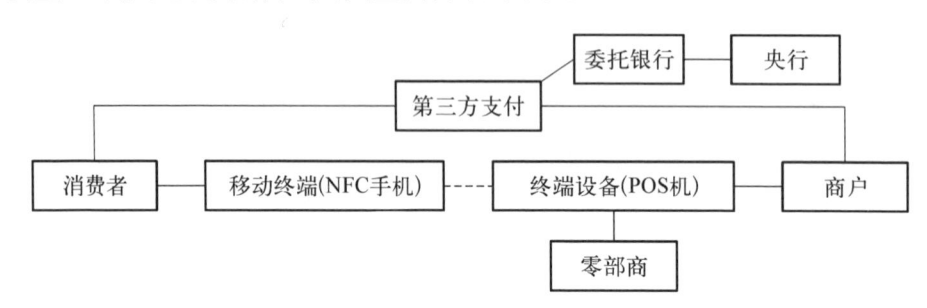

```
                    ┌──────────┐   ┌──────┐
                    │ 委托银行 │───│ 央行 │
                    └──────────┘   └──────┘
                         │
                  ┌────────────┐
                  │ 第三方支付 │
                  └────────────┘
                         │
┌──────┐ ┌──────────────┐ ┌──────────────┐ ┌──────┐
│消费者│─│移动终端(NFC手机)│─│终端设备(POS机)│─│商户 │
└──────┘ └──────────────┘ └──────────────┘ └──────┘
                              │
                          ┌──────┐
                          │零部商│
                          └──────┘
```

第三方支付开展的被动型二维码支付生态环境

很明显,二维码的利益相关方相对简单得多,各方容易达成一致,而且第三方也乐于烧钱,反正烧完了,最后最受益的还是自己(所以,完全不要对支付宝和微信发免费红包、滴滴快的烧钱太过奇怪)。

最关键的,不同于 NFC 的产业链结构,在二维码支付的产业链中可以没有银联任何事。

以支付宝、财付通为代表的互联网支付,将银联直接架空。线上业务收入占银联收入比重并不大,但倘若纵容二维码支付继续侵蚀,线下业务也会受到冲击。"双 11"时,"支付宝 POS"直接进驻线下实体零售店,并且通过的是支付宝自己的清算网络，足以显示出互联网公司对支付这块肥肉的觊觎之情。"天下熙熙，皆为利来；天下攘攘，皆为利往。"支付是所有经济行为的终点，为各兵家必争之地。银联总经理时文朝（出自央行）在公司成立12周年的讲话非常直白地说出了自己的想法："转接清算主导权岂可旁落。银联就应当成为所有交易的后台。在电商形态的'商业运营—交易场景—支付完成'的链条中，千千万万的互联网电商无力也无须在支付环节进行投入和维护……所有商务应用都可以开放接入银联平台，由银联来实现业务链条闭环的最终构造。"

所以你就能理解央行为何三番五次整治第三方支付市场了：支付宝和财付通已经占据了网上支付市场份额的近60%。"亲生儿子"银联必须着急了。所以你也能明白银联为何要引苹果这个外援了：推广NFC支付，控制并主导支付渠道。

▷ 五

那么，外援为何是苹果？

你还记得2014年9月苹果6的发布会最深印象吗？没错，苹果在这次iPhone 6的发布会上花了大量篇幅来介绍Apple Pay的工作场景和原理。

其实苹果关于支付的布局很早就已经开始。苹果最早的支付布局是从应用商店开始的。苹果的应用商店中绑定了用户的信用卡信息，无论是用户购买应用时支付的一次性消费，还是近几年开始流行的内购模式（in App Purchase），都必须通过苹果的支付渠道完成。因为这个支付渠道，所有应用的交易流水中的30%就变成了苹果的营收。

苹果将支付扩展到应用商店以外，是从iOS6的PassBook功能开始的，在iOS 6中的PassBook还仅限于管理商户的优惠券和机票。到了iOS 8中，PassBook已经可以管理用户的银行卡。苹果在支付方面第二个重要布局是在iPhone 5S上引入了指纹识别，这个功能显然不只是让用户快速解锁那么简单。到了iPhone 6上，指纹识别就变成了支付时验证用户身份信息的模块。当然，最重要的一个硬件上的改变，在于iPhone 6终于支持近场通信功能（Near Field Communication，NFC），终于在软件和硬件层面上实现了O2O的闭环。

其实早在iPhone 5的时代，其他厂家的旗舰机型已经支持NFC功能。但是以苹果的一贯作风,在这种关键的传输标准上面一定要用自家技术并与行业流行标准抗争一段时间,到实在拗不过的时候才会妥协。从当初的火线接口与USB接口之争,Mini Display接口与HDMI接口之争莫不是如此。挣扎到现在,苹果很难拿出一个自己的近距离无线传输方案来对抗索尼、诺基亚和恩智浦(NXP)联合开发的NFC技术,才不得不妥协。

对银联与苹果而言,实际是各取所需。

苹果并没有太多选择:它已经选边了NFC路线,苹果需要中国13.6亿人的庞大市场,完善其生态链。而于银联而言,强大而高端,同时采用了NFC技术路线的苹果是最好的打手,而且这个打手很干净,不会对客户资金弄一些截留、沉淀等这些不干净行为,只是参与手续费分成,最大限度保证了银联的利益。

所以一拍即合。

▷ 六

银联加苹果,这种双巨无霸组合,是否意味着移动支付市场争斗告一段落,从此硝烟将尘埃落定?

恰恰相反,原本基本平衡的势力均势被打破,平静了差不多一年的移动支付市场,攻伐刚刚开始而已。

银联和苹果的组合,只是看起来很美而已——它们的核心命门,还是在于NFC生态系统本身的短板。

NFC产业链上的玩家太多了!运营商、银联、手机厂商都是NFC支付市场的重要竞争力量,各方永远会是军阀混战,今天你联合我打他,明天我联合他打你,完全是利益之争下的松散联盟。

事实上,在中国,这个领域实力最强的是运营商和银联,这两巨头之间的较量也一直未停止过。无论是何种移动支付方式,其运作的关键均在于保障现金流的安全,NFC支付的安全由安全芯片和动态密钥双重手段保障。而基于安全芯片在手机中的置入方式的不同就争议不断。争议的实质其实在于市场主导权之争。银联、银行等金融机构拥护NFC-SD方案,主张将SE芯片与SD卡集成;运营商大力开发NFC-SWP方案,将SE芯片直接集成到SIM卡上;手机制造商则主推全终端方案,撇开运营商与银联,将SE芯片直接集成到手机主板上,苹果 iPhone 6 即采用该方案。

打了多年后,2012 年 6 月,中移动和银联双方妥协,一起推行 NFC-SWP 技术标准。但这次,银联又与手机巨头苹果结盟了,而苹果采用的是全终端方案——撇开运营商与银联,将 SE 芯片直接集成在手机主板上。

传统刷卡链条中,刷卡手续费收入归发卡行、收单机构和银联 3 家所有,并按"7∶2∶1"的比例进行分成。然而,当前 NFC 支付产业链中的利益方众多,传统的分配机制不再适用,然而各方对 NFC 推广的作用贡献又难以量化,所以未来如何平衡各方收益的成熟商业模式极难达成。

利益方众多,利益分配机制模糊,必然会导致分赃不均,这反过来又会削弱成本投入意愿。比如,实现 NFC 通信,必须对移动终端,即手机进行改造,增加 NFC 芯片、SE 芯片和 NFC 天线等硬件组件,配套的识读终端——POS 机等——也要做相应的升级改造。这对目前毛利率 10% 都不到的国内品牌手机而言几乎是不可能完成的任务。至于 POS 机改造成具备闪付功能,银联商务自己也许会出钱,但庞大的第三方支付公司会愿意埋单?

至于马云与马化腾,明显已被逼入了囚徒困境:他们不可能坐视市场被侵蚀,那都是花真金白银烧出来的。要么坐视蛋糕被分走,要么继续烧钱灭掉对方,二选一,那他们毫无疑问会选择后者。

这是路线之争,必须硬上!

好在,中国互联网巨头都有一个共同点:他们在对付外企上,往往是战无不胜。

▶ 七

"中原大战"好戏开场。这种非此即彼的路线之争,会打得很惨烈,也会很精彩。我们搬个凳子看戏就好了。

至于你问我长期该下注谁?我还是选择阿里的支付宝与腾讯的微信支付。央行"嫡系"的银联,本质上是"纨绔子弟",让它躺在床上赚钱是可以的,让它撸起袖子打架,那是指着擀面杖吹火。

2016 年 2 月 17 日

一家伟大的企业是怎样炼成的

题记：任何一家伟大企业在上路之初，必先有一个伟大的理念，而该理念一定与全社会福利增加有关，与人类进步有关——在经济学中称之为帕累托最优。

▷ 一

0∶3，李世石完败给阿法狗。

在没有阿法狗与李世石对弈这件"娱乐事件"前，有两件事情，我们绝大多数人是不甚了解的：

1. 尽管谷歌在2月一度是全球市值最大的公司，但绝大多数中国人并不清楚地知道谷歌是一家什么样的公司，更遑论伟大与否了，因为谷歌的产品，诸如搜索，甚至Gmail邮箱等，目前在内地不能使用。

2. 我们绝大多数人一直以为机器人就是在海底、煤井、有辐射的矿区、埋地雷的战场去做些人类不能做，也不愿做的苦活、脏活、累活的仆佣。

今天阿法狗再次完胜李世石，让我们终于知道了：

1. AI机器人是足以在最尖端智能领域与人类比拼，甚至碾压人类的；

2. 而"10%的人负责赚钱，90%的人负责胡思乱想，负责孜孜不倦开发和追逐高科技"的谷歌公司，是一家堪称伟大的公司。

▷ 二

在全程看完今天阿法狗与李世石的第三局后，格隆写下了上面这个标题。其实它也可以换成另外一个标题：中国伟大的经济奇迹，为何没有催生出伟大的公司？

做投资的梦想之一,是能找到一家未来的伟大企业并伴随成长。改革开放30年,中国创造了年均GDP增长9.8%的经济奇迹。

格隆一直在思考的问题是:成为伟大的公司需要具备什么条件?中国伟大的经济奇迹为何没有催生伟大的公司?

从外部环境看,伟大企业的产生,首先必须有肥沃的法制与契约文化土壤。公司是法人,是法律上的居民,法律既是给予公司生命的父母,又是护佑公司成长的关键社会环境。

中国几千历史中,最发达的是行政权力和管束人们行为的各种律条,但真正的法制和法治都较欠缺,缺乏法制土壤,与之对应的契约文化自然也就无从谈起。

伟大公司一定是要通过市场机制和契约手段有机地组合和成长起来,缺乏清晰的产权界定与保护、平等的市场进入机会、公平的竞争环境,以及公正、公开、透明和确定并可预期的法律规则,是很多中国企业行为走进囚徒博弈困境的主要原因之一。

当年微软模仿苹果发明的鼠标,被判罚数亿美元。如果没有这种近乎严苛地对科技创新的法律保护,所有人都可以"穿别人的鞋,让别人无路可走",自然也不会有今天颠覆性改变人类生活的苹果公司。也正因为美国司法的独立公正成熟,才使得美国的高科技产业60年来创新不断,生机勃勃。

撇开形而上的意识形态问题,美国当之无愧是当今世界科技创新机制、科技创新成果的领跑者。我们需要做的是"师夷长技以制夷",而不是闭目塞听,盲目排斥。

▷ 三

伟大企业的诞生条件,除了外部环境,格隆更感兴趣的是企业自身的问题。

很显然,时间并不是伟大公司诞生的必要条件。

福特汽车公司1903年正式创建,1916年就已经占全球汽车市场份额约60%了。谷歌也只有14年历史。戴尔和联想的创建时间是一样的。最近的案例是脸书,公司于2004年2月4日才上线,但去年净利润已达36.88亿美元,在不涉足中国10多亿人这个庞大市场的情况下,仍是全球最大的网上流量和交流平台。

规模也不是必要条件。

世界500强中有很多令人肃然起敬的名字:大众与西门子代表着德国人的

严谨精神；松下与索尼是日本人技术创新的骄傲；苹果与微软甚至成为美国文化的象征。上述堪称伟大的公司，以其广泛而巨大的使用价值和文化精神内涵，成为人类生活不可或缺的载体和文化符号。

但尴尬的是，500强里，中国入选的基本都是石油、钢铁、银行等国企中的"庞然大物"，它们的强大，靠的是资源优势与市场垄断，与伟大基本不挂钩。以格隆不全面的经济史知识，在现代全球经济增长历程中，我们还没有看到哪个政府直接地一手创建出一个真正称得上伟大的公司。

政府可以创建"庞大公司"，但不会是"伟大公司"。"庞大"不是伟大，规模的膨胀并不必然或决定性地有助于自主核心技术的创造和培育。

毫无疑问，伟大的公司首先必须有利润，这是生存的前提。

但只有利润离伟大还有相当大的距离，沉迷于追逐利润是不可能成为伟大公司的，它必须拥有强大而持续的技术创新意愿与能力，成为行业在地区乃至全球技术和发展方向的主导者、领跑者，而这个恰恰是中国企业最欠缺的。

中国诸多企业依靠廉价的劳动力、资源和行政优势，以及强大的跟进模仿能力迅速壮大，一些甚至成长为全球行业老大。但这种倚重行政扶持、廉价资源和山寨模仿的经验，并不足以让我们走得太远，除了四大发明，20世纪改变人类的绝大多数发明几乎都来自欧美，与中国无关，已经明确暗示了这种路径的后遗症。

而且，拿来主义与跟进战略在市场上的屡屡得手，已经造成了不可救药的"成功依赖症"，并导致过于注重眼前利益却不敢于投资未来的功利主义氛围笼罩企业，并掏空企业的灵魂。国内鼎鼎大名的腾讯和比亚迪其实都可算作这类模仿秀的代表。截至目前，它们似乎没有为成为伟大企业做准备，而只是一个为利益而生存的企业而已。

而且，靠抄袭模仿的企业成为"第一"，反而会成为一个诅咒：你会在发现前面没有了顶风飞翔的领头雁，无所适从，自乱阵脚。

做A股投资有些年头的人当年都知道四川长虹四个字是何等风光。但长虹在成为彩电领域老大后，放弃技术开发，转而囤积彩管，现在已不闻其声矣。联想、TCL也是类似的案例。近年TCL与一连串的世界500强公司合作，联想也收了很多"二手货"，其所有的意图仅仅在于：以庞大的营销和制造规模为前提，绕开核心技术开发这一弱点与盲点。

这种空心化的产业跟跑战略，到底能走多远，实在不得而知。

利润与技术只是伟大企业的必要条件,最重要的充分条件是:任何一家伟大的企业在上路之初,必先有一个伟大的理念,而该理念一定与全社会福利增加,与人类进步有关,这在经济学中称为帕累托最优。

翻开亨利·福特自传,你会读到这样一段宣言:"我将为广大普通人生产汽车。任何一个有一份好工作的人都有可能买上一辆,并和他的家庭享受美好时光。"106年前,美国默克制药的缔造者乔治·默克说:"应永远铭记,我们旨在救人,不在求利。如果记住这一点,我们绝不会没有利润,记得越清楚,利润越大。"可口可乐大行其道是因为它的目标仅仅是做全世界人人都喝得起、买得到的美味饮料;沃尔玛能雄霸天下只因它永远把"为社会底层的人节约每一分钱"放在首位;耐克、阿迪达斯能风靡全球的原因甚至与技术无关——青少年的成长,才是其所关注的话题。

伟大并不是结果,而是一个永远在前方的目的、愿景。伟大企业带给世界的不仅仅是产品与服务的价值,还一定有为世人所认同的价值:自由、平等、博爱、快乐与幸福……正如脸书创始人马克·扎克伯格在给投资者的公开信中所说:"脸书原本并非为了成为一家公司而创建。它的诞生旨在完成一个社会任务——让世界更加开放,联系更加紧密。我在此重申,脸书目标是让世界更加开放、联系更加紧密,而不只是创造一个公司。我们期待脸书的所有人每天都专注于如何通过他们所做的每一件事为世界带来真正的价值。"

▷ 四

格隆再画蛇添足,谈谈一个伟大的国家是怎样炼成的。

世界的终极PK,是国与国的PK。

阿法狗2:0战胜李世石的时候,网上曾经流传一个笑话,讲的是著名搜索公司"千度"公司创始人从2050年穿越回来,干掉谷歌与阿法狗的故事。今天格隆也突发奇想,类似我这种做投资研究的,如果也能有机会玩穿越,愿意去哪儿?

思来想去,只有一个目的地:梦回唐朝!

原因很简单,唐朝除了令人景仰的强大,其选美标准与我的选股标准如出一辙。

一千多年前的唐朝是中国历史上最强大的王朝之一,其当时的地位基本类似现在美国在全球的地位。格隆曾看到过很嚣张的一句话：酒入豪肠，七分酿成了月光，余下的三分啸成剑气，绣口一吐，就半个盛唐。

配得起这句话的，也只有李白和强大的盛唐了。

与强大伴生的，则是大唐独特的以肥为美的审美观。

与古代大多数时期，包括现今中国人欣赏窈窕、纤瘦、含蓄、内向甚至忸怩压抑的审美观不同，唐代崇尚的是一种独特的丰肥浓丽、热烈放恣之美。无论是当时的绘画艺术作品还是文字记录，给格隆视觉冲击力最强、最具感染力和令人过目难忘的，就是那些盛唐时期丰满浓艳、姿态万千、装束大胆、自信张扬的胖美人形象。这种另类和有悖传统的丰肥之美，不仅丝毫不逊色于传统的苗条和骨感，而且更具生命力和健康向上的朝气。

其实，稍加分析就会发现，唐人的"另类"审美，正是那个如日中天时代的必然特点。唐都长安城拥有当时世界上最宽阔的马路和最高峻宏伟的宫殿，是当时世界上最大的都城和世界向往的中心。当时与唐交往的国家有130多个，国力强盛、文明发达，不同文化的影响、交融，使唐人不拘传统，视野开阔。

这一切都体现了一个民族进入高度成熟、处于生命力最旺盛阶段洋溢出的蓬勃朝气和高度自信，使唐人崇尚并醉心于一种气魄、力量和开张的美，这种美传递出来的是一种扑面而来的时代气息——热烈奔放、积极进取，而正是这种骨子里的自信放恣、包容并蓄令大唐在长时间内矗立于当时世界的制高点上。

千年的轮回后，中国目前又处在了一个民族崛起与复兴的关键节点上，但我们的审美情趣在各个领域都明显与大唐相去甚远。

安史之乱，目睹强盛大唐的日渐萧索，李白慷慨赋诗《胡无人》：

严风吹霜海草凋，筋干精坚胡马骄。

汉家战士三十万，将军兼领霍嫖姚。

……

悬胡青天上，埋胡紫塞傍。

胡无人，汉道昌。

哪天才能随这个叫霍去病的嫖姚校尉去驱除鞑虏，兴我中华？

悲笳数声动，壮士惨不骄。借问大将谁，恐是霍嫖姚！

2016年3月12日

博弈的精髓：结硬寨，打呆仗

题记：大工不巧。湘军所有的胜利都是"结硬寨"先求自保，然后靠耐心的防守熬出来的，湘军用最笨的方法打了世界上最聪明的仗。

▷ 一

历史总有若干出其不意的拐点，格隆总在想：假如没有太平天国这个奇葩，中国是否不会有如此屈辱的近代史？至少，这种屈辱历史不会延续近两百年之久？

可惜，历史无法假设。

中国历史书上的近代史以1840年鸦片战争为起点，这是备受争议的历史学家郭沫若先生的断代法，这样一个历史解释的取向，强调的是外因：从那一年起，西方坚船利炮对闭关锁国的中国带来巨大的冲击，"无力应对"的中国从此陷入水深火热。

几乎是在同一个时期，也就是1853年，我们的邻居，同样"闭关锁国"的日本，也遭受了同样的待遇：美国海军准将马休·佩里（Matthew Perry）率领舰队强行驶入江户湾的浦贺及神奈川（今横滨）。在武力胁迫下，幕府接受了开港要求，并签订了《日美亲善条约》，史称"黑船开国"。不久，英、俄、荷、法等国的炮舰纷至沓来，也逼迫日本政府签订了类似不平等条约。这些坚船利炮的冲击，直接催生了1868年的明治维新。这次改革使日本成为亚洲第一个走上工业化道路的国家，逐渐跻身于世界强国之列，是日本近代化的开端与转折点。

所以，西方的舰炮引致了中国屈辱的200年，其实一直都是一个似是而非的误读。西方的冲击并没有，也不是必然对中国社会发生巨大的负面冲击和影响。如果说西方的冲击是巨大的，按照这个逻辑关系来讲，中国应该是以最快速度走向西方化、近代化的。

但是实际上正好是相反的。

彼时，真正最对中国历史走向产生巨大影响的，是爆发于1851年的太平天国起义。这场起义延续了14年之久，冲击了大半个中国，是冷兵器时代人类最大的一场屠戮与浩劫，没有之一，有认为死亡人数估计最多的为2亿人，最少也有5 000万人。中国最富庶的江南在这场战争中几乎被毁坏殆尽，而战争结束以后，也是疯狂的报复与屠戮。曾国荃攻占天京（今南京）后，大肆屠城，清人记载："金陵之役，伏尸百万。"湘军劫掠的大量财富被运回中国中部一个叫湖南的省份，也引致近代三湘人文物盛，"一部近代史，唯湖湘人为甚"。

这就是中国历史令人唏嘘的地方：回溯鸦片战争后100多年的历史，不难发现，那些认为是最先进的东西在中国一直是很失败的，而往往是一种不那么先进的、来自中国中部地区的，甚至是保守的这一类东西在中国顽强生长，并左右中国走向。

这其中，最关键的人物，是近代湘军的创建者曾国藩：他用"结硬寨，打呆仗"六个字，硬生生把悬崖边的清王朝拽了回来。这其实是中国之幸。如果是太平天国取胜，中国大概率是进入又一轮毫无新意的折腾与轮回，与世界的距离只会更远。

▷ 二

在清王朝所谓的正规军（20万八旗兵与60万绿营兵）在太平天国面前完全不堪一击的背景下，曾国藩以一介儒生而治军，以儒生带乡奴的军队结构，完全凭"结硬寨，打呆仗"六个字，花了13年的漫长时间，最终剿灭了太平天国。

曾国藩是一个崇尚"守拙"的人，他不喜欢取巧的东西，他不相信任何一种能够四两拨千斤的取巧的事情。

所谓"结硬寨",是指湘军到了一个新地方以后马上要扎营,要看地形选择扎营地点,最好是背山靠水,然后无论寒雨,要立即修墙挖壕,且限一个时辰完成。墙高八尺、厚一尺,用草坯土块组成。壕沟深一尺(防步兵),壕沟挖出来的土必须要搬到两丈以外,以防敌人用挖出来的土很容易地把壕沟填掉。壕沟外是花篱(防敌军的马队),花篱要五尺,埋入土中两尺,花篱有两层或者三层。

当时的火炮很少,火炮的控制力很小,而湘军大量装备制式米尼弹线膛枪,近距离防守有强大杀伤力。曾国藩的"结硬寨"能够达到"制人而不制于人"的目的。因为太平军占了很大地方,湘军本来执行的是进攻的任务,但是他通过"结硬寨"的方法,把进攻转变成了防守。

配备制式米尼弹线膛枪的湘军

湘军的这种"结硬寨"的办法使得太平军对他一点辙也没有。太平军是比较骁勇能战的,但是碰到湘军这种路数的部队,就一点办法也没有。太平军希望跟湘军进行野战,而湘军很少使用野战,他们就守着最要紧的地方不动。湘军每每以数千之兵大破太平军数万之众,雨花台之役,曾国荃二三万人在装备也处劣势的情况下,与天国名将李秀成几十万大军大战46天而不败,全赖这种毫不取巧、深沟高墙的"结硬寨"所赐。

《孙子兵法》云:"先为不可胜,以待敌之可胜",所谓"结硬寨",简而言之,就是先不输,再求赢。

湘军与太平军纠斗13年,除了攻武昌等少数几次有超过3 000人的伤亡,其他时候,几乎都是以极小的伤亡获得战争胜利,这个结果的取得,则仰仗曾国藩六字战法的后三字:打呆仗。

湘军每到一个地方的核心任务,不是进攻,而是安营扎寨,等着别人进攻。湘军每到一个城市边上,并不与太平军开打,而是就地挖壕,而且每驻扎一天就挖一天壕沟。被湘军攻打的城市,如安庆、九江等,城墙外围的地貌全都被当年所挖的壕沟改变了。湘军打一个城市用的不是一天两天,他们用的是一年两年,不停地挖壕沟。一道加上一道,无数道、无数道地围,无数道、无数道地挖,一直让这个城市水泄不通,然后断敌粮道、断敌补给,等着城里弹尽粮绝,然后轻松克之。而湘军自己因为有强大的长江水师,有足够后勤保障,所以拖得起,也熬得起。

这种方法很机械、很笨,但很有效。湘军胡林翼部1855年攻武昌城,冲了3个月,伤亡3 000多人,这个数字在湘军历史上是罕见的,也承受不起,之后胡林翼改挖壕,用挖壕的方法,挖了一年把武昌打下去了。打九江也是如此,打安庆的时间更长,曾国荃光挖壕沟就挖了5个月。

这就是"打呆仗"——胜利不是强攻出来的,而是果子熟透了,自己掉下来。

好打呆仗,则不取巧,也不贪图飞来横财。所谓便宜无好货;又所谓常在河边走,哪有不湿鞋。战场上的便宜,往往可能是人家设下圈套,即使是真便宜,也是将希望都寄托在对方犯错误身上,离吃亏也就不远了。

曾国藩率领湘军与太平天国纠斗13年,大小仗无数,但没有一场拿得出手、值得称道的经典战役——大工不巧,他的胜利都是"结硬寨"先求自保,然后靠耐心的防守熬出来的,他用最笨的方法打了世界上最聪明的仗。

▷ 三

但凡博弈,理出一辙。比如围棋。

20世纪下半叶的围棋界,非李昌镐莫属。他16岁就夺得了世界冠军,并开创了一个时代,但其整个围棋生涯,却极少妙手,就像一个每年拿第一的基金经理,组合中却从来没有一只当年涨幅翻倍的票。无法容忍的韩国记者问他这个问题,内向的他木讷良久,憋出一句:"我从不追求妙手。"

"为什么呢?妙手是最高效率的棋啊!"

"每手棋,我只求51%的效率。"

李昌镐又说:"我从不想一举击溃对手。"记者再追问,他就不开口了。

这个说法也从侧面验证了李昌镐的老对手、中国围棋界代表人物之一马晓春九段的说法:如果一手棋的效率满分是10分的话,那么李昌镐的棋,每一手最多只能打6分到7分。

问题来了:每手棋只追求51%的效率,为何能做到世界第一?

追求51%的效率,就是用51%的力量进攻。用100%的力量进攻,甚至一招毙命,不是更强吗?

表面上看似乎如此,不过换一个角度:人求胜欲最强的时候,恰是最不冷静的时候;对别人进攻最强的时候,正是防守最弱的时候。所以,李昌镐每步棋都只是用51%的力量进攻,另外49%的思路放在防守。这使他的棋极其稳健、冷静,极少出错,使任何对手都感到无隙可乘。年轻的他因此得了许多与年龄不相称的绰号:少年姜太公、鳄鱼、石佛……

进攻妙手极美,从另一个角度看,却是陷阱。如果对手没有被击溃,你的破绽就完全呈现给了对方。全力之后,**必有懈怠**;极亮之后,**必有大暗**;迈最大步子往前冲,也最容易一脚踩空。

这个道理,基本每个棋手都懂,但却知易行难。没有几个人会抵受住花哨妙手的诱惑,就如同没有几个投资人会经受住"十倍股"的诱惑。但李昌镐却是彻底践行了。

在他眼中,极品的妙手,就是看破妙手的诱惑后,落下的平凡一子。这是李昌镐的"结硬寨"。

▷ 四

投资也没有本质区别,"无硬寨,勿投资"。

巴菲特投资的公司几乎没有一家是在当下看起来无比性感,能给予市场无限憧憬,给人以十倍股想象的。他甚至在20世纪90年代互联网泡沫中被吓得一点互联网股票也没有投资,并被市场足足嘲笑了3年之久。

他买的所有股票,都不会有多性感,但一定都符合一个基本要求:做好买入后马上就会退市,5年之后还活着的公司。他的所有买入都并不准备当期盈利。

这就是巴菲特所反复强调的安全边际:找到足够的安全边际,比找到某一只牛股要重要得多。成功地抓住一只牛股无法成就你的整个投资生涯,而坚守安全边际则可以。先让自己立于不败之地,是战争的第一要诀,也是投资的第一要诀:如果你没有做好防守,你前期挖掘出的所有的十倍股,只是为了给未来某一天一次性亏掉做好了埋单准备而已。

不贪胜,缓图之,这是巴菲特的"结硬寨"。

▷ 五

其实,在投资里有了"结硬寨",你基本就不会输了。但如果辅以"打呆仗",你就是大师级了。

投资的最高境界是"不投",等果子熟透,自己掉下来——不要担心没这种机会,市场无效的时候太多了。

在我们一生的投资过程中,真不需要每天都去做交易,很多时候我们需要手持现金,耐心等待。**多数投资者的失败,都在于过于敏感、过于勤奋了。**有些人甚至以小时为限,调整投资组合,持续不断地监控所有大小事件以及持有的投资组合,并常常以令人吃惊的频率迅速改变手中持有的股票,对市场先生每一瞬间设定的价格做出快速反应。他们耗费的成本是如此之高,以致消耗掉了任何增加的收益。他们完全被剧烈波动的股价所牵制,因乐观而买进,因悲观而卖出,亏损5%就可能立即放弃。赢则大喜,输则大悲,夜夜不能成寐。

绝大多数投资者的资产都是在频繁的交易中损耗掉的。因为他们怕踏空,怕错过每一个似是而非的机会。事实上,即使你所有时候都踏空了,你的收益还有0%。要知道这个市场90%以上的股民长期来看是亏损的,就凭0%的收益率,你就可以进入成功的前10%。

大业十四年(618年),王世充袭击仓城被李密击败,王世充转攻洛口,又被李密击败。李密帐下魏征却对长史郑颋说："李密虽然多次取得胜利,但是自身兵将也死伤诸多。还不如深沟高垒,占据险要,与敌人相持,待到敌人粮尽而退时,率军追击,这才是取胜之道。洛阳没有了粮食,王世充无计可施就会与我军决战,这时我们却不跟他交战。"郑颋对魏征的话不以为然,说这是老生常谈的。

魏征说了一句:"这是奇谋深策,怎么是老生常谈呢。"拂袖离去。

唐武德二年(619年),李密被王世充击败,率残部投降李唐。没过多久叛唐自立,被唐将盛彦师斩杀于熊耳山。

少战斗,耐心等待果子熟透掉下来的时机,可以最大限度增加我们投资成功的可能性。你不用常常处于市场中。像利维摩尔在他的经典著作《股票作手回忆录》中说的,"华尔街的傻瓜认为他必须在所有时间都交易。对于我而言,从来不是我的思考替我赚大钱,而是我的坐功。明白了吗?我一动不动地坐着。"

著名投资者吉姆·罗杰斯对做交易时的耐心做了更生动的描述:"我只管等,直到有钱躺在墙角。我所要做的全部就是走过去把它捡起来。"换句话说,除非他确定,交易看起来简单得就像捡起地上的钱一样,否则就什么也别做。

争即是不争,不争即是争。

一生只需选对一个伴侣,只需选对一个企业,只需富一次,便已足够!

曾国荃打下天京后,曾国藩给那个桀骜不驯的九弟写了一句话:百战归来再读书。

格隆也把这句话送给在资本市场频繁征战的所有朋友:适当时候,停手,去读点书。

2016年4月2日

比 P2P 危害更大的又一款精美骗局：
一级市场散户化

题记：一级市场已经开始了明确的散户化进程，这种散户化投资如果不加以规范，很可能会沦为又一个庞氏骗局。

▷ 一

国内大批"高大上"P2P 骗局的爆煲，催生出一句非常时髦的网络情话：在这个浮华喧嚣的金融盛世，总有一款骗局适合你。我知道你会来，所以我等！

国内的 P2P 庞氏骗局，对整个中国金融体系与民间财富的冲击与吞噬，都堪比黑洞。而这些骗局引致的后遗症，我们根本不知道需要多久才能消化完毕。直到今天，我们还不时能从各种渠道看到在 P2P 骗局中招的人在四处奔走维权。

早知今日，何必当初！

事实上，P2P 骗局在大规模爆发前，就已经有足够多、足够清晰、仅仅凭常识就能判断有问题的蛛丝马迹与乱象。但凡监管层、投资者等几个环节稍加用心，防微杜渐，这场以创新为名的财富悲剧就根本不可能上演。

但人们从历史中学到的唯一教训就是，人们从不吸取历史教训！

一款看起来不同于 P2P，但实质完全一样，包装更精美、诱惑力更强、危害性也可能大得多的骗局正在改头换面，隆重出台，请君入瓮。

资本的游戏从来没有停止过，这次唯一的不同，是把剧场换到了一级市场。

▷ 二

过去 11 个月，上证指数下跌了 45%，这在哪个国家，都是如假包换的熊市。

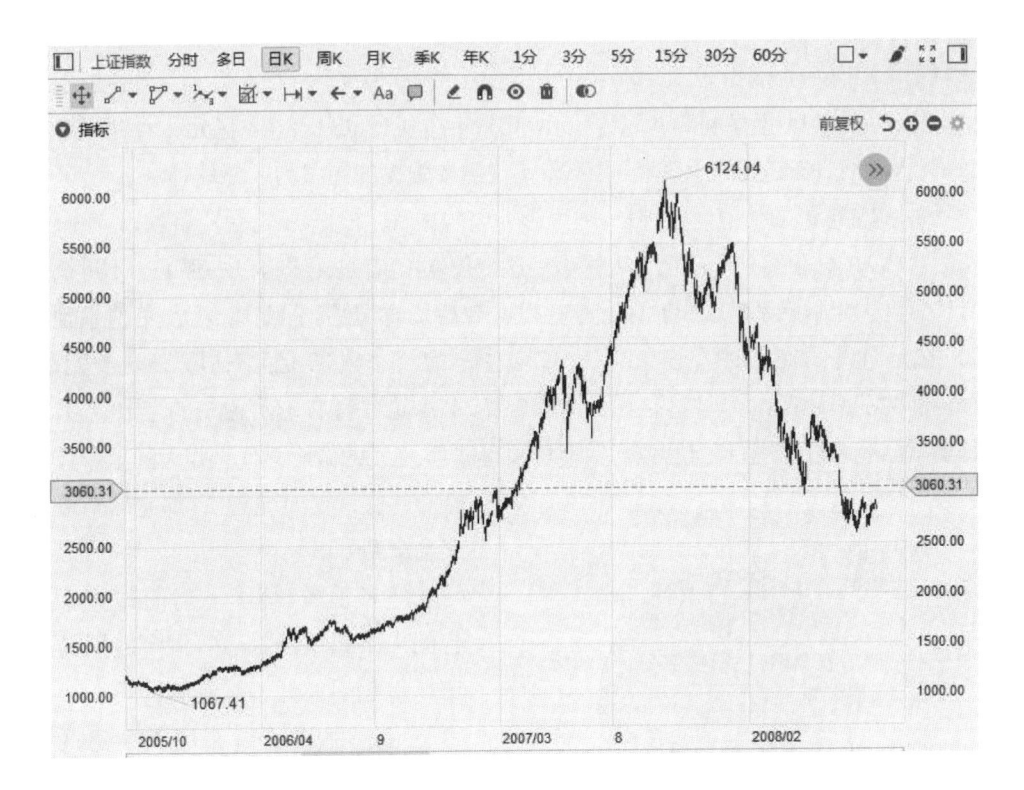

二级市场明显一直在过冬。

但一级市场却一反常态的火爆。

继乐视影业给出 98 亿元的高估值后,淘宝电影上周末宣布获得 17 亿元人民币的 A 轮融资,这意味着淘宝电影的估值达到 137 亿元。与此类似的还有万达影视,5 月 13 日晚,万达院线正式公告,把万达影视装入上市公司当中,万达影视的最终估值为 372 亿元。

如果我们翻翻数据,就会发现这些估值几乎高得匪夷所思。

1. 乐视影业承诺 2016 年利润不低于 5.2 亿元,2017 年不低于 7.3 亿元,2018 年不低于 10.4 亿元,可事实上 2015 年它扣除非经常性损益净利润为 1.36 亿元,98 亿元估值意味着 PE 超过 70 倍。而要在一年内实现利润近 4 倍的增长,恐怕不是"人有多大胆,地有多大产"那么容易的事吧?

2. 万达更夸张,已经无法正常估值。万达影视旗下包括了万达影视和传奇影视。万达影视承诺未来 3 年累计利润不低于 50.98 亿元,否则,万达投资将按照《盈利预测补偿协议》中约定的方式,对万达院线进行补偿。然而事实上,传奇影社 2014 年巨亏 28.87 亿元,2015 年再上一层楼,亏损高达 42.38 亿元。万达影视情况好一点,2014 年净利润 6 116 万元,2015 年净利润也只有 1.3 亿元。看完这些数据,再看 50.98 亿元的承诺利润,不得不说需要强大的想象力才能填补。

3. 淘宝电影的估值比较神秘,阿里影业公告中称:根据 A 轮融资条款,此次融资后,O2O 的估值将达 137 亿元人民币。这个条款,笔者是无缘得以一观了。不过笔者注意到去年腾讯系的微影时代宣布获得 C 轮融资时,融资总额 15 亿元,估值不到 100 亿元,上个月微影时代完成第二次 C 轮融资,融资总额 30 亿元,估值 20 亿美元,按当前的汇率计算,低于 132 亿元。这意味着,才 A 轮拿到 17 亿元融资的淘宝电影,估值就已经超过了进行三轮融资,融资总额超过 45 亿元的微影时代。昨天阿里影业宣布年底计划 B 轮融资,那它的估值又会窜到哪里去?

笔者手贱,翻了下当前这些平台的出票量情况,显然,淘宝电影的市场份额明显低于微影时代。

可是,这些看起来匪夷所思的高估值,丝毫不影响一级市场对它们的热情。比如,淘宝电影的 A 轮融资中,鼎晖投资、蚂蚁金服、新浪网领投、和和影业、博纳影业、华策影视、南派泛娱等机构都现身其中。

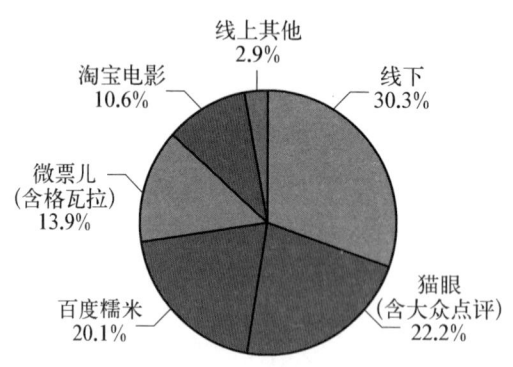

资料来源:综合院线数据、企业及专家访谈,并根据艾媒统计模型核算。

2016Q1 中国在线电影平台出票量在整体出票量中占比分布

上面只是几个最近的例子。事实上,在这一轮美国中概股"回国抢钱"的私有化热潮中,一级市场大量资本仍如同嗜血的秃鹫一样,趋之若鹜,完全无视美国退市的烦琐与变数、A 股找壳的难度与成本、高企的估值、漫长的锁定期等一系列风险问题。

机构投资者相比于散户,一向以无比精明、价值投资为标签,尤其是一级市场上。所以,你是否会很困惑,这些融资和私有化的故事,在数据上是如何说服这批机构投钱的?

莫非一级市场的机构,也是人傻钱多?

当然不是。这些机构非常聪明,因为今日一级市场,早已不是往日之一级市场。经过包装和出售,最后的埋单者,早已不是机构。

▷ 三

曾几何时,一级市场曾经是无比高大上的神话之地。由于参与门槛太高,一般100万元起投,在这里玩的,都是有人脉、有背景的大佬机构,而且一级市场投资的股权,往往一IPO,就几十倍、几百倍膨胀,因此,一般人和散户,是严禁入内的。

现在貌似不同了,现在是"新社会"了:旧时王谢堂前燕,飞入寻常百姓家。

下面这份最近网上爆出的乐视汽车的一级市场融资方案,或许告诉了我们:"人民开始当家做主了。"

产品要素

	乐视汽车可转债投资基金
资产管理人	北京某财富投资管理有限公司
产品类型	契约基金
托管人	某证券股份有限公司
投资范围	基金委托财产将以有限合伙的身份、投资Project Edison Global Holdings Ltd(以下简称"乐视汽车")发行的可转债份额(即Convertible Bond, CB),
产品规模	不超过0.5亿美元
产品存续期	3+1+1年,根据实际投资运作情况,基金管理人有权提前结束或延期结束
募集期	4月10日至30日,管理人有权提前结束或延期
认购起点	基金投资者首次申购金额应不低于100万人民币,超出部分以10万递增
认购费	1% (价外收取)
管理费	1%/年
管理人超额浮动	10%
可转债票面利率	12%年,由乐视汽车实际控制人贾跃亭先生提供无限连带责任担保
转换权利	投资方有权将所持可转债在A轮融资时按8折价格转股,下一轮融资时转换成为优先股股份。发行方完成合格的A轮融资的同时投资,投资方持有的可转债本金必须全额转为发行方的优先股股份,如果发行方未在可转债发行日后18个月内完成合格的A轮融资,则投资方有权要求赎回债券到期日发行方或实际控制人指定的公司或机构等主体以全形式…

这是一份批发转零售,向散户售卖乐视汽车一级市场融资的推广材料。

这份融资方案曝光后,乐视马上出面否认,说其中的核心信息与事实完全不符,并且乐视的融资项目从未公开散卖份额。但事实上,笔者的朋友,包括笔者自己,都收到了一些机构在散卖乐视汽车,包括乐视体育的份额,而且融资条款的确同网上曝光出来的一致。

笔者倾向于相信乐视可能确实不知情,但机构却确实在散卖。这意味着两件事:

1. 散卖,意味着市场的钱真的不好找了。一旦进入散卖阶段的项目,按笔者经验,最终结果都好不到哪里去。

2. 对于那些高估值的项目,机构并非是最终的购买者,散户才是。

其实远不止上面这些一级项目,包括奇虎360私有化、万达私有化等,笔者身边的不少朋友,都荣幸地收到了出席"盛宴"的参与邀请函。

所以,很确定的是,中国一级市场的大门,真的向散户敞开了。

Good news? or bad news?

一个农夫,突然收到了皇宫舞会的邀请函,你是激动?还是紧张?

▷ 四

到底是肉体横陈的海天盛筵?还是刀光剑影的鸿门宴?

一句饱含哲理的常识或许对你的判断会有用:人多的地方不要去。

重要的话,只说一遍。

你能告诉我,目前一级市场盛宴的散户化,与曾经的P2P,有很大区别吗?

何其相似!它们同样在讲着一个非常美好的资本故事,它们同样允诺给散户们较高的收益,它们同样需要后来者的资金填前面的坑,甚至,它们背后都有大佬在背书:在P2P行业发展伊始,无数的专家学者、娱乐明星,甚至地方政府都为之站台。而现在的一级市场项目,何曾不是?各界大佬云集在它的融资方案中为它背书。

这些参与站台的机构,看上去是傻乎乎买了个比二级市场估值还高出一大截的产品,实际上,它们转身就把份额零售给了兴高采烈的股民。它们把产品包装得高大上,鼓吹资本故事,通过各种财富公司将产品散卖给散户,上面的乐视汽车融资方案就是例子。在这种包装下,中国的一级市场名义上还是机构在参与,其实已经开始了明确的散户化进程。这种不断散户化的投资,说明一级市场上真正的投资者在交棒、在退出。

当鬼精鬼精的机构投资者在退出的时候,你觉得这个市场到底是怎么回事?

比起P2P平台，此类一级市场融资项目的伪装、包装更显高明。

P2P平台尚需要按月向投资者支付利息，一旦利息停止，故事也就讲不下去了。而一级市场融资项目往往需要3～5年的锁定期，甚至更长。这种情况下，资本幻觉（骗局）很难短期被拆穿或者证伪。

而且，不同于二级市场提供了一个每日波动的价格变化去反映基本面和投资情绪，散户们根本无从得知他们所投资的一级项目的实际亏损和利得，也无法根据价格的变动去反思自己的投资。他们怀着上市收益翻倍的憧憬，在等待中产生麻木心态，认为自己手上的投资净值只会上涨。

这个玩法里，最具迷惑性的一环是：这些项目往往会提供大佬站台，提供兜底承诺。这会蒙蔽绝大多数新司机。

但没有老司机会信这个。

比如，乐视汽车，之前网上爆出的Pre-A轮融资方案中，贾跃亭提供无限责任连带担保，融资票面利率12%；若是乐视汽车无法在18个月内进行A轮融资，投资人可以要求赎回。乐视汽车的融资金额差不多是32亿～65亿元人民币。乐视体育，承诺3～5年上市，若无法上市，投资人可以要求乐视体育大股东贾跃亭，以年化收益率8%的价格赎回股权。乐视移动，预期利率是10.3%～11.3%，贾跃亭提供担保，年限24个月，到期，乐视移动到期还款。

看看，多好的条款。乐视的项目，单个拿出来看，都没有什么问题，相当于可转债，做起来了拿股权，做不起来拿利息，而且利率还相当令人满意，贾跃亭又是乐视老板，赔付肯定没问题。

但当把乐视所有的融资项目拿在一起看，就会发现贾跃亭潜在要背负的债务是个天文数字。这是一个环形的多米诺骨牌，其中一个倒了，造成的资金链紧张可能会引发全盘皆输的局面。

当然，反正钱融到了，故事也不会那么快证伪，而且如果资本市场配合，还可以配合出更多本《故事会》，融更多钱。

面对踊跃参军（一级市场）的散户，谁不用，谁傻。

▷ 五

写到这里，笔者又想到了曾经如日中天的中晋系，想到了e租宝。他们当初承诺你的利率水平，是不是也很令你相当心动？其实，无论是P2P平台，还是一级市场，其本质都是融资。你一定要考虑这个严肃的问题：这么高的价格与估值，他要和哪个下家，做什么"毒品生意"，才能赚回来？

如果你觉得他找下家根本赚不回这个钱，你会不会恍然大悟：他根本就没指望下家，他赚的就是已经入瓮的上家，也就是你的钱。

这场泡沫如果任其扩大、爆煲，危害只会比P2P平台更严重：一个P2P平台，能过百亿元，就是个大平台了，而一级市场项目，随便抓一个，都轻松破百亿元。这背后，会站着多少个普通家庭？

亡羊补牢，犹未晚也！这句话，对兴奋的普通散户适用，对监管层，更适用！

2016年5月18日

离开了牛市,你什么也不是

题记:以天和周为单位看待收益的人,相信的是奇迹与运气。以月和季为单位看待收益的人,相信的是天赋与能力。以年为单位看待收益的人,相信的是自然规律。唯有第三者,能在这个市场真正赚到钱。

▷ 一

A股股灾一周年之际,在上周一个专业投资圈内人聚会上,格隆做了个小调查:你的资产与去年6月牛市高点相比,少了多少?

中位数,-32%。这意味着,未来要赚差不多50%,才能把坑填满。

不能不说,这是一个很惊人的数字,尤其在座的每一位都是身经百战的职业投资者。

▷ 二

有句传播很广、但歧义很大的名言:离开了祖国,你什么都不是。

股市其实一样:离开了牛市,你也什么都不是。

股市中长期赢家有两类人。

第一类是长期投资者,他们选择质地优良的上市公司股份,在价格被市场低估的时候买入,在市场疯狂、价格被高估的时候离场。他们懂得什么时候休息,也知道什么时候出手。如果他们买入的股票继续下跌,只要公司的基本面不改变,他们敢于持续买入。这批人是真正赚到了钱,并落袋为安的。

第二类是认真的投机者。他们有足够的时间看盘,精通技术面分析,对盘面的感觉很好,能抓住一些短期的波动,并且他们纪律性极强,在看错的时候,能及时纠错,止损毫不手软。但就算如此,他们的命运,也多是"江山代有人才出""长江后浪推前浪,前浪被拍死在沙滩上"。就算技术、盘面感、投资纪律严如利维摩尔,最后也吞枪自杀。从市场结构来看,他们其实只是在帮助市场提供流动性。

除开这两类,剩余的人,都在亏钱。当然,他们偶尔也会赚钱。

做了多年投资,格隆见过各种得意忘形的大神,我甚至会经常在他们面前自卑,因为他们不少人在特定时期内的投资收益率高得令人咋舌,但我从不羡慕嫉妒恨,因为我知道,要不了多久,他们中的大多数都会被打回原形,甚至从这个市场消失。牛市过后,隔壁老王还是隔壁老王,镇上杀猪的李二锁还是李二锁,只是多了一些老了后给孙子讲故事的材料:想当年,你爷爷我……

其实这不只是镇上李二锁的问题,在专业投资者中,这种误把市场大趋势当成自己能力的盲目自信也比比皆是。清楚记得,去年 A 股 4 000 点时,格隆写过一篇文章《4 000 点,一场能够闻到焦煳味的牛市"剩宴"》。恰在此时,一个在券商研究所做首席的多年好友专程飞香港,踌躇满志地与格隆沟通:他在这波牛市里赚了超过 300%,他准备辞职做私募,筹集一笔钱,赚个盆满钵满,然后提前退休。

格隆给他提了三个问题:

1. 以我自己多年投资经验,投资其实就是靠天吃饭,不好做,很辛苦,也很累。你做券商首席,旱涝保收,也不影响给自己理财,所以你是不是确定要走这一步?

2. 你有没有想过,300% 的收益率,到底是牛市的原因,还是你的个人能力?

3. 就算要做私募,都这个点位了,是否合适?

这个朋友明显没有听出我的弦外之音,回北京后仍义无反顾开始了自己的私募生涯。很久没联络后,前不久听一个朋友偶尔谈起,说这个首席的基金产品爆仓了,人也无比消沉。

▷ 三

一个朋友如此向我抱怨:我在 A 股上投入了我资产的 1/3。但过去 3 个月,我没赚钱。不仅没赚钱,还亏了。这是什么世道?

我反问:你凭什么赚钱?

很多投资者(赌徒)如此回答可能的投资失败：最差我回去当农民，种地。

其实，如果你做不好投资，你也一定当不了一个农民。

你如果问一个农民，怎么获得好收成，他会很简单告诉你：日出而作，日落而息。春种秋收，循环往复。

而且不能遇上灾年。农活，还是靠天吃饭的。所以皇帝会有天坛、地坛——祈祷五谷丰登。

永定门内大街的天坛，为明、清两代帝王祭祀皇天、祈五谷丰登之场所

这个市场，绝大多数投资人都找到过好股票，绝大多数人从来不缺席任何一次反弹，但绝大多数人年年亏损。

以天和周为单位看待收益的人，相信的是奇迹与运气。以月和季为单位看待收益的人，相信的是天赋与能力。以年为单位看待收益的人，相信的是自然规律。唯有第三者，能在这个市场真正赚到钱。

顺应天时——靠天吃饭，此谓天时；选择土地——不种盐碱地，此谓地利；起早摸黑，勤耕苦种，此谓人和。

如果天时正确，哪怕是盐碱地，哪怕你日上三竿才下地忙活，你最后也一定能收到三五斗。但如果你选择在冬天播种，你注定靡费精力而一无所获。春天绝不会因为你的思春心切而提前到来。

大多数人在这个市场亏钱的原因很简单：他们以为人定胜天，他们过于自信，而从不择天时。牛市抢钱一样的赚钱经历，以及熊市下偶尔逆势赚钱的案例，让他们误以为那是自己的能力，以为完全凭自己就能赚钱。所以他们从不择时，无时无刻不在与市场先生博弈。他们的资产净值走势曲线图，无论最后是上冲，还是回撤，都有一个共同的特征——连续的，从无时间断点。

生命不息，战斗不止，但没有人能百战百胜。

很多人都说打仗一定要百战百胜，这是常胜将军。其实常胜将军都不是百战百胜的，因为你百战百胜的还在战，证明你那个胜的质量很低，都百战百胜了怎么还在打？

一定是一战而定，一战就基本解决问题。

要先胜后战，不能赢，就不战。如果胜而不定，不能彻底平定，也不能战。《孙子兵法》始终把战斗的代价和损失看得很珍贵，是反对百战百胜的，所以兵法追求的是全胜，不追求那种惨胜。

孙子兵法用于股市，就是要抓住合适机会（天时），一战而胜！

这个天时，就是牛市！

一旦确认熊市到来，最好的方法就是彻底离场。牛市里源于运气的任何丰厚获利，都可能是熊市的牺牲品。对于任人鱼肉的羔羊，牛市赚得越多，带来的不同也只是让这只羔羊更肥美，改变不了它仍是一只羔羊的事实。

财富都来自天赐——天时所赐，与个人能力有关，也无关。你需要做的就是足够耐心的等待，等待上天赐予的最合适时间入场，以及在必要的时间果断离场。在格隆看来，如果说在投资中真的有所谓的个人能力，那么，"知进退"是唯一的能力，其实也是人生的唯一真谛。

其他所谓的能力，不是瞎掰，就是忽悠。

▷ 四

格隆曾登过一次珠峰，因天气及身体原因，在前进营地与C1之间就果断止损，狼狈撤回。

攀登珠峰是当今世界最危险的运动之一。从1896年开始，有1584名登山运动者相继登珠峰,结果有 395 位中外探险者遇难,还有些不知名的运动员也遇难了,死亡率高达 14.8%。

每年珠峰黄金登山时间有且只有一个月——5 月。

每年的 10 月到第二年 3 月,是珠峰地区的风季,在对流层顶(中纬度地区平均高度为 10 000~12 000 米)以下,风速随着海拔高度的升高而增大,在珠峰地区,风速有时可达 50 米以上,这比 12 级台风的风力还大。而 6 月到 9 月又是珠峰地区的雨季,由于印度洋暖湿气流沿山谷而上,易凝结成云雨,因此雨雪交加或大风雪天气多出,此时登山,危险极大。4 月和 5 月正值风季与雨季交替的短暂时期,风雪天气相对较少,而 5 月的天气一般又优于 4 月。所以,5 月常被视作攀登珠峰的最佳时间。即便在这段时间内,一般也仅有两三次宜于登山的好天气。

新西兰登山家埃德蒙·希拉里因 1953 年 5 月 29 日人类首次登顶珠峰而闻名世界。在接受法新社记者采访时,希拉里谦虚地表示,自己当年能够书写登顶

这具尸体是攀登珠峰的一个标志性地标,被命名为"GreenBoots"。
在珠峰上,大概有两百个这样的地标。

的历史，依靠的无非是"实用的技巧和足够多的绳索"，他没有刻意强调是在5月这个特别的时间段冲击峰顶。很明显，在他看来，这根本无须强调，只有疯子才会选择在其他月份攀登。

所有有经验的珠峰攀登者，都会耐心等到5月，没有人想成为路上的地标。

为什么登山？

因为山在那里（英国登山家马洛里1922年站在珠峰脚下如是回答一个记者关于"为什么登山"的提问）。

为什么要等？

因为山总在那里。

▷ 结语

在二级市场上，每一个参与者想要长期活下来，就**必须构筑一套属于自己的投资体系**，这套体系是你的一个筛子，为的是让你可以把市场上的机会依照你的能力阈值做出一个区分，筛掉那些你把握不了的，留下那些你可以把握的。减少这"一念"的存在，就是留住了财富。

编织筛子的经线，是你的个人专业与勤奋。纬线，就是天时。

如果你的筛子只有经线，没有纬线，那你的筛子其实是一个盆子，也许能装一些东西，但容量却是确定且有限的。如果你筛子的纬线太密，把日复一日、很多似是而非的机会都留在筛面上，妄想抓住所有机会，那么你的筛子就变成了骰子。

看，你也明白了：核心是纬线，也就是天时。

始终记住：离开了牛市，你什么也不是。

2016年6月11日

人民币的过去、现在与未来

题记：假作真时真亦假，无为有处有还无。——太虚幻境联　曹雪芹

▷ 一

最近金融市场广泛流传两个经典传神的新成语：人无贬基，中或最赢。

"人无贬基"是"人民币不具备贬值基础的缩略。"

而"中或最赢"，则来自最近关于人民币贬值说法的演变"中国或成人民币贬值后的最大赢家。"

"中或最赢"的表达，简洁明了、铿锵有力，而一个经典的"或"字，又给自己留下了足够的退路和无尽的余味。

▷ 二

多数人把罪魁祸首归到了大洋彼岸的美联储与美元身上。

北京时间11月24日凌晨3:00，美联储（FOMC）公布11月货币政策会议纪要，纪要中"鹰啼"嘹亮：12月加息已成定局。与此同时，作为美联储加息风向标的美国联邦基金利率期货显示，交易员预计美联储12月加息概率达到了100%！

而向来分歧巨大、尔虞我诈的华尔街，在特朗普当选后，无比神奇地达成了惊人的一致：据《华尔街日报》，投资者在欧洲美元期货市场上对美国短期利率上升的押注规模上周达到2.1万亿美元，为史上最大豪赌手笔，打破了2014年创下的纪录高位。

所有人都在押注美联储12月加息！向来疑神疑鬼的华尔街，从未在一件事上如此笃定。

债券市场迅速做出反应。过去长达 30 多年，几乎是一个全球性的债券大牛市（见下图：过去 36 年来各国 10 年期国债收益率走势）：

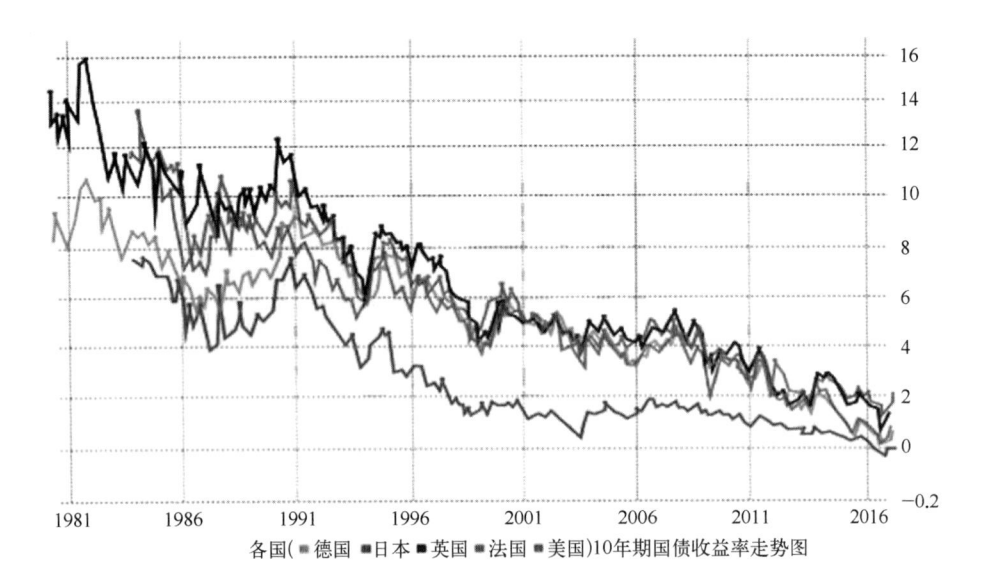

各国(■德国 ■日本 ■英国 ■法国 ■美国)10年期国债收益率走势图

但随着特朗普当选，美联储加息与收紧的高度确定，一度收益率为负的各国国债收益率迅速拐头，全球长达 36 年的债券大牛市，或许就此终结（见下图）。

各国(■德国 ■日本 ■澳大利亚 ■英国 ■法国 ■美国 ■中国)10年期国债收益率走势图

紧接着做出反应的是货币。**几乎所有非美货币都应声下跌！**

过去一周内马来西亚林吉特贬值4.9％、韩元贬值4.1％、印度尼西亚盾贬值2.6％、菲律宾比索贬值2.3％、印度卢比贬值2.1％。而自特朗普当选以来，日元下跌已经超过了8.45％，欧元下跌4.27％，澳元下跌也达到了3.82％（见下图）。

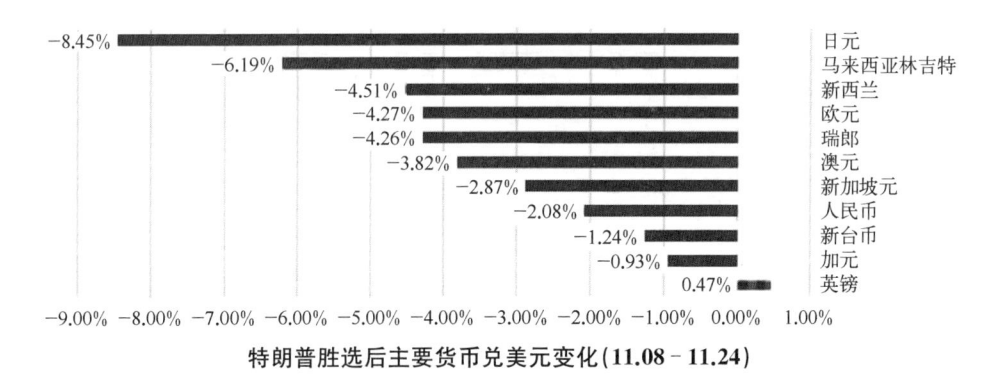

```
-8.45%                                                日元
   -6.19%                                             马来西亚林吉特
       -4.51%                                         新西兰
        -4.27%                                        欧元
        -4.26%                                        瑞郎
         -3.82%                                       澳元
           -2.87%                                     新加坡元
             -2.08%                                   人民币
              -1.24%                                  新台币
               -0.93%                                 加元
                 0.47%                                英镑
-9.00% -8.00% -7.00% -6.00% -5.00% -4.00% -3.00% -2.00% -1.00% 0.00% 1.00%
```

特朗普胜选后主要货币兑美元变化（11.08－11.24）

同期人民币的跌幅只有2.08％：这更坐实了"凶手"是美联储的推断，同时也说明人民币其实还算是坚挺的，我们从上到下，貌似根本没必要那么紧张、恐慌。

但，如果真是这样，如果恐慌真的是大惊小怪，是没来由的，你就未免太"中或最赢"了，太低估"人民群众"的智慧了：中国人对任何事情都可以稀里糊涂，但你动他的钱包的时候，他的反应往往无比激烈，同时也无比正确。

你真的以为深圳人连夜排队过关去刷保险，是一时冲动的从众？

▷ 三

关于人民币，其实一直流传着诸多似是而非的误解（或者是误导）。

最流行的，就是把人民币的贬值归结为参照系——美元——的强势。甚至诸多"专家"都想当然认为，人民币的加速贬值，只不过是最近美元强势的结果，而美元不可能一直这么强势下去，一旦美元走弱，人民币自会反弹，云云。

这种逻辑简单易懂，能迷惑不少人，但错误是很肤浅的，很有点类似于投行分析师的研报：给他两个样本数据，就敢给你来个回归分析。对比看看美元指数和人民币兑美元的走势错误一目了然。2015年底美元指数最高为100，当时人民币兑美元为 6.45；一年后今天美元指数依然在 100 高位，而人民币已经跌破 6.9 了。如果再把时间拉长一点：人民币汇率自 2014 年 1 月 14 日创下历史新高 6.04 后，一路不断下跌至目前的 6.94。

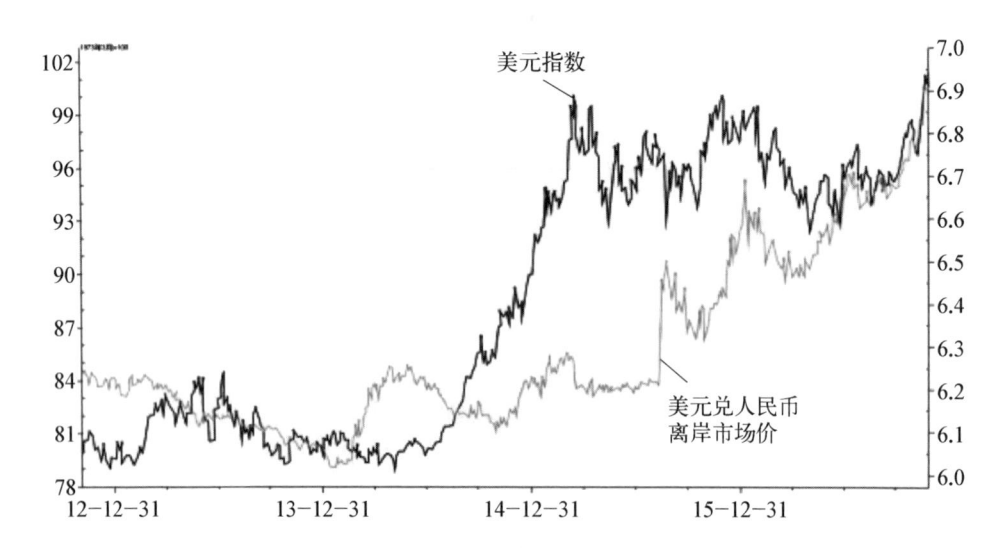

另一个颇具迷惑性，但也完全经不起推敲的误导也同样很有市场："中国经济的基本面不支持人民币持续贬值"，因为"这个国家三十多年来都是经常项目顺差，现在的经常项目顺差依然是世界第一，这个国家的经济增长速度是世界第一，这个国家有 3 万亿元的外汇储备"……

这就是"人无贬基(人民币无贬值基础)"的由来。

这个观点与"经济好，股市就会好"如出一辙，同样荒唐。事实上，过去十几年，我国的 GDP 翻了不止两番，但股市依然是扶不起的阿斗，也就是去年靠超发货币与超级杠杆而来了一波"万劫不复"的短暂牛市。

决定汇率的因素或许有很多，但经济好坏从来都不是核心的，甚至是无关紧要的，我们的近邻日本就是最明显的例子。提及日本，媒体常用"失去的十年"，但是实际上这个国家失去的，远远不止十年。从 1990 年房地产泡沫破灭，日本经济从 1993 年就开始了萧条，到今天仍无任何起色。从 1991~2015 年，日本 GDP 仅仅从 438.72 万亿日元升至 529.12 万亿日元，25 年时间，经济年化增长率仅 0.78%。最近十几年日本又受人口加速老年化的影响，令人几乎看不到这个国家的未来。

但日元的币值却一直相当坚挺,坚挺到日本近几届政府用尽各种招数,试图让日元贬值以刺激出口,但日元就是不肯贬下来。

也许你会说这是特例,就像很多人习惯了用"特殊"这个词来为中国很多事寻找借口一样。事实上,日本这个国家没有任何特别的。

它就是一辆前车,鉴与不鉴,在于你自己。

如果真的"人无贬基",你如何解释香港银行现在大规模收紧境内居民开立银行户口这种很明显的准资本管制行为?你又如何解释香港交易所的美元兑人民币(香港)期货未平仓合约于11月22日达到40 400张(名义金额约合40亿美元,并占全球人民币期货合约总量约2/3),创历史新高(见下图)。

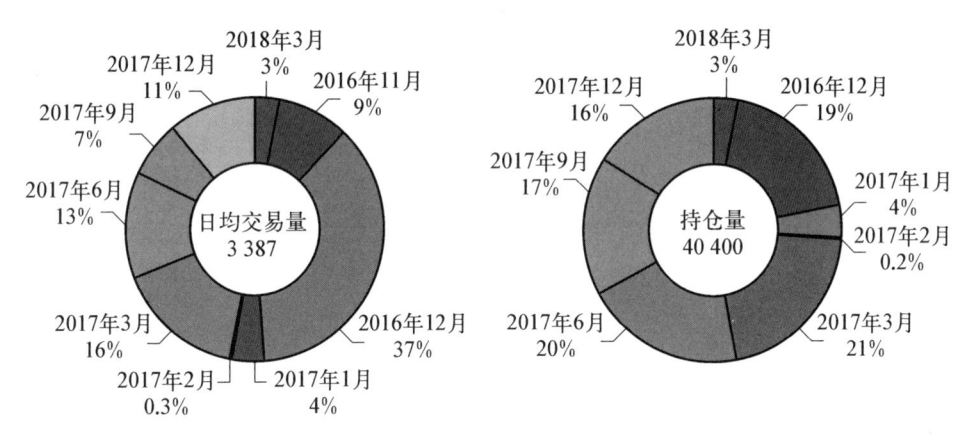

资料来源:香港交易所(2016年11月1日至22日)。　　　　资料来源:香港交易所(2016年11月22日)。

到底谁在恐惧?

▶ 四

那么,人民币到底会去往哪里?

这取决于决定人民币走势的核心因素到底是什么?

上文中,我们排除了"美元"与"中国经济"这两个迷惑甚至误导很多人的"凶手",剩下我们需要做的,是寻找真凶。

事实上,这个并不复杂,用常识就能做出判断。过去,我们只是被所谓的"专家"误导,走上了"歪路"而已。

对货币而言，利率是它的国内价格，汇率是它的国际价格。但凡学过最基础经济学的，都知道商品价格的决定因素是供求关系。当供应或需求，其中有一端变化极大时，就可以轻易地做出常识性的判断：价格平衡的天平被打破，向另一边倒去。

货币也是商品，只不过是一种一般等价物的特殊商品而已。

人民币这种特殊商品的价格，一样取决于它的需求和供应，外汇储备、经济潜力、贸易顺差等，都只是无伤大雅的边缘因素。用一句大白话说，就是：人民币供应量实在太大了，终于到了贬值的时候了（见下图）。

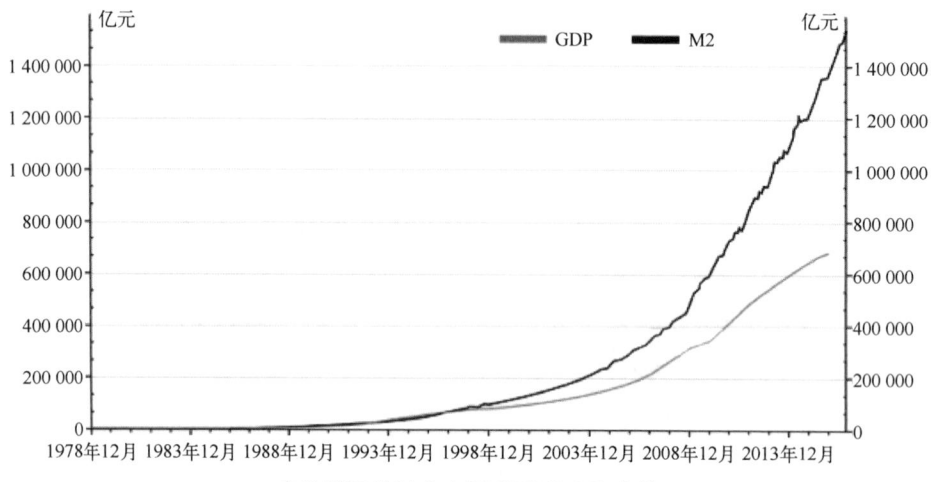

自改革开放以来中国 GDP 和 M2 走势

上图很清楚地显示：在刚刚改革开放的时候，即 1978 年，我们的广义货币量 M2 是 860 亿元，到了 1990 年呢，M2 是 1.5 万亿元，到 2000 年 M2 是 13.5 万亿元。现在 M2 是多少？截至 2016 年 9 月底，151 万亿元。

151 万亿元是什么概念？简单说，从 1978 年到现在一共 37 年的时间，货币的年均增速是 21%。很多人没意识到这个数字有多恐怖，美国、日本和欧元，过去 10 年的货币供应量也就增加了 30% 多而已。

而过去 30 年，我们的经济增速只有 9.7%。

从 1978 年到 2009 年 1 月，我们花了 32 年的时间，货币总量达到了第一个 50 万亿元；到 2013 年 6 月，我们仅仅用了 4 年半时间，又增加了第二个 50 万亿元；到 2016 年 9 月，只过了 3 年 4 个月，货币供应又增加了第三个 50 万亿元，我们的 M2 总额达到了 151 万亿元。

按这种速度,下一个 50 万亿元,大概率不用 3 年。

如果我们的 GDP 增速只有 5%～6% 的水平,而我们的货币每年贬值 5%～6%,那意味着:我们以美元计价的 GDP 根本就不会增长。

但目前我国货币供应增速仍将在 12% 左右,也即每 6 年我国货币总量将又翻一番。6 年后,也许我们的 GDP 没有增长,但我们的货币量将达到 300 万亿元的恐怖数字。

从这个角度说,讨论人民币会往何处去是个伪命题:只要中国不退回资本管制的老路,继续人民币国际化的努力,长期来看,它就有且只有一个方向。

至于会跌多少,这是一个上帝才能回答的问题,因为这完全取决于未来我们的货币还会发多少出来。

而投资者理性的做法,就是在中国货币政策没有根本性改变之前,在人民币汇率没有完全自由浮动之前,对冲它!

现在你能理解深圳人连夜排队过关刷保险不是头脑发热?能理解港交所美元兑人民币期货未平仓合约于 11 月 22 日达到 40 400 张的历史新高?

当然,如果中国央行的货币政策目标取舍发生了根本性变化。比如,货币政策大踏步倒退,人民币国际化目标基本放弃,防范资本外流成为核心目标,人民币的走向(至少一年半载的短期走向)就不在我们的研究能力范围之内了。

▷ 尾声

从目前看,2017 年,将确确实实是一个"黑天鹅湖"的年份(见下图)。

这意味着,货币走势上,除了正常的经济供求,还会叠加避险需求,这会必然放大非美元弱势货币的压力。

我们该怎么做?人在阵地在,坚决顶住?

如果持有这种观点,那一定是因为脑子里根深蒂固的"人无贬基"判断:诸如我们经济还能有不错的增长,我们有贸易顺差,我们有 3 万亿元外汇储备……

我国外储从 2014 年 6 月底达到 3.99 万亿元,到上月底为 3.12 万亿元,净减少 8 700 亿元。这是个什么概念?对比一下就知道了:IMF 的总资源一共是 6 600 亿美元;在整个东南亚金融危机期间,世界各国政府所消耗的外汇是

11月30日
欧佩克维也纳会议

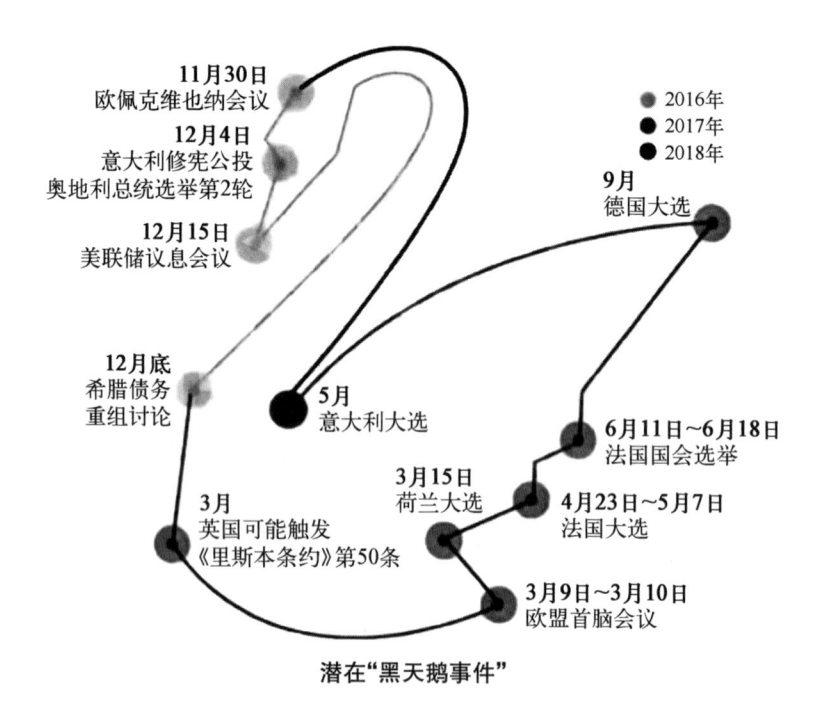

12月4日
意大利修宪公投
奥地利总统选举第2轮

12月15日
美联储议息会议

● 2016年
● 2017年
● 2018年

9月
德国大选

12月底
希腊债务
重组讨论

5月
意大利大选

6月11日~6月18日
法国国会选举

3月
英国可能触发
《里斯本条约》第50条

3月15日
荷兰大选

4月23日~5月7日
法国大选

3月9日~3月10日
欧盟首脑会议

潜在"黑天鹅事件"

3 500 亿美元。

如果市场恐慌加剧，如果没有资本管制，居民分分钟把这剩余的 3 万亿元外储抢光。别忘了，我国居民的存款现在高达 60 万亿元，而且每年还以接近 1 万亿美元的速度在增加。

从目前的基本面看，2017 年的人民币走势没有平稳的可能，只可能是两种：

1. 继续单向贬值，这是大概率。前提是央行遵循基本经济规律，基本不干涉市场。这种做法，忍短痛，但求长生。

2. 逆势大幅升值。前提是央行救急从权，基本放弃人民币国际化努力，转而实行严厉资本管制。这是小概率"黑天鹅"事件，但也有可能发生。这种做法代价巨大，但功效也仅限于临时救火，长期人民币该怎样，还是怎样。

汇率贬值真的有那么可怕吗？

如果央行停止干预，或许在短期会出现所谓的超调，但只要我们做好准备，就完全有能力来克服这种冲击。人民币跌多了，居民转头用外汇换人民币也是完全可能的。

央行并非三头六臂，给它定多重目标，其结果多半是什么目标也实现不了。

一旦早下决心,让汇率由市场来决定,就不至于令货币政策被绑架,投鼠忌器。这样我们就能摆脱许多无形的枷锁,专心致志地把我们的宏观调控搞好,把我们经济结构的调整搞好。

只要我们放弃"中或最赢"的自我麻木,直面现实,就不难发现,"人无贬基"只是一厢情愿的幻觉,甚至是自我设套。

美国前财长约翰·康纳利说过这样一句经典名言:美元是我们的货币,却是你们的问题。这句话充分体现了美国人对美元这个"武器"的满意,同时也给了我们最直白的提醒。

换句话说,至少,我们不能让我们的货币,成了我们的问题。

2016 年 11 月 25 日

特朗普与徐翔：两个顶级趋势投资者的狂欢

题记：徐翔聪明绝顶，是绝对的群众运动好手，而且几乎是轻而易举地发动了"不明真相的群众"跟他走。他的悲剧在于：最后他自己都相信了自己用来忽悠群众的那一套，而迟迟不愿从神坛上退出。

▷ 一

对大多数中国人而言，2017年这个中国农历丁酉鸡年过得颇为平淡和乏味。对把自暴自弃四个大字做到了极致的春晚，大伙连吐槽的兴趣都没有了，而经济的下滑与调整令大家也没有太多心情和胆量去"展望未来"。

春节前后，唯一吸引了大多数人眼球的，是中美两个看起来貌似完全没有任何相关性的人物：中国证券市场曾经的"股神"徐翔，以及美国新任总统特朗普。

▷ 二

环球股市在鸡年开年基本都是跌声一片，而这个把全球都折腾得鸡飞狗跳、心惊胆战的人，正是当今地球村的当红炸子鸡——美国新任总统特朗普。

其实距离特朗普当选已经3个多月了，距离正式就职也过去十几天了，但江湖上铺天盖地的仍都是关于他的各种传说。从他参选美国总统那天开始，全球几乎就都在分析他的言行模式与可能带来的影响。到今天，这仍是最热门的研究课题，且没有答案。毫无疑问，这养活了一批无所事事的智库与专家。

特朗普的言论和难以预测的政策引发的担忧让几乎所有人抓狂。日本的外务省官员是如此描述自己的无奈与迷茫：我们原本以为临近就职典礼，特朗普的发言就会趋于冷静。但听了就职演说，我们反而更震惊了。为在日美之间理所当然的那些事情,迄今都必须与特朗普本人逐一确认。

大多数人之所以觉得特朗普的言行如此不可捉摸、不可把握,是因为几乎所有人都只是简而化之地在两个维度上切换特朗普的角色:政客,商人。

政客好说,多数无耻,但好面子,遵守政治的基本游戏规则,还会有高大上的精英价值观底线,所以政客的行为规则很难离谱到哪里去,这也是里根一个"演员"能成为美国最伟大总统之一、施瓦辛格一个健美明星能把加州治理得井井有条的原因。

商人也好说,"商人重利轻离别",不就是利益第一吗?没有不能做的买卖,关键是价格。那就 negotiation(谈判)好了,好歹弄出个双方都能接受的价格。

但非常明显,特朗普既不是政客,也不是商人。他四处树敌,煽动歧视与仇恨,完全无视所谓的价值观。他对反对自己"入境限令"的 900 多名美国政府外交人员也不是 negotiation,而是给出没有任何回旋余地的单一选项:要么执行,要么走人。

但特朗普并非行为规律不可捉摸的疯子。

事实上,如果你熟悉徐翔,熟悉涨停板敢死队,熟悉资本市场的游戏玩法,就不难发现:特朗普是一个符合几乎所有"趋势投资者"特征的交易者。

在这点上,他与徐翔没有任何差别。

最关键的,他们两人都是"趋势投资"的绝顶高手。

▷ 三

股市投资有两个基本流派:价值投资与趋势投资。

价值投资者都会承认并遵循几条基本的假设:

1. 任何公司都是有确定价值的,价格只是价值的外在表现。换句话说,价值是存在的。

2. 任何外在因素,会短期影响股价波动,但最终会回归价值。换句话说,交易盯的是价值。

3. 投资收益来源于公司利润的增长,而不是其他。

趋势投资者遵循的假设则完全不同:

1. 价值无所谓有,也无所谓无。换句话说,价值未见得真实存在,真相是什么并不重要。

2. 股票市场价格已经反映了所有信息。换句话说,交易盯的是价格与趋势。

3. 投资收益来源于交易(博弈)对手,上市公司只是一个博弈的筹码工具。

这两种投资方法,很难说孰优孰劣,用好了,都能 make money。多数人习惯使用价值投资法,因为简单,且容易理解和执行:你要做的只是坚定信仰。你所谓的那个价值是真的存在的,并用一定的财会知识和确定的估值方法去计算,笃定不已,去执行就好了。

对多数价值投资者而言,否定"价值"存在的趋势投资,更像没有信仰的虚无主义——没有价值之锚,完全靠揣测、引导、放大和利用市场(大众)的情绪与趋势,这需要的不是金融、财务知识功底,而是心理学、行为学、博弈论等的大杂烩,这太不靠谱了。

也正因为如此,能用好趋势投资的人并不多。它需要的是:

1. 前期趋势起来前敏锐的趋势发现能力。

2. 中期巧舌如簧,长袖善舞的趋势引导能力与趋势放大能力。

3. 后期异常冷静和决绝的退出游戏的能力。很多趋势投资者败就败在最后这一点上:他们在不遗余力讲故事,一遍一遍忽悠群众(羊群)的过程中,最后可能会忽悠到自己都信了,以致不能及时退出。

成功的趋势投资者,一定是一个群众运动高手:在发动群众运动的狂欢中,实现自己的目标。

徐翔和特朗普,都是趋势投资的高手。但从目前情形看,特朗普比徐翔技高一筹:特朗普极可能在总统任期内漂亮地做完整个趋势,并最后全身而退。

而缺乏决绝的游戏退出能力的徐翔的结局,我们已经都看到了:2017 年 1 月 23 日,农历丁酉鸡年前四天,随着青岛中院的法槌敲下,震惊金融市场的"私募一哥"徐翔操纵证券市场案一审宣判,徐翔被判有期徒刑五年零六个月,同时处以中国证券市场创纪录的罚金:110 亿元。

▷ 四

徐翔也一度引领了中国资本市场群众的狂欢。

他的功亏一篑,在于他会放,不会收:他聪明绝顶,是绝对的群众运动好手,而且几乎是轻而易举地发动了"不明真相的群众"跟他走。他的悲剧在于：最后他自己都相信了自己用来忽悠群众的那一套,而迟迟不愿从神坛上退出。

2月12日是徐翔40岁的生日。此前,这个其貌不扬的中年人是中国证券市场中"神"一样的存在。从早年的宁波解放南路涨停板敢死队传奇操盘手,到2009年转型私募基金管理人,创建泽熙,再到2015年,泽熙旗下的多个产品一骑绝尘,连续高居收益排名前列。

确保这种奇迹的,就是徐翔用得如鱼得水的"趋势投资"。涨停板敢死队是徐翔刚出道时最初级的趋势投资法：一旦敏锐发现哪只股票有涨停的趋势（发现群众的趋势）,就不管理由、不问原因,用控制的资金将其迅速推上涨停板,并用巨量死死封住涨停板,以吸引、放大这种一票难求的情绪与趋势,第二天乃至第三天再继续巨量一字板,把大伙情绪吸引挑逗得嗷嗷叫,"不明真相的群众"都跟进"闹革命"时,再悄悄撤下自己的埋单,转手开始卖出筹码,套现退出。

2009年徐翔转型私募基金管理人后,玩法更高明了一些,但实质仍是典型的趋势投资法：和上市公司高管密切合作,发动群众,忽悠群众,确保其二级市场的超额收益。

2016年12月5日至6日庭审时,青岛检院指控,2010年至2015年,徐翔先后与13家上市公司的董事长或实际控制人合谋控制上市公司择机发布"高送转"方案,引入热点题材等利好消息；用基金产品在二级市场进行涉案公司股票的连续买卖,拉抬股价；另一方面徐翔以大宗交易的方式,接盘上述公司股东减持的股票；上述公司股东将大宗交易减持的股票获利部分,按照约定的比例与徐翔等人分成；或者双方在共同认购涉案公司非公开发行的股票后,以上述方式拉抬股价,抛售股票获利。

趋势投资者都明白并充分利用这个假设：真相是什么并不重要,只要说服群众相信就好了。但他们很容易忽略一点：群众最容易被收买和引诱,很容易请君入瓮,但也最容易分裂。一旦分裂,任何没有逃离瓮中的人都会现出原形,包括那个讲故事的始作俑者。

从这一点说,徐翔可能是一个趋势投资的好手,但却不是高手。

▷ 五

　　特朗普不同。他几乎具备了所有趋势投资高手的素质并运用得如鱼得水。

　　他敏锐发现了普通美国人("人民群众")心中积蓄的不满以及要求改变现状这个若隐若现的"趋势",并立即加以引导、利用和放大。特朗普罔顾甚至践踏美国政坛长期以来的"精英逻辑"与所谓的价值观,用最浅显易懂甚至粗俗的语言发动群众,哪怕说错了、说漏了也不加以修正。

　　这很容易引发共鸣:在就业问题上攻击外国人,针对移民建造高墙。为了拉拢某些人而树立敌人,加以抨击,这是唤起人们狂热情绪的最有效办法。他清楚地知道:煽动歧视并不需要很多的词汇。然而,对其驳斥,却需要费劲口舌。

　　而他的"make America great again"(让美国再伟大),表面看起来高大上,但实质则是最聪明地击中和煽动了普通人心中的软肋:美国不是一直很伟大吗?不是的,"我们"普通人和那帮精英(当权者)拥有的不是同一个美国。那个美国是他们的,我们人民群众需要自己的美国。

　　这就是特朗普用"again"这个简单易懂词汇流氓无赖但又聪明绝顶的地方。

　　他就职演说里罔顾美国在其创立的全球秩序下吸收全球财富而变得富裕的事实,而反复强调"赢回财富"。这种通俗易懂的动宾结构口号,其号召力与煽动力丝毫不亚于中国历史上历代农民起义高喊的"均贫富、分田地"口号。

　　与强调价值观、拥有宏大理想的奥巴马不同,特朗普完全没有这些"价值投资者"高大上的束缚,当选后他又立即投其(群众)所好,开始打破一切既存游戏规则与玩法(消灭和扼杀其他趋势):他曾经质疑"一个中国"原则,声称除非北京在汇率及贸易问题上有所让步,否则美国不一定奉行"一个中国"的政策。他与蔡英文通电话并称对方为总统,邀请中国台湾派团出席其就职典礼,他从不掩饰其反欧盟的态度,对于英国脱欧他给予声援,并表示还会有后来者。他无视硅谷、华尔街、德国总理默克尔、加拿大总理特鲁多、英国首相的争议与反对,签署引发轩然大波的移民禁令,并在1月30日向包括日本在内的跨太平洋伙伴关系协定(TPP)11个参加国发送了退出TPP的通知信函……

　　"人心齐,泰山移",让"群众"坚定不移地相信他们选对了人、跟对了人,是在从事一项"伟大的事业",这是这场群众运动在他的任期内顺利交易完成的基本前提。从一个趋势投资者的逻辑看，特朗普的一切疯狂行为，看起来都显得如此的"合理"。

美国第45任总统甚至在就职后短短几个小时内就让白宫椭圆形办公室彻底变了样：他将办公室的座椅与窗帘、地毯统统都换成了金色。这是一个趋势投资者最钟爱的色彩，也是其内心志忑的最真实写照。另一个标志性动作是：他用一尊丘吉尔的半身塑像，替换了总统办公室内黑人民权运动领袖马丁·路德·金的半身塑像。

让价值观（价值投资）见鬼去吧！

之所以说特朗普在趋势交易上比徐翔技高一筹，是因为蛛丝马迹显示：特朗普远比徐翔知进退。

这在他看似充满前后矛盾的内阁安排里体现得淋漓尽致：他称工厂工人是"被遗忘的人群"，但在政府内阁人事安排方面又表现出极端重视华尔街超级富裕人群的态度。他的内阁，基本全是金融家与企业主这些典型"资产阶级"组成的内阁，完全看不到"人民"的身影。

这就是为何历史上历代农民起义喊出的口号都是动宾结构，而绝不会冠以主语的原因。田地是分了，最后分给了谁，那完全是另一件事。

▷ 尾声

做投资的都清楚：趋势投资者制造的趋势与价格波动，是价值投资者谋求超额收益的温床。

美国这个地球村最大的大个子，在特朗普引领下，貌似已经开始了一场抛开甚至蔑视价值（观）的"群众运动"，这对美国而言，很难说是好事，还是坏事。

但有一个结果是确定的：它会在全球范围内制造出各种巨大的波动，笃定的价值投资者，必然能在波动中找到机会从而受益。

或许（希望）会是中国？

2017年2月2日

过去三年中国最牛的商业创新模式：
摩拜单车，还能走多远？

题记：在地产界有句名言：房子，除了地段，还是地段。在中国风投界也有这么一句经验总结：项目，除了商业模式，还是商业模式。

▷ 一

一个风投界的经典故事：土豪海选女友，给三个候选对象各100元，让她们用最少的钱，把一个空的房间填满。第一个女生买了很多棉花，勉强装了房间的1/2；第二个女生买了很多气球，装了房间的2/3；第三个女生冰雪聪明，她花最少的钱买了很多蜡烛，温暖的烛光瞬间照亮了整个房间。

土豪最后选了身材最丰满的那一个。

相亲时，男人会和你谈情怀、谈人生、谈理想，但他最看重的，其实是身材。

风投圈如出一辙：风投家会和创业者谈情怀与社会价值，谈创始人人品，谈团队构成，但最后决定投与不投的时候，其实只看一点：商业模式。

中国人穷怕了，也被束缚太久了，所以一旦环境许可，万众创业的激情就难以遏制地在神州大地上肆意疯长，但绝大多数创业者其实并没有想清楚他的商业模式，所以大多数人的青春其实只是被荷尔蒙以及发财梦所蒙蔽和牵引，被白白浪费在了艰险的创业路上。

商业模式实际是一个链状的体系，一个好的商业模式创新，至少要想明白如下 5 个核心问题：

1. 你准备提供的产品（或者服务），解决什么需求？换而言之，你的目标用户群体是谁？刚需，还是改善性的？高频需求，还是低频？

2. 这个需求的市场是否足够大？如果是个小市场，那就不是创业，是糊口。

3. 你的模式，会动谁的奶酪？换句话说，你的潜在敌人，块头有多大？这决定了你创业的摩擦系数与阻力，也决定了你最终能走多远。

4. 你的模式，是否不容易被复制、被抄袭？

5. 盈利模式，这是最重要的。简单来说，你的商业模式，怎么赚到钱？任何不考虑赚钱的商业模式，都是耍流氓。但如果你耍流氓（当然不能违法）就能解决赚钱问题，风投不会在意你是流氓还是君子。如果风投问一个创业者他的营利模式，如果回答是我还没考虑这事，我现在就考虑烧钱做用户、抓流量，风投对他都会保持足够的敬意，以及足够的距离。

最牛的创新，无疑是技术创新。但中国人创业，喜欢投机取巧，耐不得寂寞，不舍得技术研发投入，也不愿等，所以 99％ 都只是单纯的商业模式创新。大家的创业，比拼的实际就是商业模式。

所以，在地产界有句名言：房子，除了地段，还是地段。

在中国风投界也有这么一句经验总结：项目，除了商业模式，还是商业模式。

▷ 二

在研究风投的这些年里，我见过无数聪明的商业模式创新，很多都令人眼前一亮，但令人拍案叫绝的，则寥寥无几。

无它，就是因为没有几个模式把以上 5 点都回答好了。一般而言，能回答 1、2、3 的，就是一个还算不错的项目了。能回答 1、2、3、4 的，就是上品项目了。能把 1、2、3、4、5 同时回答的，就可以冠之以"最牛"两个字了，是极品项目。

如果要选中国过去 7 年最牛的创新商业模式，我会倾向于雷军的小米。他是第一个用硬件做互联网的，以几乎不赚钱的倾销价格获取用户（羊群），打造生态，然后去寻找"猪"来埋单。也即雷军的名言：羊毛出在猪身上。

毫无疑问，智能手机市场足够大，价格敏感的普通用户也足够多，但，雷军的商业模式核心仍然只是一个单纯的营销模式创新，他会触动手机生产商与销售渠道的双重利益，断难持久。一旦其他厂商在渠道改革上跟进（比如 VIVO 与 OPPO），甚至是用技术创新来比拼（比如华为），而你的生态与"猪"都还没来得及找好，下坡路就是必然的了，这就是为何小米开始被迫扩展产品品类（诸如小米手环、小米电视等），继续挖硬件，而不是挖 ARPU 值的原因。

换句话说，雷军完美回答了上述 1、2、3 三个问题，4 回答了一半，5 没有答案。所以，小米这个项目，很牛，但也没有市场想象的那么好。

如果要选中国过去 5 年最牛的创新商业模式，我把票投给滴滴。出行的难易，几乎关乎所有人，市场足够大，而且绝对的高频，同时因为前期要烧大量的钱来圈用户，不是足够有钱的人，也无法去做这种创新。

但它的瑕疵也是明显的：触动了几乎所有商务乘用车链条上的人（诸如出租、公交、相关主管机关等）的利益，而这个链条上的人，属于社会天然会给予同情的所谓"弱势群体"，最关键，他们是有组织的，不是散杂的个体。组织要反弹，力量是不容小觑的。而且，烧完钱后，在可预见时间内，滴滴看不到该如何赚钱。盈利模式一直不清，这是滴滴商业模式最大的硬伤。

换句话说，滴滴完美回答了上述 1、2、4 三个问题，3 回答了部分，5 没有答案。

所以，滴滴这个项目或许是好项目，但肯定不是"最牛"的项目。个中滋味，投钱进去的人，自己才会体会到。

如果要选中国过去 3 年最牛的创新商业模式，毫无疑问，是以摩拜、ofo 为代表的"共享单车"，而且，我愿意对它冠以"最牛"两个字。

▷ 三

"共享单车"这个商业模式创新,很类似其中的代表公司摩拜——真的令人顶礼膜拜,拍案叫绝。

ofo 是最早成立的共享单车公司,2014 年由来自北大的 5 名 90 后创始人创立,2015 年 6 月,ofo 共享计划推出,在北大成功获得 2 000 辆共享单车,12 月,ofo 日订单接近 2 万单。金沙江创投合伙人罗斌到北京大学办事,看到路上很多辆小黄车闪过,他意识到这是一家值得投资的公司,抓住了学生的刚需,并且是高频次的,于是便有了 2016 年春节后的 A 轮融资。

摩拜单车则一开始便有资本的身影,10 年汽车记者背景的创始人胡玮炜只是一个普通白领,2014 年的一天,一个在奔驰中国设计中心工作的朋友告诉胡玮炜,未来的个性出行工具会有一波革新潮流,蔚来汽车的董事长李斌问她,有没有想过做共享出行项目,后来又与极客公园创始人张鹏进行过探讨。胡玮炜一开始就有这些投资人的支持,并邀请从优步上海总经理离职的王晓峰担任摩拜的 CEO。

两者都发展迅速,从下表的融资数量与估值可见一斑:

	2015年10月	2016年1月	2016年8月	2016年9月	2016年10月	2017年1月	投资方
ofo	Pre-A	A	A+	数千万美元	1.3亿美元C轮		滴滴、小米
mobike	A轮数百万美元		8轮数千万美元	1亿美元C轮		215亿美元D轮	创新工场、腾讯

"共享单车"之所以发展如此迅速,几乎一夜之间,各种小黄车如雨后春笋般出现在诸多城市街头,是因为这个商业模式,几乎完美地回答了我上面提出的5大核心要件。

首先,短距离出行是绝对的刚需,特别是日渐拥挤的大城市和高峰期,一直都是巨大痛点,公交、地铁、出租、私车都无法解决,而过往一些城市(比如上海)尝试的"公共自行车",由于各区政府各自为政,投入主体不清,自行车投放不足,还车困难等一系列问题,最后几乎都无疾而终。

摩拜为代表的"共享单车",由公司投放车辆,打开手机APP就能查看附近的车辆,看到有合适的还可以提前预约,不用停车桩、不用办卡,二维码一扫就能开锁,不用的时候停在任意合法非机动车停车点即可,半小时收费1元,用车成本低到可以忽略,而且简单方便易用,几乎彻底、完美解决了城市"最后一千米"的困扰。

其次,市场巨大。截至2016年12月,我国"网络预约专车"用户规模为1.68亿,比2016年上半年增加4 616万,增长率为37.9%,共享单车的潜在用户规模,无论如何不会少于这个。哪怕你是一个丝毫不在意出行成本的土豪,一旦你体验过约朋友吃饭,开个私家车从东城到西城需要3个小时,然后再花1个小时找停车位的痛苦,你就知道绝大多数时候,宁可乘地铁,出地铁站后骑摩拜单车到饭馆路边,把车一扔,是多么痛快和潇洒。所以,你几乎可以把所有城市上班一族都视作目标群体。

第三,这玩意儿几乎没有触动任何旧世界哪个"土豪"的利益,摩的除外。而摩的几乎是所有城市清缴的对象。而且,摩的全是"地下党",没有组织,完全不成气候。

最后,也是最令人"膜拜"的,是"共享单车"从一开始就有非常清晰的盈利模式：押金。想明白了这一点，你不得不对想出这个模式的人由衷赞服。

共享单车的盈利模式，是通过分时租赁来部分变现，通过收取押金来回收资金，实现现金流并进行扩张（下图）。

	押金	收　费	使用年限	成　本	布　局
ofo	99元	一小时1元	1年	300元	34座城市，超80万辆
mobike	299元	半小时0.5、1元	2、4年	1 500～3 000元	13座城市，数量不详

分时租赁那个钱，其实一点不重要，无论是摩拜还是ofo，我相信他们心里都门清：哪怕有1亿用户，每天用1小时，也就1亿元的收入，为此却需要面对超过1 000万辆自行车的投放与硬件损耗，再加上其他管理费用，更重要的是，由于其短途特点，及对标公交和传统"公共自行车"，其定价上浮空间有限，所以，他们压根就没指望通过一小时1元的租赁费来赚钱。

通过什么？

押金——一个无比天才的创新。

在你屁股跨上单车前，无论是摩拜还是ofo，你都必须把你的电话号码、真实姓名、身份证号（要实名认证）都发送过去，同时，你还得提交299元（摩拜）或者99元（ofo）的押金。

对任何一个互联网企业来说，能通过长期运营获得用户注册，以及（用户信息）一个电话，已经是天大的幸福。"共享单车"的玩法，等于泡妞，第一次见面，就拿到了对方的所有身份信息与电话。这是对用户无比苛刻的要求，很多隐私意愿强烈的用户一定是抵制的，但"共享单车"用解决痛点的需求一次性实现了。

最关键的，还让用户掏了钱包。这是所有商业模式最后的一个环节，也是最梦寐以求的环节。

之所以说这是个天才的创新，是因为299元的押金：

1. 可以退，所以多数人不会抵制缴纳这笔钱。

2. 可以退，但公司不会自动退，多数人也不会主动要求退，因为下次用车还得缴，其结果就是大量资金沉淀在公司，等于无偿占用。

3. 押金不能动用，不能用作租赁车费的支持。这等于这笔钱只会增加，永远不会减少。

4. 由于一份押金对应一个注册用户，而非一辆车，这意味着投放一辆车，能锁定远超过 1 个用户。摩拜目前是一辆车锁定 8 人，等于投放一辆车，获得 2 400 元（300×8）的"存款"。

从这个意义上，摩拜投放的每辆单车，都类似一个储蓄所。中国网点最多的金融机构是农业银行，在全国有超过 2.4 万家分支机构、3 万台自动柜员机。而 2017 年 1 月 23 日，富士康成为摩拜新的战略投资者。此次合作，将有望大幅提高摩拜单车产量，每年总产能预计将能超过 1 000 万辆。而每一辆单车，都是一个移动储蓄点。

仅以 1 000 万辆投放为假设，每辆车锁定 8 人，每人 300 元押金，沉淀总额资金将达 240 亿元，这是最经典的互联网金融的玩法。

不去着眼解决盈利，而是解决现金流，不出售硬件而通过收取押金来弥补现金流，减少了一般互联网企业为培育用户而通过海量补贴产生的现金支出，这是相当高明的一步。

换句话说，"共享单车"解决了上述模式中的 1、2、3、5（见下表）。

	资本形成	盈利模式	价值来源	产品定位	用户定位
互联网叫车	腾讯、阿里海量补贴	争夺入口与流量，形成垄断后变现	提高人与车的连接效率	城市中长距离出行需求	中高端
共享单车	风险投资、互联网企业投资	押金＋分时租赁	填补城市中心区市场空白	城市短距离出行需求	中低端
智能硬件	企业投资、众筹	出售硬件及服务实现	增强计算、通信能力、产品性能提升并可联网	传统机电产品性能升级	中高端

唯有 4 略有瑕疵，但无伤大雅，因为最关键的盈利模式问题，从一开始，就得到了解决——符合"最牛"模式的定义。

▷ 四

最后的一个问题是："共享单车"这个商业模式，能走多远？

或者说,还有哪些问题?

问题仍然存在,简而述知:

1. 当前的硬件成本偏高,降低"储蓄所"的开办成本是未来这个模式能否成功的重中之重。ofo 的单车成本较低,因此收取的押金也较低,但摩拜的单车成本要高出数倍。ofo 与摩拜在单车成本上的差异体现在下表中。摩拜的运动版价格昂贵,由于是自有工厂生产,特别是采用无链条传动结构,大大增加了单车的重量和成本。

	车身	轮胎	链条	锁	产能
ofo	轻、普通钢材	普通充气轮胎	普通链条	机械密码锁	委托生产、产能大
mobike	重、铝材	实心轮胎	KMC 链条、无链条	电子智能锁	自有工厂、产能小

2. 难骑、难找问题。公司为了减少返修率,设计的车辆必然没有正常自行车好骑,体验会差不少。而用户为了方便自己使用,就必然违停,甚至藏车。但这些都属于甜蜜的烦恼,不难解决。

3. 蓄意破坏问题。至少摩的司机对这些车会有"深仇大恨",但如前文所说,这个问题不大。

4. 竞争对手问题。无论是摩拜,还是其他,其实都刚刚起步。"共享单车"商业模式最大问题之一,就是可复制性太强,门槛不高。摩拜等先行者必须全力加速奔跑,圈地第一。

再也不用买车了

5. 政策支持问题。表面看"共享单车"并未触动太多人利益,而且还有绿色出行的环保概念,但一旦成气候,抢(停放)空间,抢(行使)道路,都几乎是必然的。从这个意义上,"共享单车"其实动的是整个机动车的奶酪,被利益团体乃至

广东深圳蛇口湾厦山公园旁边出现大面积人为破坏共享单车情况,估计数量超过 500 辆

行政打压,完全是可能的,必须高度重视。

当今浮躁的中国,出现一个令人兴奋的商业模式不容易,真心祝"共享单车"能一路走好。

2017 年 2 月 12 日

不能安家　何以安邦

题记：眼看他起高楼,眼看他宴宾客,眼看他楼塌了——(清)孔尚任《桃花扇》

▷ 一

某些内地企业家都在不同场合表达过类似的态度：我的公司是国家的。

一个中国香港土生土长的上市公司老总曾与我沟通这个问题,他对一个企业主说这种话百思不得其解：这是一种爱国的固定表达范式吗？你的企业,怎么可能是国家的呢？爱国是爱国,产权是产权,李嘉诚永远也不可能说长和是中国香港政府的。不单李嘉诚不会说,任何一个再小的小公司老板也不会说这种逻辑荒诞的话。如果你的企业,随时可以拿去,谁还会去用心长期经营企业？

我无言以对。

▷ 二

在中国,权力对商人具有一以贯之的历史成见。

作为一个两千年中央大一统的帝国,中国一直都是一个重农抑商的国家,历代执政者为维持统治,对具备经济实力的商人阶层始终抱有天然的敌意,并进行精心刻意的丑化与打压,一个长安娼妓容颜衰老后,"老大嫁作商人妇",还会认为自己亏得慌。

在士农工商的严格界限划分中,帝国在千年历史里非常严厉地限制甚至禁止政商的交叉、流动,寻求把商人始终置于一种被支配的边缘地位,力图避免非制度化力量在体制外的集结。官家对权力的绝对垄断和商人在政治上的边缘地位,导致前者可以对后者进行机会主义性质的掠夺。

在政府愿意的时候，行政权可以转化为事实上的产权，这是两千年来中国产权制度的一项基本特征。

对工商业的压抑及异化，贯穿于整个两千年的帝国时期，已俨然成为一种类似胎记般的传统，官商之间那种没有契约精神的随时予取予夺的不对等关系，从来没有被尖锐地打破过。为免权威受到挑战，中央集权制度将拥有恒产作为社会的现实与心理红线，并定期将成规模的民间财富暴力打散，以维持在均贫的平衡点上。中国企业史，被生生演绎成一场政商零和博弈史：财富积累—财富剥夺—财富毁灭—再积累—再剥夺—再毁灭的暴力轮回中。

史学大师钱穆在《中国历代政治得失》中如是总结："中国传统政治上节制资本的政策，从汉到清，都沿袭着。"即使游历欧美的孙中山，也将"平均地权，节制资本"纳入三民主义中的"民生"。

为了保全财富及获取更大的利益，势如累卵的商人集团"本能"地做出两个举措：

第一，产业资本从生产型向消费型转移，社会经济成长从而失去创新动力，而这正是17世纪后秉行重商主义的欧洲开始迅速超越中国的核心原因之一。

第二，力图跻身垄断集团，积极向政权寻租。"秦汉以后的历代中国商人都把钻营附庸政治权力作为自己存身和发财的门径。"（历史学者王亚南，1943年）

也正是这种畸形的官商文化，将多数工商人士拖入一种更为无序、凶险的政商关系的实践中。小心翼翼行走在政商边缘,他们的任何成就和他们的软肋同样真实得让人震惊:他们热爱市场,但又容易被市场中无厘头的冷箭所伤;他们脱胎于制度,却要像神话中的珀尔修斯一样试图摆脱宙斯的阴影,他们能在夹缝中成长出一个巨大的商业故事,但因为非市场化的政治风险,商业帝国的垮塌与失败,往往比成功来得更迅猛和无情。

▷ 三

市场传言,黄光裕在狱中反省,看得最多的书是冯仑的《野蛮生长》,因为书中有一句话,六个字:"离不开,靠不住。"

中国式政商关系,如同一个神奇的魔咒,一片被认为是少有光亮的灰色地带,它让一个个枭雄级的企业家,如黄光裕、张文中、周正毅、顾雏军、褚时健、仰融、牟其中……纷纷成功又纷纷落马,它就像深不可测的海水,让你风平浪静地航行,领略天地间的美景,但瞬间又可能毫不留情地将你打翻。它的每一次发作,都让身在其中的企业家们矛盾又心寒,从历史上第一个商人王亥,到吕不韦、沈万山、胡雪岩,以及孔宋家族,一直到今天,这个矛盾一直纠结着企业家们的心神。他们战战兢兢地拿捏着那个距离的尺度,但往往,不是"太近了",就是"太远了"。

在一个没有稳健机制和良性体制架构的环境下,所谓的长袖善舞、巧妙腾挪,与弄巧成拙之间,往往只有一线之隔。

在中国古代历史上,商人通过把自己和政治人物绑定在一起,只不过把商业市场面对的政治风险,转化成了政治权力斗争中的风险,且由于权力斗争的无情而变得更加险恶:一方面,由于进入了对方的核心决策圈,企业家不再有退出的选择,只能被动地为政治人物的政治利益服务。另一方面,一旦所绑定的政治人物倒台,接踵而来的后果完全可以对企业家构成毁灭性的打击。从千年前吕不韦的悲惨结局,到晚清"红顶商人"胡雪岩落寞死去,概莫能外。

中国历史上最出名的富人非沈万三莫属,他是中国历史上第一个可以称得上"富可敌国"的人,从《金瓶梅》中潘金莲反复说的一句谚语,即"南京沈万三,北京枯柳树,人的名儿,树的影儿"就可见一斑。《明史》记载朱元璋筑南京城,"富民沈秀(万三)者助筑都城 1/3"。

225

为进一步寻求政治保护并表忠心，筑城后沈秀"请犒军"，这触动了统治者心中的那根敏感的界限，帝怒曰：匹夫犒天下之军，乱民也，宜诛之。后谏曰，其富敌国，民自不祥。不祥之民，天将诛之，陛下何诛焉！乃释秀，戍云南。（《明史·马后传》）

但这并不算完。洪武三十一年（1398 年），为扫除对帝孙朱允炆继位可能构成任何威胁的政商势力，朱元璋大开杀戒，找了个借口（坐胡蓝党祸），"连万三曾孙德全六人，并顾氏一门同日凌迟"（《周庄镇志》卷六·杂记），这次沈万三女婿顾学文一家及沈家近八十余人被满门抄斩，并籍没田产。

清朝首富，"红顶商人"胡雪岩因左宗棠的赏识而被委以重任，常以亦官亦商的身份来往于宁波、上海等洋人聚集的通商口岸间，并帮助左宗棠解决战后财政危机等事务。此后，胡雪岩名声大振，短短几年，家产超千万，官居二品，赏穿"黄马褂"。左宗棠曾赞誉胡雪岩："你是生逢其时，财色双收，官居二品，商界知名。"胡雪岩答曰："我是天从人愿，赌博一生，看似风光无尽，实则如履薄冰。"

一语成谶。

光绪九年（1883 年），左宗棠、李鸿章派系之争中，其产业受各地官僚竞相提款、敲诈勒索而引发资金周转失灵，受外商排挤，而被迫贱卖，资产去半，并被清政府抄家摘顶。光绪十一年（1885 年）七月，靠山左宗棠即在福州病逝，同年十一月，胡雪岩在贫恨交加中郁郁而终。

胡雪岩是个符号：在他死去短短 26 年后，庞然大物清王朝也轰然倒塌。

中国作为世界上唯一一个延续两千多年的中央集权国家，政权对经济的控制已经形成一种制度与文化的惯性。

"红顶商人"胡雪岩

在中国跌跌撞撞的历史进程中，路径的选择权始终在各种派别的官僚手中，最为理性、稳健的工商业阶层，始终被排斥在决定历史的权力结构之外。在这种缺乏信用契约的环境中，中国特有的官僚制度，人际关系成为商业生长的必须土壤，而这种土壤注定了建立其上的商业故事最终都将是海市蜃楼。

胡雪岩通过结交权贵显要，纳粟助赈而富可敌国，但最终也因权贵的倒台而一贫如洗。胡雪岩葬在杭州西郊鸬鹚岭下的乱石堆中,他曾经拥有的万贯家财和浮华一生都如浮云般消失。倒是他精心创下的胡庆馀堂,至今仍以其"戒欺"和"真不二价"的契约传统矗立在杭州河坊街上。

作为一种无意识的集体选择,聪明的企业家们在公共平台躲避利益集结和人际联动。政商双方私下采取一种心知肚明、不以法律上场解决的互动,形成一种成本与风险最小化的增长联盟:企业家为地方政府政绩提供经济数据支持,而政府通过税费和信贷优惠以及赠予政治头衔,与之达成某种角色保全。

这让政商关系始终处在一种没有明确界限的模糊状态中,也注定了双方的博弈在长期会无限趋向于零和,而非帕累托最优:这就是在人口红利期过后,我们的经济左冲右突,也难以找到突破口的核心原因之一。

▷ 尾声

公元1858年,德国数学家莫比乌斯(Mobius)发现:把一根纸条扭转180°后,两头再粘接起来做成的纸带圈,具有魔术般的性质:纸带只有一个面(即单侧曲面),一只小虫可以爬遍整个曲面而不必跨过它的边缘。

两千年来,中国的行政权与产权,就处在这样一个诡异的、无障碍的莫比乌斯转换带上。

商人圈中备受推崇的两本"经营宝典"是《红顶商人胡雪岩》和《杰克·韦尔奇自传》。但是当韦尔奇这个"世界第一CEO"来中国布道时,那些曾自称是顶级的追随者:海尔的张瑞敏、联想的柳传志、春兰的陶建幸,一个也没去捧场,因为他们知道韦尔奇那套,在中国没用,或者说,至少是现在没用。

但幸运的是,情况在发生非常积极的变化。

日前,中央政法委书记孟建柱在《人民日报》发表文章,提出对改革开放以来各类企业尤其是民营企业因经营不规范引发的问题,要以历史和发展的眼光予以看待,严格遵循法不溯及既往、罪刑法定、从旧兼从轻等原则公正处理,不盲目翻旧账。对已过追诉时效的,不再追究。罪与非罪不清的,实行疑罪从无,等等。对孟建柱的文章,有人说是"大赦民企原罪",有人说是对民企投资意愿下降、资本外流的政策对冲,《新京报》社论则如是说:"释放保护产权善意,从不乱翻旧账开始。"

而"加快构建新型政商关系",这句话也出现在了李克强总理所做的

《2017年政府工作报告》中。在全国政协十二届五次会议新闻发布会上,大会新闻发言人王国庆如是强调:去年"亲""清"两字定调新型政商关系后,中国已出现了一些新气象:一是政商双方都对"亲""清"二字的认同度提高了,二是有了规矩,有的地方还出台了权力清单、责任清单、负面清单,办事进退有了边界。

政治的归政治,经济的归经济,上帝的归上帝,恺撒的归恺撒。

如能借此机会,从此奠定符合现代经济规律与产权要求的新型"亲"+"清"政商关系,则国之大幸,经济之大幸,亦民之大幸。

2017年4月1日

近乎疯狂的做空季：
收割内地"韭菜"的崭新方式

题记：只要内地资金继续源源不断南下，只要内地资金还没有习惯做空，港股这种逮谁杀谁的做空模式仍会继续上演，只是做空成功的胜率，会随着内地"韭菜"资金在缴足"保护费"、逐步对做空不再大惊小怪后，而逐步下降，最终恢复到正常的均值水平。

▷ 一

相信很多年后，当港股投资者回想起 2017 年的那个季春孟夏之交，充斥大脑的记忆可能就是一个画面：做空，疯狂的做空，肆无忌惮的做空……

1. 3 月 1 日，山东首富旗下公司中国宏桥(1378.HK)被做空，当日股价下跌

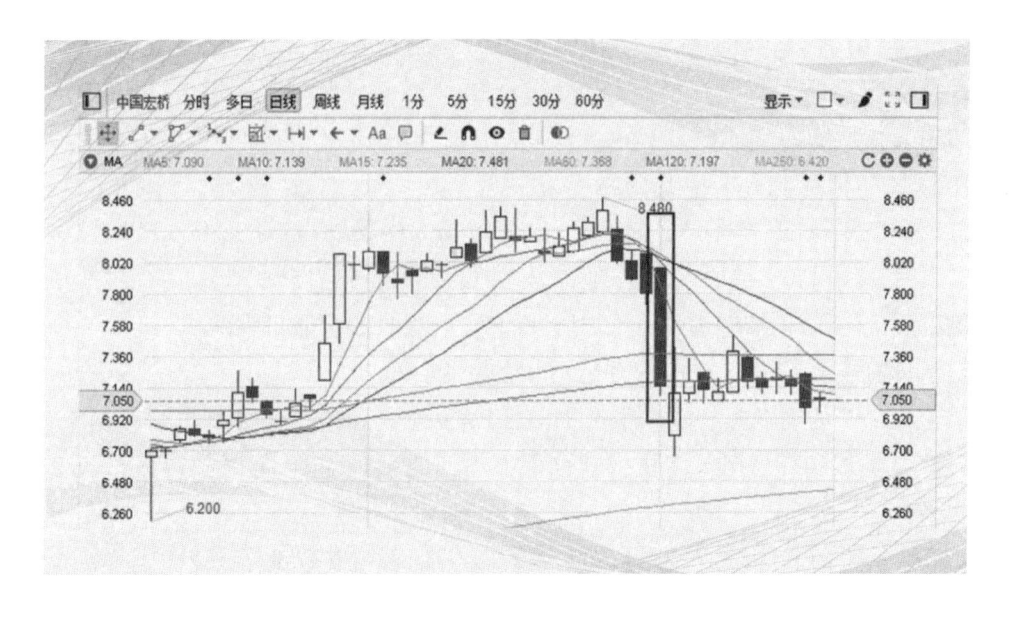

8.33%，到 3 月 21 日中国宏桥与其姊妹公司魏桥纺织（2698.HK），双双因年报无法按时发布而停牌，迄今无法恢复交易。

2. 3 月 24 日，东三省最大乳业公司辉山乳业（6863.HK）被做空，股价当日暴泻 85%，并引发一连串连锁反应，公司股票当日停止交易，至今尚无复牌信息。

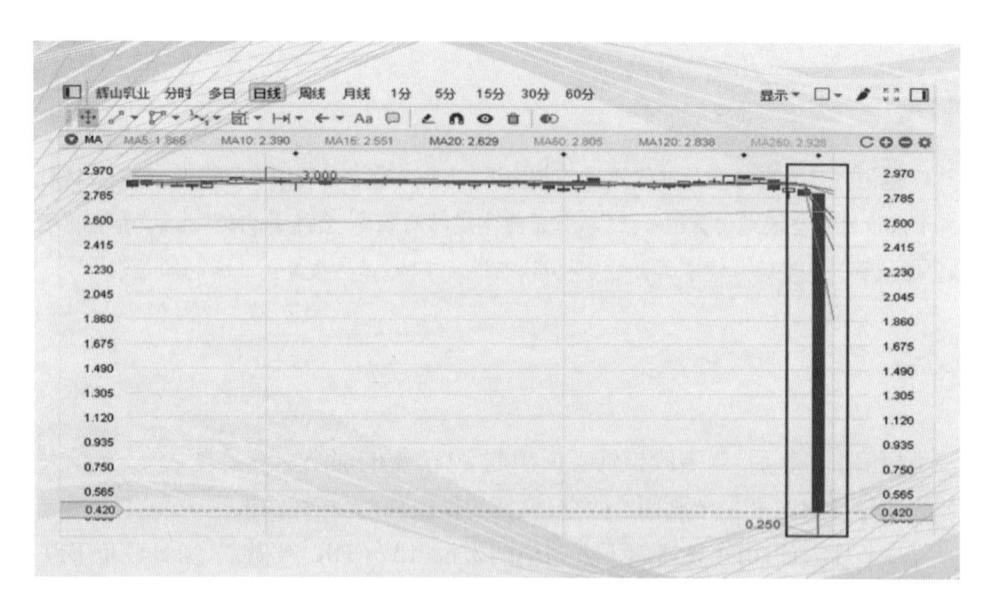

3. 4 月 25 日，南京当地实力雄厚的企业丰盛控股（607.HK）被做空，股价当日大跌 11.89%。尽管在停牌 4 个交易日后，股价被强势怼怒了回去，但其周围的相关联股票如卓尔集团（2098.HK）、中国华融（2799.HK）、中国高速传动（658.HK）仍都饱受冲击，风雨飘摇。

4. 5 月 11 日，苹果产业链公司、港股市场大牛股瑞声科技（2018.HK）被做空。尽管公司属于港股市场里少有的科技过硬的公司，为众多基金一致看好，市值已过千亿元，但依然逃脱不了被屠戮的命运，当日公司股价大跌 10.45%，5 个交易日内连续下跌 25.6%，数百亿元市值灰飞烟灭。

5. 最新的围猎对象是 5 月 22 日，B2B 龙头公司科通芯城（400.HK）被做空，股价大跌 22%。公司首席执行官以报警与回购强势应对，但看架势依然凶多吉少。

唯有中国信贷（8207.HK），在 4 月被做空后，股价基本没什么反应。

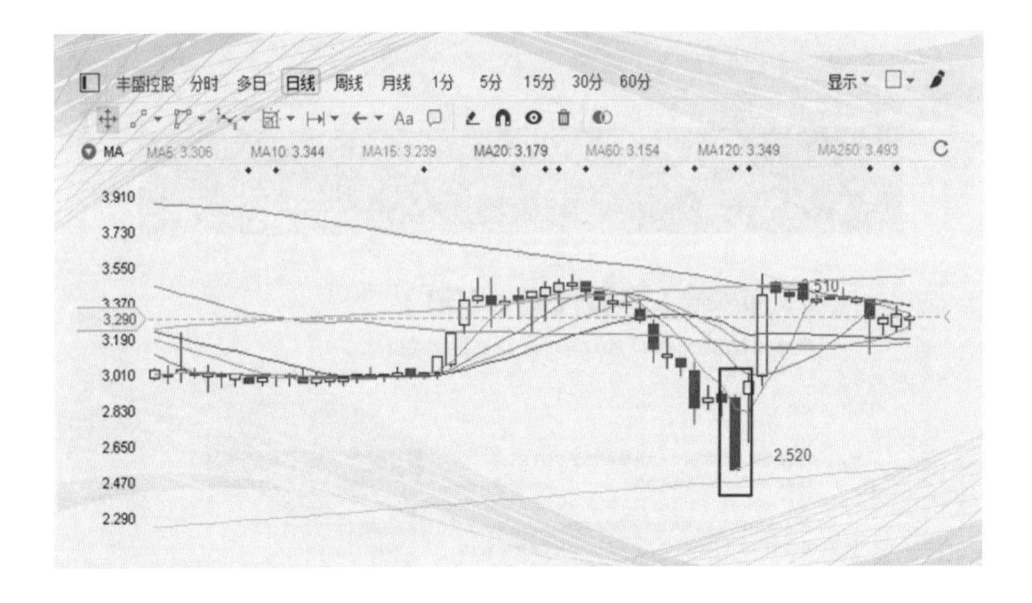

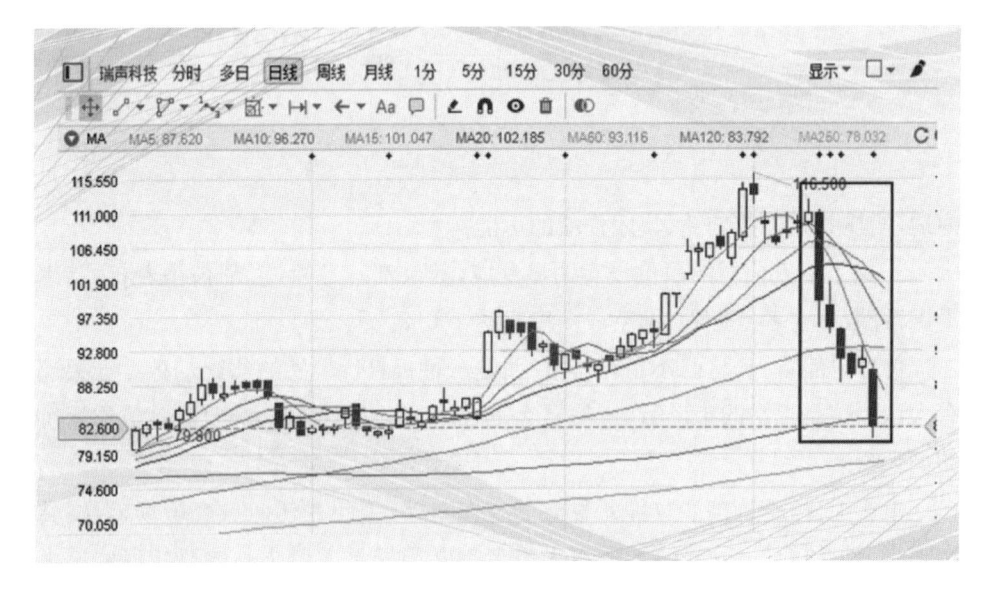

这意味着：

1. 75天，6家公司被做空，每月2家，频率越来越高，瘟疫一样传染，且行业、地域分布广泛，做空者并无明确的行业与地域指向。

2. 做空者有知名机构，也有籍籍无名的个人，甚至根本不知来头的匿名者（比如发布今天科通芯城做空报告的烽火研究），分别来自美国、中国香港，乃至

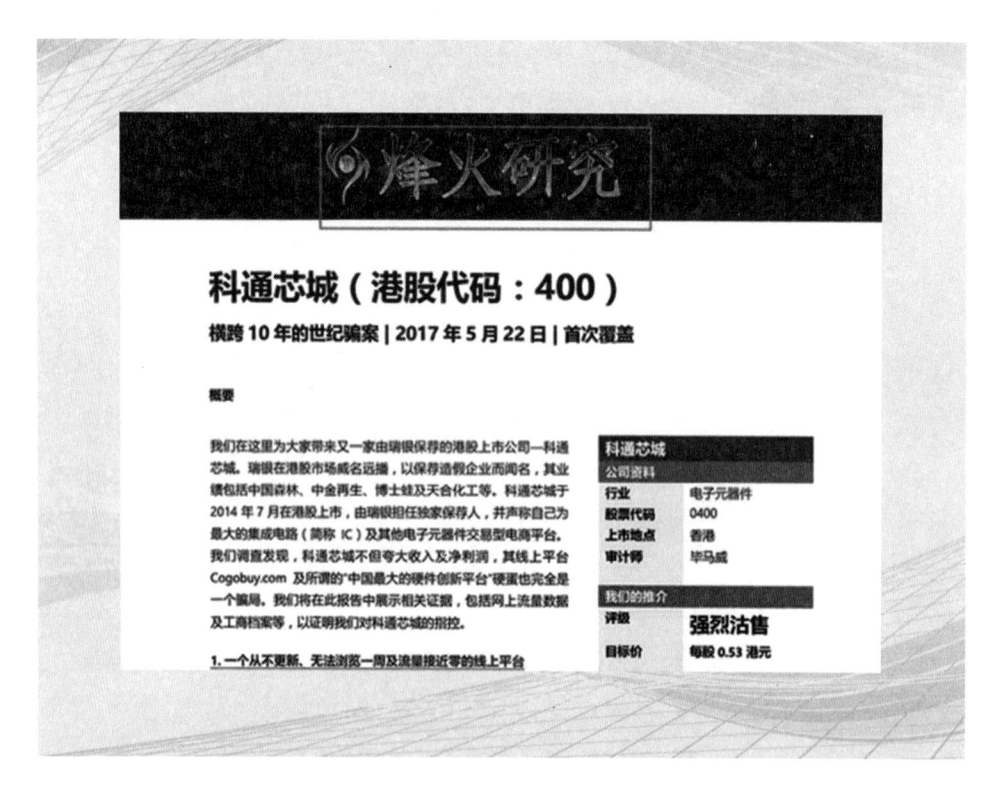

内地，明显并无提前勾兑、集团作战的可能。

3. 除了一家公司的股价没有明显反应，其余都一呼百应，都被吊着打，基本干谁谁倒，做空者6连胜，做空成功率高达100%。

傻瓜也能看出，这已不是在排雷，而是一种极具优越感的从容劫掠。如果还有人认为这是正常的市场行为，他要么是看热闹的人不嫌事大，要么是故作深沉的马大哈。

事实上，由于直接涉及你死我活的逆向对赌，因此在任何一个市场，做空其实都是刀口舔血的危险买卖，所有做空者都必须异常谨慎小心地寻找那些反击力不够的"老弱病残"对象，并足够耐心地等待，等待一个最合适的时机出手，以求一击致命。这种"夺人性命"的盈利模式，决定了做空天然是一个非常危险、非常低频的行为，且成功率也一定很难高到哪里去。

像如今这种瘟疫一样肆虐传染，且打谁谁倒的做空节奏，只有一个理由能做解释：一定是市场的水土（基因）发生了某种变异。

▷ 二

尽管做空在中国香港并不鲜见,但以我在中国香港十多年的经验,做空的难度其实远超过做多。任何一个市场,做多都是最主要的营利模式。选择做空,意味着天然与多数派站在了对立面,并成为互相围剿的对手盘。

这也是为何中国香港市场上大张旗鼓跳出来做空者,其实很罕有的原因,也是多数中国香港市场投资者对偶尔冒出的做空报告熟视无睹的原因。你玩你的,我玩我的。道不同,不相与谋。

得不到多数人的附和——做空这种盈利模式的硬伤。

做空的本质,是利用利诱或者恐惧绑架大众,墙倒众人推。单凭做空者自己的力量,其实99%的做空基本都无胜算。这也是为何在中国香港市场上,做空合理合法,但从来不成气候的原因:大家对做空的胜算率有个历史评估,所以利诱很难。而市场对做空也早已司空见惯,想激发大众内心的集体恐惧,更是困难。

但市场的基因与水土在过去十多年,发生悄然且越来越快的变化:内地资金在迅速南下,10年时间交易占比跃升了16个百分点(见下图)。

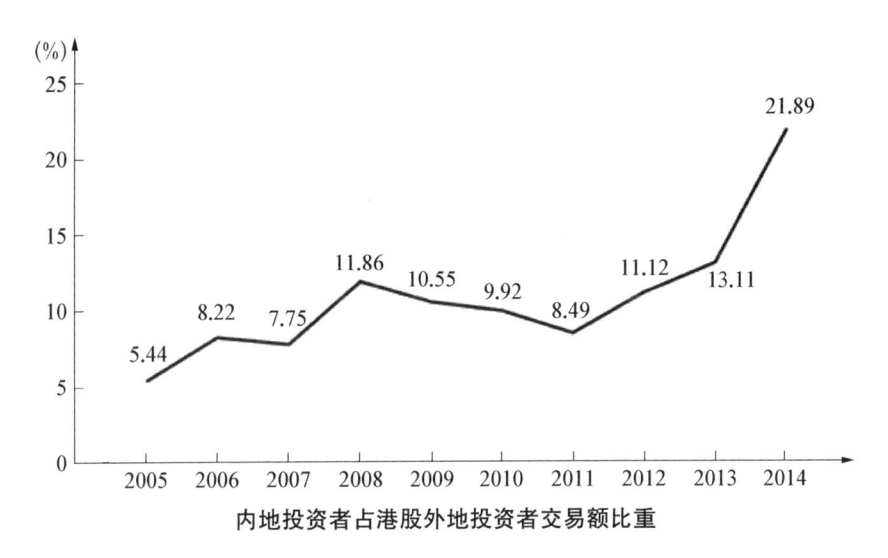

内地投资者占港股外地投资者交易额比重

而在2014年沪港通开通后,这种内地资金的南下成决堤之势,南向资金日均成交额占中国香港主板日均成交额的比例由开通前的1%不到,短短两年已跃升到最高超过10%（见下图）。

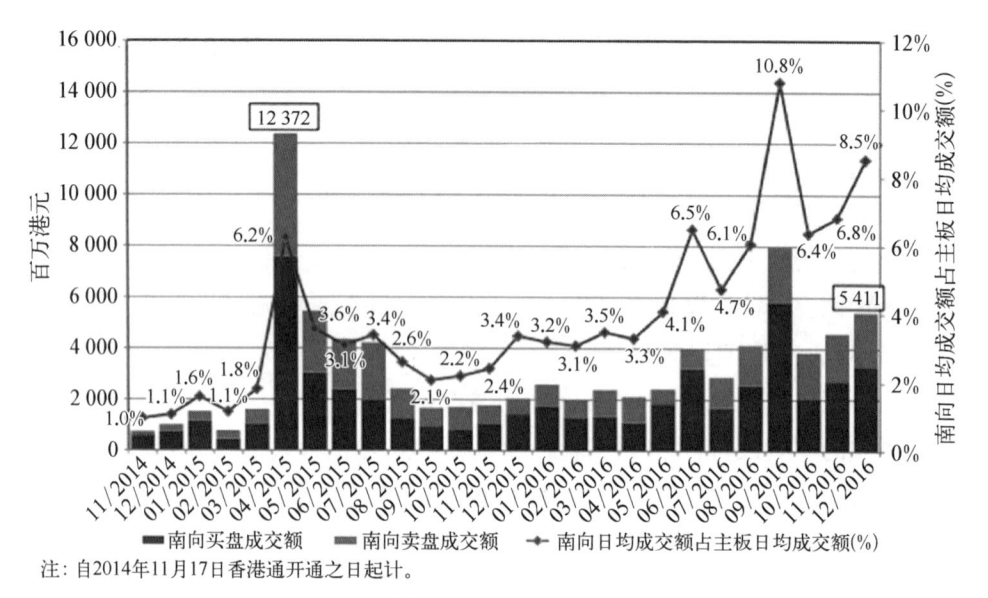

注：自2014年11月17日香港通开通之日起计。

南向资金日均成交额占香港主板日均成交额的比例

人口学里有一个理论：一旦某地区某外族移民占比超过了10%，将直接改变该地区的生态与话语权分配，最新的例子是伊斯兰移民对欧洲，尤其是法国的巨大影响。

港股这种资金比例的变换，足以改变港股的生态、水土与基因。

最关键的是，这批资金来自只能单边做多，且有涨跌停板保护的内地，对做空几乎一无所知，一旦有案例显示涉及做空的票可能根本"没有底"，这种巨大的恐惧示范效应，将导致任何做空报告一出，南下资金会如同惊弓之鸟，宁可错杀，也要立即杀出以求自保的自相践踏行情。

尤其是在通过港股通渠道进入香港的内地资金并无很好的对冲工具的情况下，不管三七二十一，先杀现货求自保几乎是南下资金的本能选择。

做空者很好地利用了这种南方资金的恐惧，并把它放到了最大：这就是最近阿猫阿狗一样的人跳出来丢一份做空报告，都能确保胜算的核心原因。

这表面是做空，实际是另一种收割内地"韭菜"的新方式：非常简单，但相当有效。

当然，如果要证明近期百发百中的做空，确实遵循的是本文的割内地"韭菜"

模式,我们还必须有证据表明最近的做空对象,确实内地资金都牵涉颇深。

这个不难,用格隆汇 APP 上的查询功能可以轻易做到(见下图)。

公　司　名　称	港股通资金持仓比例	港股通资金浮盈亏
中国宏桥(01378.HK)	9.00%	52.27%
辉山乳业(06863.HK)	8.11%	−77.89%
丰盛控股(00607.HK)	13.97%	1.86%
瑞声科技(02018.HK)	2.00%	4.18%
科通芯城(00400.HK)	4.05%	−3.18%

数据来源:格隆汇 APP。

上图很清楚显示,除了瑞声科技这个过千亿元市值的公司,其他几只被做空的公司,南下资金持仓占总股本比例,都超过了 4%,其中丰盛控股高达 13.97%。

▷ 三

很明显,只要内地资金继续源源不断南下,只要内地资金还没有习惯做空,港股这种逮谁杀谁的做空模式仍会继续上演,只是做空成功的胜率,会随着内地"韭菜"资金在缴足"保护费",逐步对做空不再大惊小怪后,逐步下降,最终恢复到正常的均值水平。

而在此之前,这种简单粗暴的做空手法,会一直有效,尤其是那些内地"韭菜"占比偏高的公司。

你甚至自己都可以做个简单尝试:丢一份哪怕漏洞百出,但标题和结论耸人听闻的做空报告出来试试。

现在,我们复习一下唐朝诗人杜牧作品《阿房宫赋》中的那几句经典:

灭六国者,六国也,非秦也。族秦者,秦也,非天下也。

嗟夫!使六国各爱其人,则足以拒秦。秦复爱六国之人,则递三世可至万世而为君,谁得而族灭也。秦人不暇自哀,而后人哀之。后人哀之,而不鉴之,亦使后人而复哀后人也。

▷ 尾声

这事有救吗?

答案是遗憾的:没有。

事实上,也无须救。移民终究会熟悉并融入新市场、新社群,彼时,这种简单粗暴、肆无忌惮的做空营利模式,就如同春季的流感,随着夏天温度的升高,自然不治而愈。

学习游泳,呛水是必然的。区别只在于,有人喝一口水就可以劈波斩浪了,而有的人喝了一肚子水,还是旱鸭子。你力争不做后者就好了。

2017 年 5 月 22 日

究竟什么样的远方,才配得上这一路的颠沛流离?

题记:我们习惯从集体的"荣耀"中产生虚幻的存在感与满足,并努力去寻找、维护和强化这种集体荣耀的线索与表象。离开了组织化的集体,人们似乎连灵魂都无处安放。

▷ 一

感谢有这个机会与中欧的同学们沟通一下经济与投资。

交流之前我做个调查:你们各自的企业,今年有做扩大再生产的,也就是有在追加固定投资的,举个手。

一个,七十分之一。

中欧是中国顶级的商学院,在座的也全都是掌握诸多资源的大企业家,是中国经济肌体最基础的细胞,经济是冷是暖,该怎么办,都是聪明人,其实你们心里比我更清楚。请我来讲,无非是希望通过第三者听到一点与你们感受不一样的结论,安慰一下自己的忐忑与忧虑。

刚才在台下交流时,其实我已经表达了我对经济与投资的基本看法。看得出来,很多人听了还是很失落,说宏观的核心数据都不错啊,比如航运和出口,比如PMI,比如PPI。

很遗憾,我可以给大家做做心理按摩,但我成不了你们需要的那根稻草。我们不能自欺欺人、掩耳盗铃。我刚才统计了一下,在座的有不下十家公司是最近"火气正旺"的原材料、有色、煤炭等周期行业,也在借机收缩,在可着劲儿地填过去的坑,在大力回收、储备现金。

如果你对整体有信心,告诉我,你的公司为何不追加投资,扩大规模?

微观企业都在收缩,宏观整体数据的丰满,你信吗?

至少上海证券交易所(以下称上交所)都不信。昨天有件非常有意思的事情,中孚实业等周期股,光涨股价不涨业绩,遭上海证券交易所连续发函问询,理由均为公司产品价格大涨同时股价也顺势上扬,但业绩却难有起色,中孚实业、广晟有色也双双因股价异动停牌。其中,上交所表示上半年稀土产品价格大幅上涨,但广晟有色盈利状况未有明显改善,仍亏损3 300万元左右;另外,上半年中孚实业的电解铝等产品价格大幅上涨,而一季度公司盈利状况未有明显改善,归属于母公司所有者净利润同比下降96.8%。但上述两家公司近期股价均大涨,上交所要求公司分析原因及合理性。

上交所是清醒的。

中国钢铁工业协会也是清醒的。在螺纹钢一口气窜到了1吨4 000元,期货一天成交1 073万手,按1手10吨换算,成交量超1亿吨,超过今年上半年全国的螺纹钢产量(9 959万吨)后,协会郑重发文说,当前钢材期货价格大幅上涨,并非市场需求拉动或市场供给减少所致,而是一部分机构对去产能、清除"地条钢"和环保督察以及"2+26"城市大气污染防治计划进行了过度解读。

微观企业也是清醒的。他们非常清楚这波周期产品价格上涨是怎么回事,当然不可能正常去释放业绩。傻瓜才释放业绩。抓紧填坑,备冬粮。后面冬天可能长着呢。

反倒是那些投身周期股炒作的投资人,打着自欺欺人的"新周期"旗号,今朝有酒今朝醉,互相挖坑,互相忽悠,所有人都相信自己是幸运的那一个,都相信自己不会接最后一棒。

这就是经典的博傻。

▷ 二

下面我们来聊聊刚才你们一直在争论的"新周期"。

其实这个是没什么可争议的。格隆在大学学了十年的经济学,我尽我所能阅读了能阅读的所有西方经济学经典著作,我从没看到过一个不需要需求支撑的经济周期。这次"新周期"争论,把经济学研究弄成网红闹剧,刷流量,就一点意思都没有了。

有个"熊鹏先生日记",是这样表达对此事的看法的:"从2011年开始,但凡中国经济有复苏苗头,就总有人跳出来高呼中国经济走出了新周期。这种人,不是无知就是投机。投政治的机。"

说资本市场的人无知,有点过了,这里应该都是聪明人。但投机的定性是没有错的。资本市场也喜欢听"好话",喜欢报喜不报忧,新周期论只是投其所好而已。在这个市场混口饭吃,大家都不容易,人艰不拆。

但如果你是作为操盘实业的,或者拿着真金白银做资产配置的,也天真到相信"新周期",那就真的"死不足惜"了。

很多人会争论说"新周期"成立的核心逻辑是压供给。这里存在两个显而易见的认识误区:

第一,翻阅全球有文字记录的经济史,你见过单靠压供给能带来新周期的吗?

经济是一个"生产+消费"的闭环,任何经济周期成立的核心要素,永远只会是需求。任何没有需求埋单的供给压缩,最多只能形成短暂的局部狂欢,既无法形成闭环传导,更会导致风险在经济产业链的某处积压,甚至令原本失衡的经济链条随时可能断掉。

你看到了煤炭的狂欢,你没看到电力企业天天在关起门骂娘。

煤炭、有色、钢铁一天一个价,PPI打了鸡血一样上窜,CPI却连续创新低(见下图),这种背离本身就是一件很恐怖的事:这意味着上游洪水滔天,下游却一片干旱。这意味着经济血管里有一个三峡大坝一样的巨大肿瘤,完全堵塞和截断了上下游的自然顺畅运行。

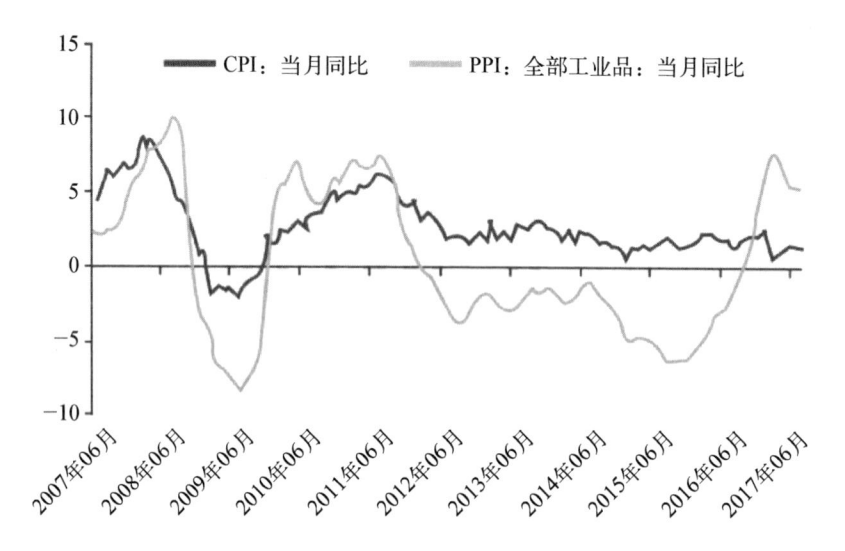

上游企业一片欢腾,华菱钢铁去年半年亏17亿元,今年半年赚15.7亿元,一家几乎没救的企业瞬间变成了绩优公司,下游CPI还不断下行,没有一点通货膨胀压力,一派歌舞升平。

这意味着,一桌麻将,大家都赢钱了,没有输家。

其实最简单有力的一句问诘是:谁见过CPI不上行的经济周期?

第二,供给压得了吗?

这次,在政府有形之手组织下,山东一次停产321万吨电解铝,这事怎么看怎么不靠谱。你真觉得山东的320万吨电解铝会一直停产?除非你把人家厂子真的用推土机铲平了,机器设备都砸了,工人也全部遣散。

很明显,所谓的压供给,只是政府有形之手牵头的短期价格联盟。

供给,其实一直在那里,没多,也没少。

现在很多人跟着中央环保组的步伐去买股票,这是一种典型的火中取栗的"小聪明"。因为没有基本面。这波周期股行情,是典型的人造局部牛市,基本就是人为压供给、哄抬价格造就的,需求没有任何哪怕短期的改善,长期就更不用说了。

简而言之，没有新周期，只有老故事。

我们只是在赚点快钱，而现在的周期品到了赚快钱的泡沫时代，争基本面没意义。你告诉我神火的股价是基本面驱动的，我是不信的，至少不是主因。现在下车，可能错过行情最好的一段，但坚信这东西能持续，你最后一定还是会亏回去的。

对周期股，我一直以来的建议是和巴西狂欢节标语一样的：狂欢吧，但记得坐在离出口近一点的地方！

▷ 三

其实周期股还能拿多久，并不重要。只要经济还有未来，隔个几年，轮也总会轮到它们。

更重要的判断是：我们的经济，到底在哪里？

或许也不复杂：看看我们自己在哪儿就对了。经济并不是雾里的那朵花，我们自己本身就是经济。

如果自己饿得老眼昏花，却寄希望经济步入一个新周期，你还不如去教堂做祈祷更靠谱。

我所担心的是：这轮堪称滑稽的"周期崛起"，不但不能带来"新周期"，反而会让我们期待的真正"新周期"越来越远，甚至南辕北辙。

中国经济的核心问题是什么？是"高投资、高耗能、高污染、低人工成本"的"老经济"已难以为继，但"新经济"发动机尚未见给力，此即所谓的"经济转型"期。

供给侧改革的本意，是对传统产业的存货出清与产能出清，为新经济腾出资源与空间。如果供给侧改革最终变异成一场"被淘汰者的复辟与狂欢"，变异成一场资本市场短视之徒的"饕餮盛宴"，那我们对整个民族的未来，都真的只能自求多福了。

这并非危言耸听。

这轮人为制造的表面的虚假繁荣，必然会令那些自始至终严重依赖债务支撑的传统产业，继续在千疮百孔的资产负债表上狂欢，这等于在给它们"ICU"待遇，给它们额外上了"呼吸机"。

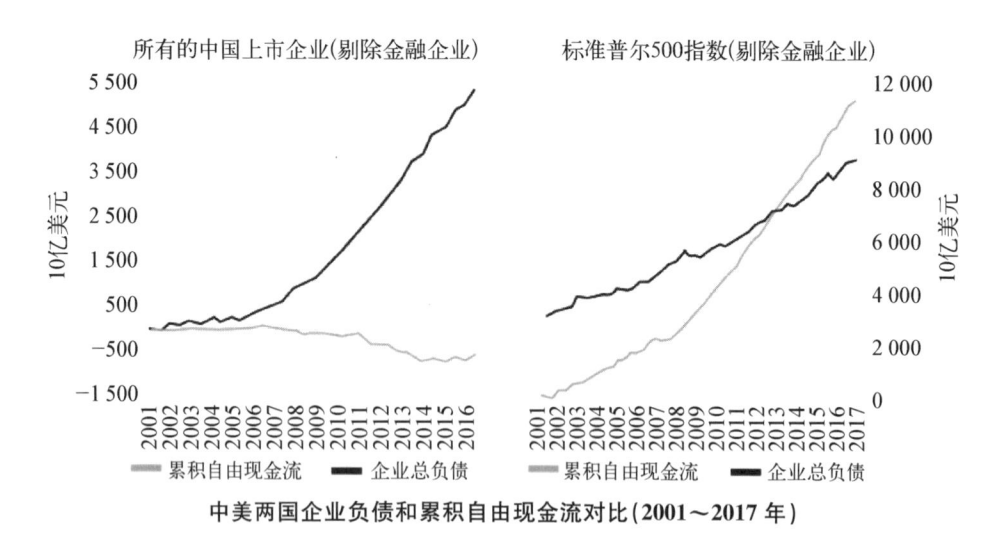

中美两国企业负债和累积自由现金流对比（2001~2017年）

而这种债务支撑的狂欢，本质就是对社会信用的绑架与透支。我们看到了 M2 下行破 10% 的表象，却鲜有人看到社会融资总额基本无法下降的无奈。

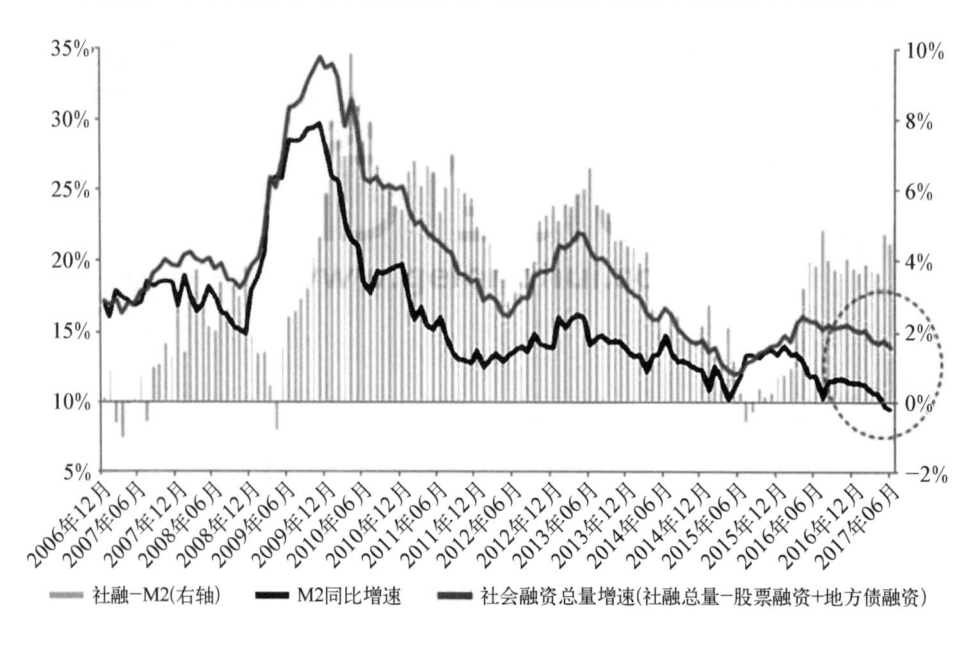

只有涉及银行体系人民币资产负债表变动的金融行为才会改变 M2，而外汇贷款、委托贷款、信托贷款、未贴现银行承兑汇票、企业债券融资、股票融资这些纳入社会融资总额的，基本不在 M2 里。

两者的剪刀差拉大，只意味着一件事：我们其实已被传统"旧经济"深深绑架，深陷"旧经济"泥潭而难以自拔。

这就是为何在供给侧改革背景下，你竟然能看到诡异的"周期股"狂欢。

▷ 尾声

最后一点时间，我和大家聊点与经济和投资或许无关的历史话题。

最近几乎所有人都被电影《战狼2》刺激得热血沸腾，包括我自己。

这其中暗含的逻辑是：集体的强大与荣耀，等同于自身的强大与荣耀。

当然我们自己知道，这两者在多数情况下其实没什么关系。这和扰民的广场舞，山东一群统一服装、打着旗帜的人强行抢占机动车快车道暴走是一个逻辑：个体从集体的"荣耀"中产生虚幻的存在感与满足，并努力去寻找、维护和强化这种集体荣耀的线索与表象。离开了组织化的集体，人们似乎连灵魂都无处安放。

我们必须看到，回顾历史，我们整个民族，活得其实一直都蛮辛苦的，真的可以说是一路颠沛流离。

电影能短暂麻醉一下神经，解决不了根本的温饱问题，最终总得回到严肃的现实问题：集体是否真的强大？以及，普通个体怎样从中分到一杯羹？

我大学期间有点不务正业，几乎阅遍了图书馆里能借到的历史书籍。这让我养成了一个习惯：我看问题的周期，不是按月、按年，也不是按 20 年、30 年看，我会一个朝代一个朝代为周期来看。

每个朝代都会有它的兴衰。

判断一个朝代处在它的哪个阶段，远比研究当时时点的数据更有用——尤其是当朝代处在它的"垃圾时间"段的时候。这种时间段，对普遍个体而言，就意味着"要命时间"。你死于一个朝代垃圾时间的概率，要比其他时间段高出无数倍。

这种垃圾时间，延续得越久，杀伤力越大。

很多人说：大清在太平天国之后，还硬撑了 50 年呢！

大清在太平天国之后，确实是还硬撑了 50 年。但这句话对于普通个体来说，得有一个前提：你一家老小得在太平天国运动之中存活下来。太平天国运动,江南"十室九空",你如何确保你不是"九空"里的那一家呢?

清朝的"垃圾时间",其实远远不止50年。对于清朝来说,白莲教起义后,就进入了"垃圾时间"。关于清朝的"垃圾时间",有很多照片可以作为物证:在清末市井生活照片中,底层人民衣衫褴褛,面无表情,目光呆滞,宛如丧尸。

中国历史上任何一个朝代都有"垃圾时间",只是有的朝代长一些,有的朝代短一些而已。你不能被历史书上的数字所欺骗。

比如:

1. 东汉的垃圾时期

历史书上的数字是公元220年。但其实从公元145年,梁氏外戚集团专权开始,东汉就进入"垃圾时间"了。

也就是说,东汉的"垃圾时间"长达75年,在这75年中,底层百姓的生活,基本上是"王小二过年,一年不如一年"。

这75年的"垃圾时间"里,发生了以下事情:

(1) 166年第一次党锢事件,169年第二次党锢事件;

(2)《太平经》入宫,太平道逐渐形成,反映了东汉末年政治黑暗与底层百姓生活的困苦;

(3) 184年黄巾起义;

(4) 189年,大将军何进被宦官所杀,董卓进京;

(5) 196年,董卓西走长安,军阀割据局面形成,之后为三国乱世。

至220年,曹丕篡汉称帝,东汉灭亡。

这个时候,整个国家的人口已经死亡70%以上,两个最大的一线城市,长安被多次屠城,洛阳被夷为平地。

当然,如果你站在军阀的立场上看这75年的"垃圾时间",尤其是最后几十年的比赛,确实打得非常之精彩,简直是群星璀璨!

只不过,群星璀璨的背后是普通民众堆积如山的森森白骨。

2. 唐帝国

唐帝国自公元618年建国,至公元907年被朱梁所篡,共历时289年。

但自公元751年高仙芝兵败怛罗斯,唐帝国就进入了"垃圾时间",并长达156年,堪称一绝。

在这156年中,底层民众要遭遇哪些事情呢?

（1）被安禄山的军队侵扰劫掠。

（2）被黄巢的军队侵扰劫掠。

（3）被回鹘军队侵扰劫掠。

（4）被南诏军队侵扰劫掠。

（5）被沙陀黑又侵扰劫掠。

（6）被各地农民起义乱军抢劫抄家（浙东袁晁之乱、浙西方清之乱、苏常张度之乱、舒州杨昭之乱）。

你和你的家人好不容易在以上事件当中存活下来，你以为垃圾时间到907年就结束了天下就太平了？

想得真美！

这156年，只是唐帝国的"垃圾时间"而已，接下来还有"五代十国"呢。直到公元979年，宋军攻克太原，五代十国结束，这场耗时228年的血腥比赛才落下帷幕。

如果按30年一代人计算，整整有6代人，从出生到死亡，全部在乱世当中度过！

直到第7代人长大，才能享受到一点太平日子。

不要被历史书上的数字所欺骗！

一个朝代历时200年，不代表这个朝代200年都是风调雨顺、五谷丰登、人民安居乐业。

基本上每一个朝代，最后1/3的时间，对于普通民众来说，都是要你命的"垃圾时间"。

当然，对于从小练习狼牙棒，立志要"秦失其鹿，天下共逐"的人来说，这个"垃圾时间"，正是他们建功立业、大戏连台的时间。

除了中华人民共和国成立后，可以说绝大多数普通中国人在历史上过得都是蛮辛苦的，在各朝各代的垃圾时间段尤其如此。

如果我们把自己家族看作一个连续的体系，把我们先辈遭受过的苦难看作佛教中上辈子的"修行"，我总在想：究竟什么样的远方，才配得上这一路的颠沛流离？

我们一起努力，让我们真正能国富且民强，以配得上我们的颠沛流离！

2017年8月13日

长安不见使人愁
——历史下的语境：斜阳与转机

▷ 一

很高兴有机会在河北省会同医药界交流经济与国是。

燕赵自古多慷慨悲歌之士，危急关头，为民请愿、为国赴死者比比皆是，在此交流经济与国是，再合适不过。而且在座的数百位全是战斗在经济一线、从死人堆里爬出来的企业家，即使配不上社会精英这个称呼，至少也绝不会是品着《强国论坛》《战狼》《带鱼》来和现代世界对话的人群，所以，无论我在闲聊什么，我相信都能引起反思。

格隆不想单纯聊怎么做：该去 A 股上市，还是港股上市？该买房子，还是炒股票？这些都是无伤大雅的战术问题。我一向都以为，战术问题不是问题，错了也死不了人。但战略错了，则极可能死无葬身之地。于个人如是，于公司如是，于国家亦如是。

那么，什么是今天的战略问题？

在我看来，不是个人的资产配置方向，不是你公司的盈利模式，是我们整个群体的道路与方向。简而言之，国家在哪里，以及会去往哪里？在我们这样一个经济资源被高度集中、板结、固化的环境里，于任何个体而言，在家国、时代潮流的裹挟之下，个体能动的空间其实是微乎其微的。

问大家一个问题：你们如何看待今日的经济道路与环境？下面这几个词，大家举手表个态：兴奋、迷惘、惶恐、绝望。

嗯，绝大多数人选的是迷惘。这说明两个问题：

1. 你们这个群体在独立思考，没有醉生梦死，自欺欺人；
2. 你们也没有方向。

我自己的态度很简单,两个字:焦虑——我隐约听到了大厦重压摇摆下橡木的破裂声,眼中看到的,却是四处的歌舞升平。

全球第三的市场研究集团益普索(Ipsos)在今年 7 月做了一次民众对自己国家发展方向满意度的大样本调查,其中最不认可自己国家发展方向的是墨西哥与南非,美国有超过一半的人对自己国家的方向持否定态度。

最认可自己国家发展方向的是谁?中国。高达 87% 的民众认为自己的国家走在正确的道路上。

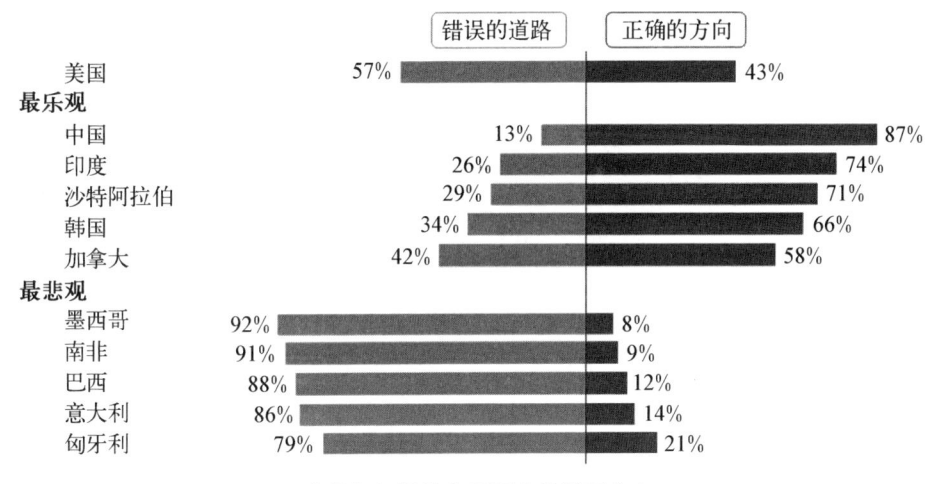

	错误的道路	正确的方向
美国	57%	43%
最乐观		
中国	13%	87%
印度	26%	74%
沙特阿拉伯	29%	71%
韩国	34%	66%
加拿大	42%	58%
最悲观		
墨西哥	92%	8%
南非	91%	9%
巴西	88%	12%
意大利	86%	14%
匈牙利	79%	21%

民众是如何评价自己国家的发展方向?

这个数字,给我的已不只是焦虑,更有惶恐。方向有偏差,无伤大雅。每个人都会走岔路,何况一个庞大的国家。我焦虑的是:我们到底有没有发现错误的机制,以及纠错的能力?

格隆一介书生,焦虑固然有"位卑未敢忘忧国"的因素,但更多的,是担心群体空间小了,自然而然对个体腾挪空间的挤压:国家走一段很小的弯路,于你,却极可能是一生。

回顾中国过往 69 年的经济改革史,土改、公私合营、人民公社、计划生育、包产到户、国企分流……基本是一场又一场没有尽头的试验,一次又一次的试错,多数经济改革都前无古人、后无来者,而且赌注巨大。有过 20 世纪 70 年代经济接近崩溃的不堪记忆,也有 1979~2009 这 30 年的经济奇迹,这其中又演绎和遮蔽了多少代普通个体的悲欢离合?!

但，正如巨著《人类简史》作者尤瓦尔·赫拉利说的：身处瞬息万变的 21 世纪，我们还能有多少试错的机会？

我不知道上述调查中 87% 人群的乐观来自何处。我们太多人的思维被惯性锚定在了过去 30 年的"经济奇迹"中，都想当然以为未来也一定如此，极少有人想过，30 年在人类历史长河里有多么短暂，短暂到根本不足以当作一个有任何参照意义的样本。

在人类历史长河中，这种短期的辉煌案例比比皆是。无论从哪个角度来看，西班牙在 1649~1500 年间的崛起和扩张，绝不比任何一个现代国家的迅速崛起和扩张逊色。而英国在 1600~1780 年间从欧洲的边陲崛起，并作为近现代世界的第一大帝国屹立不倒长达 3 个世纪，更是让人生畏。美国南北战争之后的崛起固然可以大书特书，但即便阿根廷、巴西、墨西哥，也都曾有过长达二三十年经济高速增长的骄人业绩。

但是，这些曾经有过迅速崛起辉煌历程的国家，多数最后都沉沦了，最后只有为数不多的国家真正成为全面的现代化国家。

前期我给中欧的同学讲课，用的题目是《究竟什么样的远方，才配得上这一路的颠沛流离》，其中专门讲述过历朝历代的"垃圾时间"问题。我们换个角度，如果把过去 2 000 年视为整个中华帝国，汉唐视为整个中华帝国万邦来朝的盛世，则帝国斜阳是何时开始的？

毫无疑问，天宝年间的安史之乱是整个帝国斜阳的开始。这轮斜阳一直挂了 1 200 年之久，直到 1978 年，中国 GDP 滑落到仅仅只占全球的 1.8%，才勉强触底。

但安史之乱后，大唐帝国歌舞依旧升平，有几个人真正意识到了大厦将倾？

"十年一觉扬州梦，赢得青楼薄幸名"的杜牧无疑算一个。我们今日重读杜牧，看得见的是人声鼎沸的风流，看不见的却是一个清醒者眼见大船将覆却救国无门的心灰意懒与落魄！

"长空澹澹孤鸟没，万古销沉向此中。看取汉家何事业，五陵无树起秋风"（杜牧《登乐游原》），曾经盛大煊赫的西汉王朝，如今只剩下荒陵残冢，杜牧眼中所见、心中所叹，和比他小九岁的李商隐所见所叹竟是如此一致："向晚意不适，驱车登古原。夕阳无限好，只是近黄昏。"（李商隐《登乐游原》）。晚唐的日落也注定是无可挽回的必然，曾经的繁华和盛世之音，已无法听见，只有无端而起的

(世界合计=100)

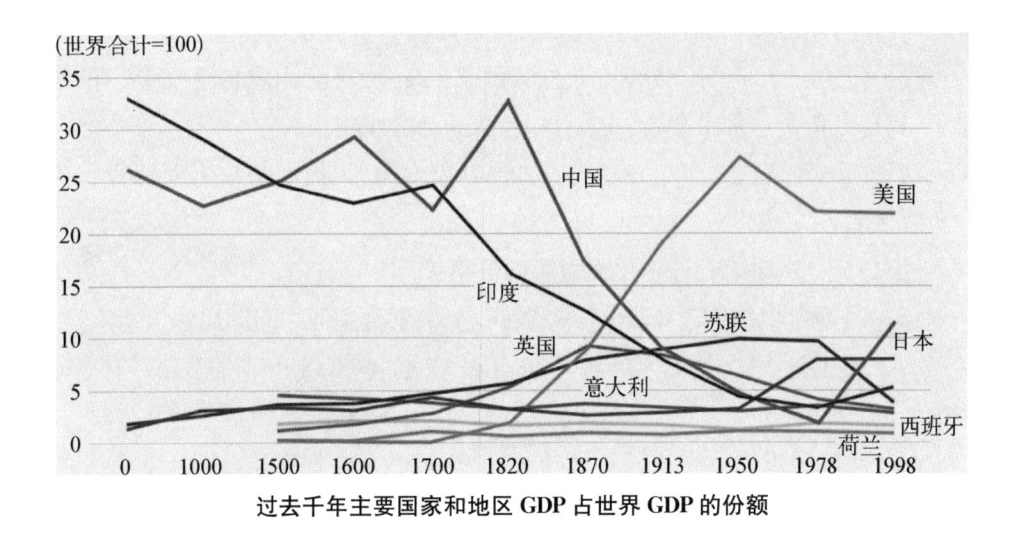

过去千年主要国家和地区 GDP 占世界 GDP 的份额

秋风,将所有崇高之理想、远大之抱负吹得格外冰凉。自幼熟读史书的杜牧,必定是在历史的余音里听到了大厦崩塌之前的破裂声,在内忧外患的动荡衰败之中,只能一个人载酒而行,将一腔悲愤交于酒肆,将报国之身交于青楼。于是,美酒、佳人顺理成章地成了疗伤祛痛的良药。

总为浮云能蔽日,长安不见使人愁。

▷ 二

回到当下,我们从各位的切身感受聊起。

刚才演讲之前,一个做原料药的公司总裁告诉我,他辛辛苦苦做了十几年医药行业,从没有像今天这样战战兢兢:上面一顿饭一个想法,谁受得了?我看你们投资圈总拿赌场说事,其实赌场是最讲究规矩的地方。

"我害怕每一个太阳升起的早晨",这是他的原话。

他说他算幸运的,公司好歹还开着,他的很多同行,只要不是国企,多半早就关门了,而他自己也随时做好了环保组下次到来后关门的准备。

我问他,关门后去哪?他很茫然,说可能把腾出来的钱去买房产,也可能把公司迁去江苏常州:那里没有国企民企之分,也没有那么多限制。

与此对应的是,刚才有邯郸来的钢铁厂老总,和我交流时满面春风。他很兴奋地把这轮行政去产能引致的反复,当作"新周期""新趋势"。

我们回到刚才那位原料药厂老总的困惑:路,能不能让我自己来走?我走错了,我自己负责。你带我走,走岔了,走歪了,我找谁去?

这是中国经济这么多年一直存在的结:大方向、大框架是政府划好的。企业所能做的,只是微调。

过去三年中,政府在经济层面做了两件事:

1. 一是通过供给侧改革,将企业利润在上中下游企业之间调配;
2. 二是通过地产去库存,将债务杠杆在居民部门和非居民部门之间调配。

前者化解了煤钢过剩的死局,排掉了十几万亿元信贷和几百万产业工人的地雷;后者将天量的三四线地产堰塞湖灌给了欢天喜地的扛鼎老乡,拯救了银行和地产商。这是两项教科书级别的操作,如果不考虑"远虑",其意义并不亚于一场中型对外战争的胜利。

在这种政府定调并举全国之力调配资源的大环境里,微观企业能做的事情确实不多,某些时间段甚至会南辕北辙。就如同这轮上游周期行业的行政"复辟",本来的埋单者变成得益者,本来的得益者变成埋单者,这实际打造了一种经济效率与财富创造的逆向淘汰机制,未来整个社会大概率会为此埋单。

最明显的例子是煤炭行业,40亿吨的需要,你盲目上杠杆干到57亿吨产能。现在妄为者不仅不会付出代价,为了维持煤炭价格与行业利润,很多港口基本限制了进口煤的装卸,整个社会一年为此还要多付出数千亿元的成本。

如果这种行政垄断能有效,1978年,我们的经济何至于到了崩溃的边缘?

但至少,现在普遍忧虑的一些经济"死结",诸如上游产能过剩、产业工人下岗、银行巨额坏账等,都暂时得到了化解。这些手段积累的众多副作用,未来再用新的"创新"来裱糊。

这种任性的资源集中、调配,至少在1979年以后的30年看起来是成功的:我们创造了年均9.8%的GDP增长奇迹,在全球以及金砖国家里都算出色。

87%的人的自信,当来自此。

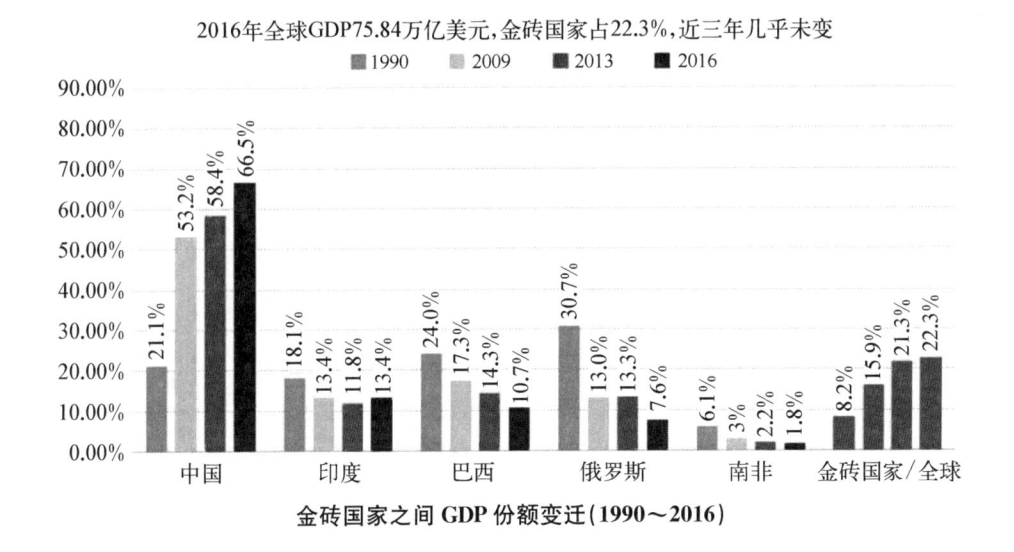

2016年全球GDP75.84万亿美元,金砖国家占22.3%,近三年几乎未变

■ 1990　■ 2009　■ 2013　■ 2016

中国：21.1% / 53.2% / 58.4% / 66.5%
印度：18.1% / 13.4% / 11.8% / 13.4%
巴西：24.0% / 17.3% / 14.3% / 10.7%
俄罗斯：30.7% / 13.0% / 13.3% / 7.6%
南非：6.1% / 3% / 2.2% / 1.8%
金砖国家/全球：8.2% / 15.9% / 21.3% / 22.3%

金砖国家之间 GDP 份额变迁(1990～2016)

▷ 三

问题在于,这种奇迹之路,能不能复制或者持续?

如果回答是,最大的理由一定是我们曾经有过 30 年的"经济奇迹"。

但 30 年确实说明不了什么。过去千年人类历史上,曾经有过几十年的迅速崛起和辉煌成就的王朝或国家,绝不是只有中国一个,而是多达几十个(见下图):

这就是那本蜚声全球著作《国家为什么会失败》(Why Nations Fail)的诘问:国家因何衰落?

2012 年美国两位教授出版了一本风靡全球的书:《国家为什么会失败》。这本书刚出版就赢得了强烈好评,其所受赞誉甚至直追亚当·斯密的《国富论》。这本书最大的特点就是分析周期:它在人类历史数百上千年的坐标轴上分析西班牙、荷兰、英国、中国、美国……他们因何而起,又因何而落?

欧洲从 13 世纪到 19 世纪,人均 GDP,意大利、西班牙、荷兰、英国依次登顶。其中意大利在公元 1300 年左右曾经是欧洲最富有的国家,人均收入大概 1 500 美元(按 1990 年价格计算),已经超过了中国(中国当时约 1 000 美元),但是意大利在 15 世纪就开始衰落了,后面几百年人均 GDP 越来越低,怪不得从

过去千年人均GDP的变化

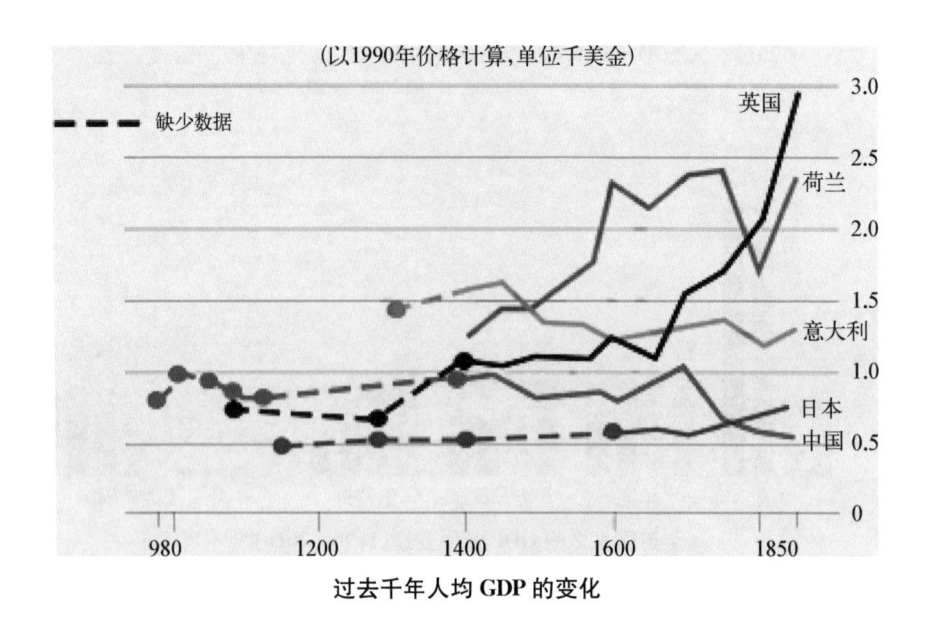

《威尼斯商人》之后再也不大听说这个国家。从意大利、西班牙、荷兰到英国，分别依靠的是地中海贸易、远洋贸易和工业革命。今天我们只记得英国的繁荣和相对没落，其实在时光之河中，英国相比意大利、西班牙和荷兰，曾经那般落后。

相较于短期的经济繁荣或者衰退，相较于听起来很可怕的"硬着陆"，一个国家有远比这些坏得多的选项：战争，独裁，少量利益阶层的固化与社会的故步自封。这些长期因素会导致一个社会从长期必然走向衰落。你能想象第二次世界大战结束后，亚洲人均GDP最高的国家是缅甸吗？

但第二次世界大战结束70年后，这个军政府统治下的国家几乎沦为亚洲最穷的国家。

现在我们回过头重温一下过去千年、过去200年、过去30年我们的GDP走势。

如果把我们的GDP视作一只基金的净值，从1820年嘉庆末年全球占比超过30%，到1978年只占全球1.8%，这种巨大的净值回撤，是谁也无法容忍的。这说明操盘的基金经理过往看似不错的业绩，更大可能只是偶然的豪赌所致，并不具备必然性。

而就算过去30多年的"经济奇迹"，2016年人均GDP约8 123美元，按CPI

```
(世界合计=100)
```

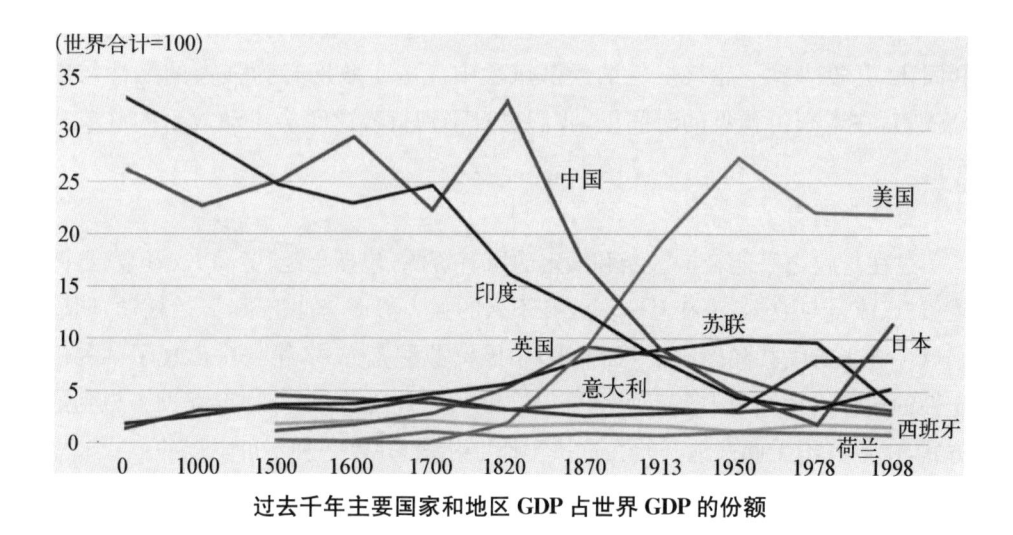

过去千年主要国家和地区 GDP 占世界 GDP 的份额

折回 1990 年去也只是 2 808 美元,仅大致相当于英国 1850 年的水平,并无太大值得夸耀之处——而随着中国人口红利、资源红利(核心是土地)、制度红利三去其二,尤其人口红利不可逆转的消逝,这种奇迹,其实也在离我们渐行渐远。

所以,从投资的保守角度,我宁可把这 30 年,视作一次幸运、一次偶然。

▷ 四

或许有人说我这是悲观主义。我是做投资的,我的任何一项决策都必须有足够安全边际,所以我本质上必须做个悲观主义者。这是做投资安身立命的基本要求。但如果不能一体两面看问题,如果从悲观中看不到积极,我将无从下注。

所以你要问我,未来我们是不是没有作为空间,唯有等待引颈就戮? 我的答案:当然不是。

我因为投资需要,经常会往返香港与内地,你们有没有发现一个现象:香港是一个年轻人对社会有诸多抱怨的地方。但内地不同,内地是上了年纪的人在抱怨,但你很少听到有年轻人抱怨。内地的年轻人只要不懒,他可以在任何一个城市找到养活自己的路数,最不济,他还可以去炒比特币或者山寨币(代币)。

区别在于什么地方? 五个字:家底与弹性。

内地有巨大的经济存量与资源,这种资源过往一直被行政之手锁定、垄断和固化,并投入到一轮接一轮的经济试验中。基于政府行为强大的惯性与路径依赖,在未来可预见的时间里,我们也看不到行政之手会主动放手的迹象与可能。

感谢中国有了互联网。

过往行政之手能轻松垄断和锁定的所有资源,包括土地、劳动力、资金,更罔谈信息、流量与数据,都在互联网无孔不入的强力渗透与冲击下,开始松动,四处漏风。中华人民共和国成立69年来,中国资源配置方式,第一次出现了某种确定性的迁移。我们渴求多年而不可得的市场配置资源,以一种谁都没有想到的方式,幸运且不无偶然地开始在这块土地上扎根,并以一种不可阻挡的范式肆意蔓延。

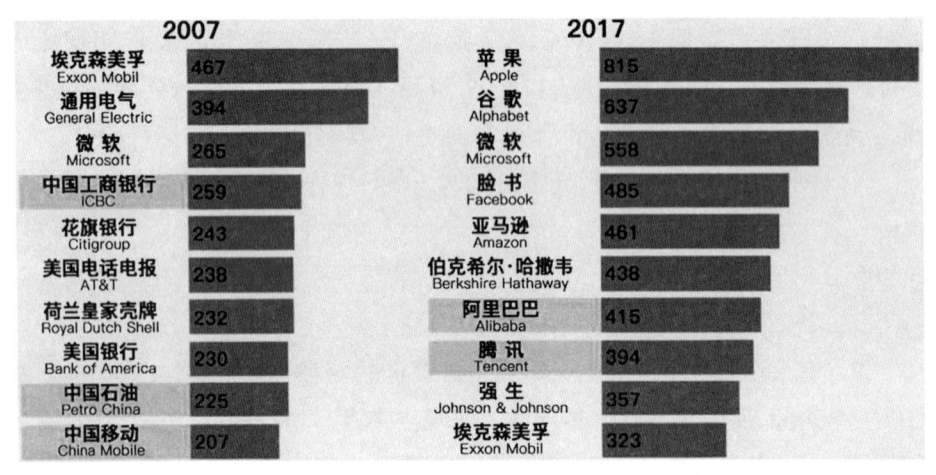

2007		2017	
埃克森美孚 Exxon Mobil	467	苹果 Apple	815
通用电气 General Electric	394	谷歌 Alphabet	637
微软 Microsoft	265	微软 Microsoft	558
中国工商银行 ICBC	259	脸书 Facebook	485
花旗银行 Citigroup	243	亚马逊 Amazon	461
美国电话电报 AT&T	238	伯克希尔·哈撒韦 Berkshire Hathaway	438
荷兰皇家壳牌 Royal Dutch Shell	232	阿里巴巴 Alibaba	415
美国银行 Bank of America	230	腾讯 Tencent	394
中国石油 Petro China	225	强生 Johnson & Johnson	357
中国移动 China Mobile	207	埃克森美孚 Exxon Mobil	323

十大市值公司十年变迁

中国历史,特别是公元1840年前的历史,其实是非常乏味的:它只是一部改朝换代的历史,除了董仲舒和王安石的变法之外,基本没有生产关系根本性的变革。这次互联网的自然渗透,是中国两千年历史上唯一一次堪比董仲舒似的变革。

这实际确证无疑地为我们指明了未来的创业方向与投资方向:互联网,以及基于互联网土壤的任何衍生创新。下图给予了这个结论充分的论据。

这是我对中国未来报以乐观的最核心理由,也是我们不容有失的救赎。

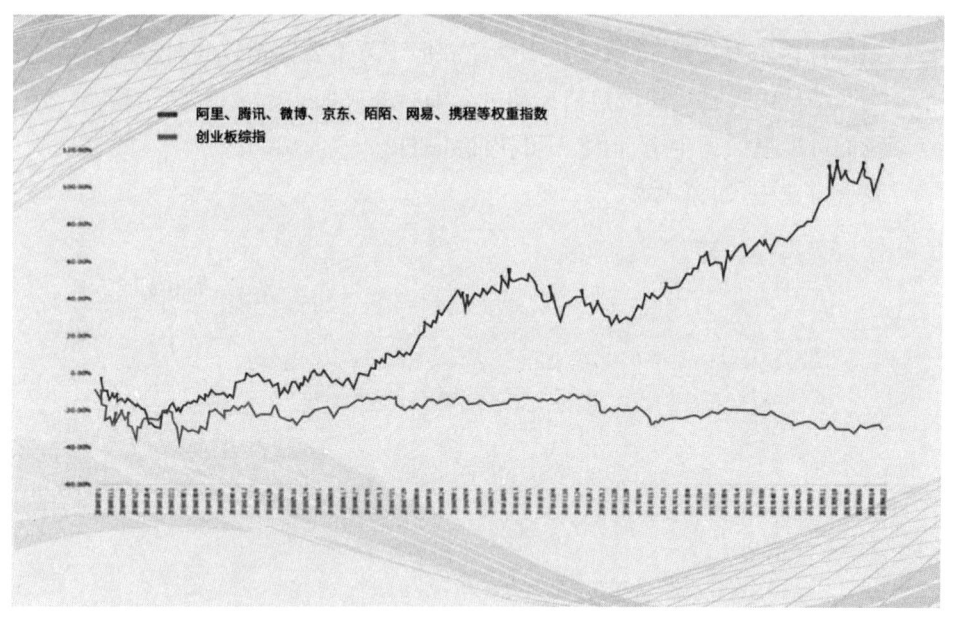

今年以来创业板指数与中国核心互联网公司综合指数走势对比

▷ 尾声

当下最令我忧虑的,不是经济面临的难关,而是数量堪称庞大的群体对问题的视而不见,醉生梦死,甚至以一己之私搞投机、和稀泥。每次看到某网红夫妻一窍不通的文章能轻松十万多点击量,且打赏无数,我就感到不寒而栗。

这些打赏者代表的,到底是我们这个社会的大多数,还是少数?

1918年11月10日,前清民政部小吏梁济问了他在北京大学教哲学的儿子梁漱溟最后一个问题:这个世界会好吗?然后自投净业湖(今北京积水潭)而死。

事实上,梁漱溟给出的是乐观的回答:我相信这个世界,是一天一天往好了**去的吧?!**

梁漱溟的判断是对的:尽管代价巨大,但经过几代精英的不懈努力,中国在20世纪不到一百年的时间,几乎恢复了所有祖先的荣耀。

在座的都堪称社会精英。这个社会的前进,需要我们每个人去担当、去负重前行。如果天空是黑暗的，那就摸黑生存。如果发出声音是危险的，那就保持沉默。如果自觉无力发光，那就蜷伏于墙角。但千万不要为精致的苟且而得意，更不要嘲讽那些比自己更勇敢热情推动社会前行的人们。

我们可以卑微如尘土，但绝不可扭曲如蛆虫。

我就讲这些，谢谢大家。

2017 年 9 月 17 日

资本市场的道德底线

题记：这个市场一直都存在两种投资人——正常的和猥琐的。抄底三色幼儿园的，确证无疑，属于后者。

▷ 一

三色幼儿园虐童事件爆发后，我一个朋友，因为想做空却借不到货，为了表达自己的愤怒，当晚守候在电脑前，故意频繁高买低卖。

我告诉他这么做基本没用——亏自己的钱不说，仅凭他一己之力，应该是撼动不了一群不知"道德"为何物，只是单纯嗜血的秃鹫一样的物种。

因为数据显示，11月24日美股开盘首日，三色公司虽收盘暴跌38.41%，当天成交额为1.9亿美元，换手率39.9%。第二天上涨9.42%，成交额1.15亿美元，换手率22.3%。公司上市不久，所以约75%的筹码其实是锁定的。也就是说，外面流通25%的货，这两个交易日，已经被至少易手了2次。

换句话说，除了三色公司自己组织的资金护盘以外，**必定有数量不菲的投资人参与了"抄底"**。

这个自己高买低卖的朋友如此回复我的疑问："我这么做，只是为了给自己的良心一个交代。至于那些抄底三色幼儿园的人，我不会指责他们，但遇到了，我会绕着走。"

"因为他们骨子里一定是猥琐的。他们获得的蝇头小利，最终会让所有参与其中的人都付出代价，包括他们自己。"

▷ 二

这个朋友的所做所思,其实只是对"个体恶→生态恶"的本能反应与抵抗。

按照20世纪最伟大的经济学家约瑟夫·熊彼特的观点,现代经济学至少具有两个源头——道德与政治哲学。但经济学发展到现代越来越侧重于"实证"研究,道德评判与道德说教属于价值判断范畴,所以,道德这个约束因子,除了在几个硕果仅存的社会主义国家的政治经济学教材中频频出现以外,现代主流经济学基本不研究这个问题。

首次把道德作为一个重要因子正式纳入经济学研究的,是新制度经济学派。其代表人物,诺贝尔经济学奖获得者诺思对道德的定义为:制度是为人类设计的,构造着政治、经济和社会相互关系的一系列约束,它由正式的法规(宪法、法令、产权)和非正式的约束(主要包括道德、禁忌、习惯、传统和行为规则)所组成。其中,前者(主要是法律)是划分罪与非罪,合法与违法的标准,违者将被国家机器强制性惩罚;后者(主要是道德)则主要是划分善与恶的界限,更多依靠社会舆论和人们内心的信念良知来遵守。

人类社会的有序运行,更多依靠的是不成文的道德,因为人们多数时候并不违法,但他很可能会在道德与不道德之间游走。一般而言,个体的普通不道德行为,比如在大街上吐唾沫,并不会从根本上影响整个社会的运行轨迹与方向,但如果突破道德底线,比如把唾沫吐到邻居的锅里,整个生态系统的有序平衡就一定会被打破。

换句话说,道德底线是最低限度的不成文法律,也是维系任何一个生态系统正常运转的最基本约束,是不能碰触的红线。

当整个社会生态系统愈来愈呈现"逆淘汰"机制之时——你必须更坏、更恶、更没有底线,才能胜出:不外乎就是无数个体在自以为聪明的投机中构造的大环境,最终大概率也会让我们自己埋葬自己。

▷ 三

一个朋友曾笑言:中国人是全世界唯一一个以赚钱为信仰的族群。

这意味着,赚到钱,成为衡量一个人在资本市场成功与否的唯一标志。这也意味着,所有人都容忍、认可和接受这样一条潜规则:只要赚到钱,可以无所不用其极。

这无疑是一种相当畸形的生态:如果你对赚钱——无论这个钱是该赚的,还是不该赚的——一概给予艳羡和掌声,如果你对不知怎么就赚到了很多钱的人一律毕恭毕敬地叫"老公",叫"爸爸",你就不要指责那些更有资源、更强势的人会毫无心理负担地无所不用其极,一遍一遍请君入瓮,薅你的羊毛。

中国资本市场的里通外合、尔虞我诈、作奸犯科,指数 10 年原地踏步,90%以上的投资人长期看都是亏损的。这些其实只是无数个体突破资本市场道德底线后,一种再正常不过、咎由自取的集体惩罚而已。

人在做,天在看。你有肆无忌惮突破道德底线的自由,上帝也有惩罚你的自由。

三色幼儿园这种几乎突破任何正常人心理道德极限的恶心事发生了,你还去真金白银买它的股票,你与那些施暴的"老师"有何本质区别?哪天三色公司的"爷爷医生"给你的孩子检查身体,你又有什么可以抱怨的?!

另一个离我们比较近的经典案例,是某现金贷公司赴美上市后,各路媒体开始毫不吝啬地挖掘和夸赞那些投资该公司并翻了几百倍、上千倍的投资人故事。各路风投也现身说法,不无得意地炫耀自己投资这家公司多么有眼光。而该现金贷公司创始人的"艰辛"创业过程也被挖掘出来,成了激励其他创业者的正面教材。

没有人在乎现金贷其实就是赤裸裸的高利贷,盘剥的对象是那些连信用卡都没资格开的底层艰难谋生者。也没人在意风投资金投资这种公司,是不是助纣为虐、狼狈为奸?

有些钱是能赚的,有些钱是不能赚的,这就是资本市场的道德底线。

我能接受黑社会与文明社会的共存,但必须泾渭分明,黑社会就该永远待在阴暗的角落里如同鼹鼠一样生存。人类社会的资源是有限的,我无法接受文明社会以我们的资源和阳光,去为他们输血、去为他们洗白、去为他们背书。这是我不能接受的。

也是前面我那个宁可自己亏本,也要高买低卖做空三色公司的朋友不能接受的。

(本图片为网络截图,与正文无关)

　　换句话说,这种与人类文明、人类进步背道而驰,赚着黑钱的公司,投资者既不应该花钱去买它,交易所也不应该接受它上市。这就是资本市场的底线。

　　他们合适的去处,是阳光照不到的、那些见不得人的阴暗角落。

　　一个令人欣慰的案例,是一家活熊取胆公司上市的被否:如果不坚守这条底线,那家天天捆绑活熊穿刺取胆汁的公司,就会上市成功,就会融到很多钱,就能捆绑更多的狗熊。这件事情如果发生,你觉得它与三色公司的"爷爷医生",谁比谁更恶心?

▷ 四

巴菲特每年都会给下属公司的总经理写一封信,每年都会重复这三句话:

第一句话:损失金钱事小,损失名誉事大。

"我们可以忍受损失金钱——哪怕损失很大也没关系,但是我们不能忍受损失声誉——哪怕损失很小也不行。"

第二句话:建立声誉非常慢,毁掉声誉非常快。

"要建立良好的声誉,需要二十年,但要毁掉良好的声誉,只需要五分钟。"

声誉非常脆弱,就像一块玻璃,有时一条小小的裂缝,就能毁掉整整一大块玻璃。所以巴菲特要求公司33万名员工,一定要谨言慎行,不要做任何会破坏公司声誉的事,不管是大事小事。

第三句话:不能光明正大登到报纸头版上的事,就是会破坏公司声誉的事。

所以巴菲特投资的任何企业,都绝不允许给伯克希尔·哈撒韦带来任何负面影响。

曾经美国有个堪称美股界比特币的公司——凡利亚药品国际(VRX)。这家公司用了5年半股价翻了18倍,也仅用了1年半股价蒸发了96.83%。公司的商业模式很简单,专门收购在专利保护期内或者独家品种的药,然后大幅提高药价。这种提价不是普通的提价,是毫无道德的提价,把几美元的药直接提价到几百美元,公司曾经将旗下五款产品涨价800%以上,又因为这些药必须服用,商业保险、患者不得不掏腰包。

在金融领域,榜样的力量是无穷的,既然VRX打开了"潘多拉的魔盒",自然就有人跟进,集大成者就是图灵制药,他们将一款罕见的寄生虫感染药物Daraprim涨价5 500%,其CEO Martin Shkreli给出的回应则更为直接:"我是商人,只对钱负责。"在面对一次国会质询中,Shkreli行使美国宪法赋予的第五项权利,以微笑的表情,全程一字未语,这让参会人员怒火中烧,但也无可奈何。

VRX这种玩法,给公司带来了丰厚利润,股价也5年上涨18倍,但最终这种"只顾自己赚钱,不管他人死活"的模式犯了众怒,逼得希拉里说出宣战式言语"I'm after them"。在一份竞选声明中,希拉里称"这是令人愤怒的(高药价),而这只是医药公司侵害患者利益的最新例子"。在民意和政客的双重挤压下,涨价

商人 Shkreli 接受国会质询时，经典的全程谜之微笑

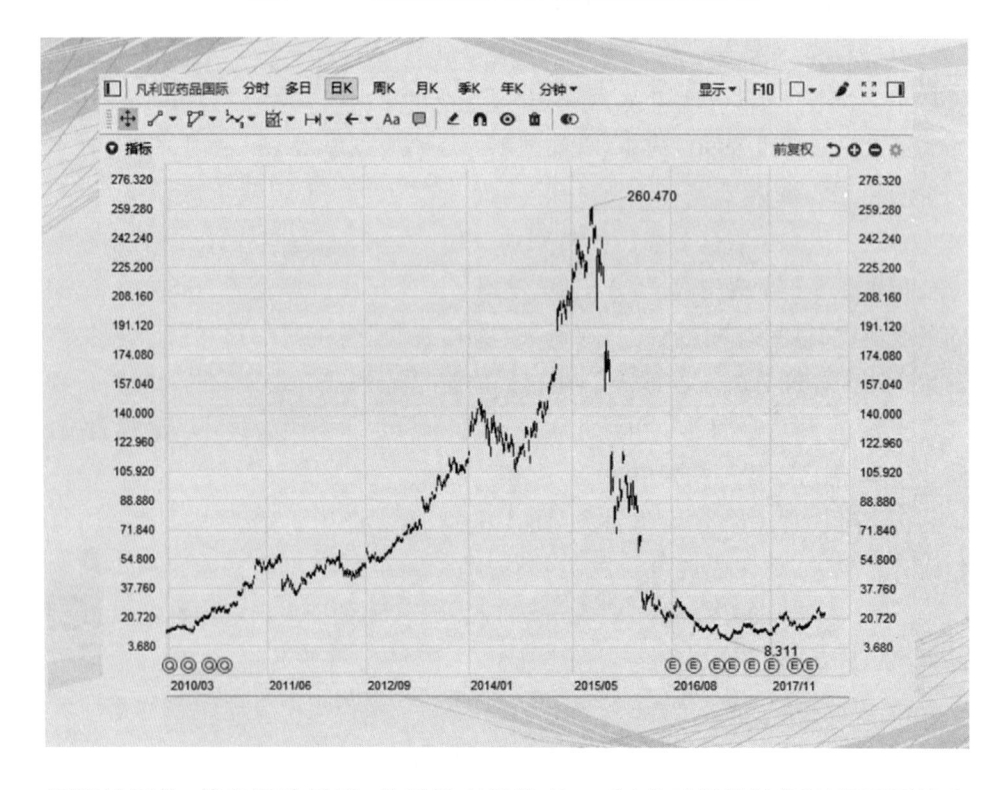

逻辑被证伪，债务风险暴露，公司被市场抛弃，一年半时间就被彻底赶回了该去的阴暗角落，股价蒸发97%。

在该公司如日中天的时候，有投资者在伯克希尔·哈撒韦股东会上问巴菲

特如何看待这公司,巴菲特的回答是:

任何买这只股票的基金经理,都应该辞职。

▷ 尾声

我相信,不出一个星期,关于三色公司的信息热度就会迅速消退,乃至消失,就像什么事都没有发生过一样。

无数研究员也会重新发出报告,告诉大家它"已渡过最艰难时候""给予买入评级"。

这个族群一直都是健忘的——哪怕今天。

偶尔突破道德底线,并不可怕。德意志民族也曾经整体变成恶魔。可怕的是,突破道德底线成为一种整体欣然默许的常态,且无纠错机制与能力。

但,我期待,至少资本市场,能够遵守必要的道德底线。我们每个人都能约束自己:任何买三色公司的基金经理,都应该辞职。

货币和资本,是人类历史上最伟大的发明之一,它如同插在人类身上的一对翅膀,极大地增加了我们配置资源的效率,放大了我们财富创造的能力。

但如果我们只是一群混蛋,我们不遵守必需的道德底线,哪怕我们赚到了再多的钱,这个世上也只是多了一群有钱的混蛋而已。

而那对翅膀,极可能带我们飞往地狱。

无知岂敢仰天,寡德何能履地。格隆谨以此句,寄语资本市场诸君。

2017 年 11 月 28 日

币圈黑洞：再不抓人，江山没了

题记：在金融投机这个问题上，人性从未改变过。泡沫总是能把人的欲望刺激到一个极致，把人的智商压制到另一个极致。

▷ 一

一哥们，人很好，但对股市真的水土不服。做股票近十年，成功把本金从数千万元做成了数百万元。

此君在2017年中一次聚会上，无比苍凉地感慨股市挣钱之不易，买股票真不是人干的活以后，从朋友圈消失了。大家以为他心灰意冷，去闭关自省，或者金盆洗手做实业去了，还一度担忧他会不会消沉，会不会想不开。

但最近他满面春风出现了，散财童子一样，低调且近乎随意地开始了风险投资：四处问谁要钱，这个创业公司丢一两亿元，那个创业公司丢一两亿元，都是真金白银。

某 ICO 白皮书里的团队介绍，懒惰到了直接百度一个老外充数

我非常清楚他过去的家底,问哪来的钱?此君甚是轻描淡写地坦诚回答:发代币发的。三个月发了两个ICO,一个募集了3亿元,一个募集了20亿元,都是短时间超募,回头我送你几个我发的币。

据说这正是国内币圈"创业公司"现在的套路:

1. 币圈ICO老司机领进门学习套路;

2. 外包技术、白皮书;

3. 找大佬站台;

4. 联系海外基金会、注册公司、律师认证等;

5. 私募;

6. 巨额交易费谈妥交易平台;

7. 打点媒体刷一波宣传;

8. 上线发币;

9. 坐庄操作价格;

10. 收割"韭菜";

11. 向境外转移财富,走向人生巅峰。

……

在聊了很长时间的币圈套路之后,此君谈了发自肺腑的疑惑:你说这个世界到底怎么了?做梦一样。我都不知道我祖上积了什么德?这都不能算抢钱了,一个胡编乱造、漏洞百出的白皮书,一堆人硬是抢着给你塞钱,拦都拦不住。

末了他很不屑地甩了我一句:搁着币圈不捞,傻子才在股市刀口舔血。

▷ 二

此君只是币圈造富神话的一个小案例。事实上,类似他这样投身(机)币圈,然后极短时间捞到中国绝大多数家族数百年也积累不起来的财富的,是一个批量的群体。

币圈造富之快,捞钱之易,在人类有据可查的商业金融史(金融诈骗史?)上,都是前无古人后无来者,绝无仅有的孤例。

福布斯近日发布了首个"虚拟货币"领域富豪榜(加密货币净资产),我们看到了瑞波 CEO、Coinbase 老大、V 神、比特币基金会创始人、BM、BB 等熟悉的身影，其中 Ripple 创始人 Chris Larsen 排名第一，以太坊联合创始人 Joseph Lubin 排名第二。

世界"虚拟货币"富豪榜

Chris Larsen	Joseph Lubin	Changpeng Zhao	Cameron & Tyler Winklevoss	Matthew Mellon
Brian Armstrong	Matthew Roszak	Anthony Di Iorio	Brock Pierce	Michael Novogratz
Brendan Blumer	Dan Larimer	Valery Vavilov	Charles Hoskinson	Brad Garlinghouse
Barry Silbert	Vitalik Buterin	Tim Draper	Song Chi-Hyung	

而有一位华人闯入了前三。出乎意料的是，此人不是发代币的"畅销书作家"李笑来，不是卖挖矿机的比特内地 CEO 吴忌寒，而是为数字货币开"交易所"的币安网 CEO 赵长鹏。

撇开福布斯数据的可靠与否，我们看到的是这样一个财富转移速度：赵长鹏这个华人程序员，从创建币安（Binance）平台到大富大贵，仅仅用了 6 个月时间！

玩币圈捞钱，不外乎以下三种主流玩法：

1. 发代币。也就是所谓的ICO,基本类似于股市的IPO,来钱快、规模大,搞定一单发行,少则几亿元,多则几十上百亿元,轻松到手。但路径长一点,过程复杂点,这是李笑来等绝大多数"币圈创业"者的玩法。

2. 卖挖矿机。这个算是给挖金矿的人卖铁锹和水,是有一定技术含量的比特币内地CEO吴忌寒等人的玩法。以目前月出货量上百万台(业内人士透露),每台毛利不低于1万元考量,月毛利几十亿元轻而易举,其聚财速度丝毫不亚于发代币。

3. 开交易所。这个不同于深交所、上交所这样官方背书并承担连带责任的交易所,目前所有的虚拟货币交易所就是民间个人自己开设的一个网站而已,无须任何人批准,开发上线,有人用,就OK,这是币安(Binance)网、火币Pro站、OKEX,和BitStar等的玩法。以赵长鹏的币安(Binance)网为例,一天24小时不间断交易，一天成交不低于 61 亿美元（据 Coinmarketcap 数据），双向不低于千分之一的手续费计，日入金也在近亿元级，这还不算每单 ICO 可观的上市费用，以及做市商费用。

无论哪种玩法，都有一个共同的特点：来钱速度，快得都堪称恐怖。

事实上，由于币圈人士的财富来得快得让他们自己都发抖和害怕，因此他们的财富绝大多数要么刻意低调隐瞒，要么转移海外，我们表面看到的，只是冰山一角。以数字货币今日总的体量以及越来越多的民间（"韭菜"）参与者（币安网每周新增数百万用户，仅在今年 1 月 10 日的 1 小时内，就有 24 万人注册，平台不得不暂时关闭注册通道），很多玩币圈的业内人士都已心照不宣默认这样一个事实：世界首富，以及中国首富，早在 2017 年底就已易主。

剔除农民起义这种"打土豪，分田地"暴力剥夺财富的非正常时段，人类史上从没在未增进整体劳动生产率，未创造新增财富的和平时期，仅仅通过存量财富的转移（诈骗），而实现整个社会阶层在如此短时间内、如此大规模的结构转换。

问题在于，从政府到民间，我们到底应该怎样看待和应对这种暴风骤雨式的财富转移与阶层转换？

请记住我在前面的文字里字斟句酌选用的那个词：财富转移。

财富转移与财富创造，两字之差，天壤之别。

▷ 三

技术本身并不可耻，这句话是被乐视送进监狱的快播 CEO 王欣说的。

这句话用在区块链上，依然成立。尽管我至今还没有完全搞懂区块链，但我相信这是一个有可能改变或者颠覆很多东西的技术架构。而技术本身并不可耻。

但如果你打着"改变人类的技术"之名，去行坑蒙拐骗之实，那就不是可不可耻的问题了，而是罪与非罪、进不进监狱的问题。

截至目前，区块链最成功的落地应用就是比特币、以太坊等数字货币。问题在于，目前 99.99% 的数字货币，都是如假包换、有去无回的骗局。

区别是不是骗局，有一个最简单的办法：只需要看这个"货币"是挖出来的，还是发出来的。

其实从技术上分析出各种Token(代币)的性质并不难。基于区块链架构以及POW(工作量证明机制)共识机制挖出来的币,例如说比特币、莱特币、以太坊等,它们具有分布式去中心化的特点,这些纯POW证明的币种,因为有矿工的参与,算力(币)越多拥有越多,财富越多,创始人自己也需要去挖才能得到币,其并未借币融钱,也没有权利改变未来的发展之路,操控它们的难度也极高。因此挖出来的币,其本质还是一个交换中介和工具。

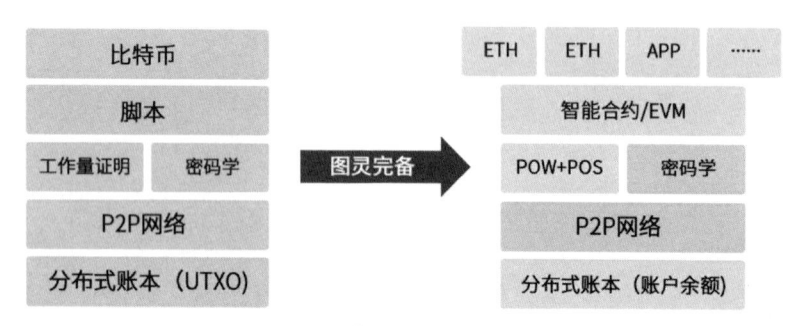

比特币		ETH	ETH	APP	……
脚本		智能合约/EVM				
工作量证明	密码学	→ 图灵完备 →	POW+POS	密码学		
P2P网络		P2P网络				
分布式账本(UTXO)		分布式账本(账户余额)				

区块链架构演变

但没有采取分布式账本的伪币(空气币)则不然。空气币的发行(ICO)与股市的IPO没有任何本质区别,币就是发币团队用来圈钱的一个工具。区别在于,股市IPO的每一股股份,对标的是上市公司业已存在的实物资产,而代币对标的"资产",只是发币团队的一个idea,或者叫空气。

如果有人说卖空气给你,你肯定骂他是神经病。于是他们换了一个叫法,不是空气,而是空气币,于是民众趋之若鹜。

区块链的核心是去中心化,但代币的发行,恰恰回到了一个中心化的发行主体。与现实世界法币的唯一不同是,法币(比如人民币、美元)是由政府暴力机器背书、中央银行发行的,而代币是由一个头脑里不知是充满了狂想主义,还是就为了赤裸裸骗钱的个人发行的。

这是一个巨大的讽刺,也是所有代币发行者(骗子)永远无法自圆其说的尴尬痛点,但这一点也不会妨碍他们一夜暴富,并心安理得地把用空气圈来的钱转移境外,大肆挥霍。

简单点说,挖出来的币(如比特币)是有其存在价值的。而但凡发出来的币,99.99%都是骗局无疑。

上周股市暴跌时，币安网 CEO 赵长鹏"颇有深意"地转发了一条推特："美国股市上周市值蒸发 1 万亿美元，这比所有虚拟货币总值还高。"赵长鹏的跟评是，"就这样还有人鼓吹'比特币是泡沫'。我觉得真正的问题是，'股市和比特币，谁才是泡沫？'"

> CZ @cz_binance · 6 feb.
> And people still ask "is bitcoin a bubble?" A better question would be: "which one is a bubble?"
>
> Bruce Fenton @brucefenton
> Last week the US stock market lost over $1 trillion...more market value than the combined market cap of all cryptocurrency in existence.
>
> ♡ 32   ↻ 288   ♥ 653

赵长鹏其实误解了市场的意思：至少于 99％的空气代币而言，它们是无权叫泡沫的。

换句话说，有实体资产对标的股票，估值过分时能叫泡沫。根本没有实体资产对标的空气代币，与泡不泡沫已无关，而是骗局。

▷ 四

既然是再明显不过的骗局，为何还有这么多人自愿入瓮？

无它，无恒产者无恒心，在中国这样一个历史上财富创造、分配与继承机制堪称扭曲的大环境里，所有国人都习惯了走简单粗暴的捷径获取短期财富，坑蒙拐骗是比较受青睐的。

大家都在骗，不参与就完全没机会。

更何况还有比特币这种 7 年 655 万倍的惊世骇俗涨幅案例摆在面前，穷怕了的国人被刺激得嗷嗷叫是必然的。

至于比特币会不会一个月跌去 60％，则不在他们考虑范围之内了。认赌服输，万一运气好，赢了呢？

> 2010年5月22日，程序员Laszlo Hanyecz，同意付给一个英国人10000比特币，让他帮忙从当地订一份比萨。作为证据，Laszlo上传照片到比特币论坛，真实世界首个比特币交易由此诞生。当时1比特币价值约为0.003美分。2017年12月16日，比特币最高价为19665.29美元，这期间累计涨幅为655.5万倍。

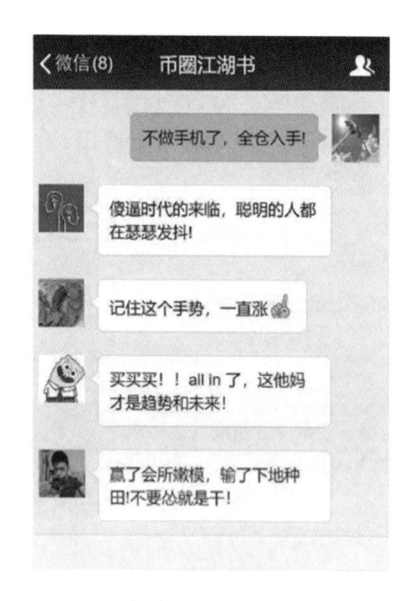

问题在于,"韭菜"可以这么想,但这事,对一个国家、一个社会,到底意味着什么?

人类历史上,金融骗局多了去了。1637年的郁金香狂热、1720年的南海泡沫、近在眼前的P2P骗局……这与人性的贪婪有关,随他去吧。抓人之说,过了。

但如果不抓人,整个江山没了呢?

这绝非危言耸听,而是基于代币的几个基本特征:

1. 99.99%的代币是集资骗局无疑。因为它并不创造新财富,只是实现了对存量财富的掠夺与转移。

2. 这种存量财富的转移,其规模与速度,都远超P2P这样的"小儿科"。ICO抢钱者汹涌而入,国内几个大一点的"交易所"排队等着上市的代币高达数千个,一个大一点的"交易所"日手续费圈钱也可轻松过亿元,而所谓的"币圈一天,人间一年"。

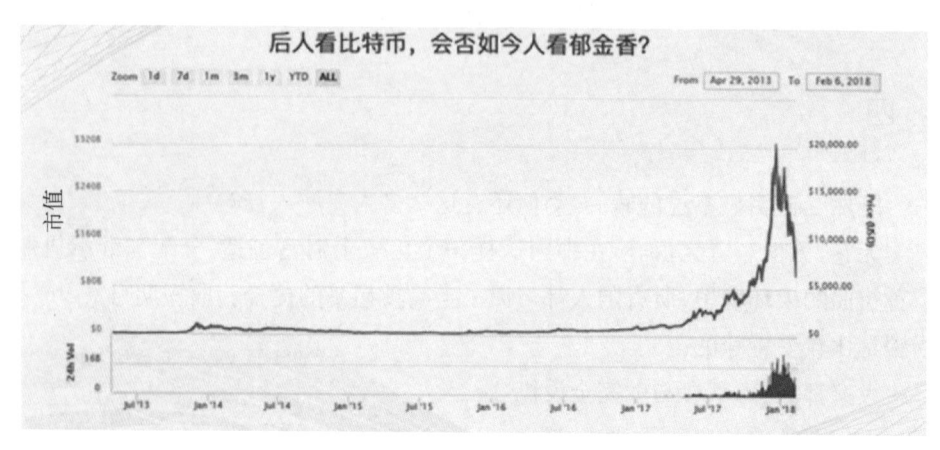

比特币走势图

3. 绝大多数这些被轻松转移(掠夺)而来的存量财富,将一去不回。没有几个ICO的人是真想去做什么实业的,要么被转移出境,要么被无效挥霍。

对任何一个国家而言,财富和资本的积累都是艰难的,而代币的以上特征,对国家而言,就是一个巨大的资本吞噬黑洞,且流失速度以天计、以小时计。

1. 如果ICO圈的钱来自实业或者富人,则直接侵蚀实体资产负债表,减少整个社会的投资额。

2. 如果ICO圈的钱来自"韭菜"或者穷人,则直接破坏居民资产负债表,减少整个社会的消费额。

这种资本吞噬黑洞,将悄无声息、大规模、高速度、不可逆地持续抽走社会的总需求。这对转型举步维艰、脚步踉跄的中国经济,是不可承受之重。如果置之不理,完全可能把中国这艘本就千疮百孔的大船拖入黑暗的深渊。

好在监管层已经有所动作。2017年9月4日,监管将ICO直接定性为"非法公开融资行为",并正式叫停。ICO落荒而逃,很多项目不得不退币清场。但ICO产业链迅速从国内腾挪至国外,甚至发展得比原先"更好",本是出海渡劫的ICO却"飞升"上仙。没有了监管的大锤,参与者走向一个更加自由,也更加疯狂的世界。代投跑路,平台监守自盗,没有节操的甚至直接坐庄……鱼龙混杂的交易所、发币机构换上新马甲,继续大发其财,代币滥发和诈骗混杂其中,私募代投行为开始在QQ群、微信群和朋友圈上演,圈内稍有影响的带头大哥,受某个币种所在团队的请托,只需拉个微信群,就能"对韭当割",原来公募占80%份额、私募占20%的ICO,出海之后结构颠倒,多数项目私募达到了80%的比例,而这些私募对象,相当多仍是中国人……

换汤不换药!

人性是经不住考验的,人类投机的疯狂是没有上限的,通过炒作的造富效应在全球引起的ICO狂热,已经开始蔓延到很多跟区块链原本没有任何关系的企业和家庭。他们并不懂区块链到底能做什么,但他们看到了代币也许能让自己一夜暴富。这样的泡沫和骗局已经越吹越大,卷入的家庭越来越多,民智不达,传销不止,没有监管的打击,不敢想象会是怎样的光景。

更关键的是,这会影响主权权威,侵蚀整个传统金融架构。

一个国家,货币权、经济权是国之根本!

空气代币市场的混乱,必然冲击现有的证券市场构架与制度设计。如果放任其发展,下一步会衍生出令人眼花缭乱的金融品种与交易市场,将很快颠覆几乎主权货币具有的所有交易市场与品种制度设计框架。

如果不加以监管,这无疑是悬在国家主权上的达摩克利斯之剑,放任其在海外的发展,等同于将国家的经济主权拱手让人,这和将守卫我们故土家园的军队送与乱匪并无二致。

1949年7月,陈云来到中国最大的工商业城市:上海。这是当时投机风潮最猖獗和经济困难最大的城市。上海经济形势的稳定与否,对全国的影响极大。

陈云的指导思想之一便是:用政治观点来观察和解决财经问题。随后上海市公安局长李士英率领200多名干警,联合上海警备司令部逮捕了238人,给破坏金融的非法活动者以一拳重击。上海迅速大治。

这轮借代币ICO疯狂分钱的闹剧,与疯狂设局的人扮演的角色密不可分,擒贼先擒王!率先设局的人应该在局终之际率先付出代价,而不是于骗局之外,逍遥法外。

借用雷布斯的话:少一些胡来的人,大家都可以专心做事。

▷ 尾声

马斯克的火箭壮举,犹如十月革命一声炮响,惊醒了装睡的中国人。

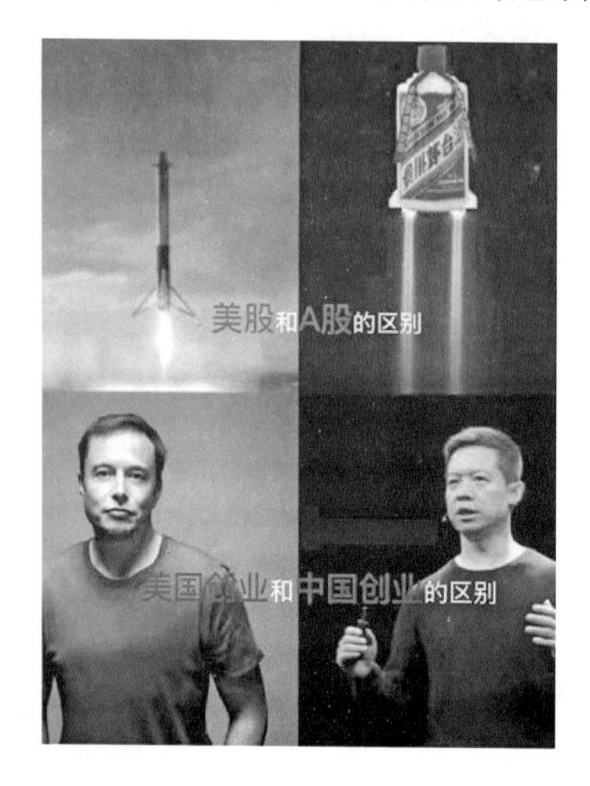

喊了百年的口号"落后就要挨打",如今拿出来也不过时。

中华复兴靠的不可能是疯狂的代币骗局,更不可能靠茅台和房地产。如果时代回避不了泡沫,就把它吹在科技、实业上吧,泡沫破灭后,哪怕出一家伟大的企业都值。

重复一下标题的提醒:再不抓人,江山没了!

2018 年 2 月 11 日

中美贸易争端："战争"与"和平"

▷ 一

美国时间 5 月 13 日，推特治国的特朗普发布推文：

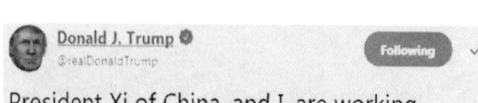

推文翻译成中文，核心思想，四个大字：放生中兴。

作为一种显然的默契，5 月 14 日下午，中国外交部发言人表示，应美国政府邀请，习近平主席特使、中共中央政治局委员、国务院副总理、中美全面经济对话中方牵头人刘鹤，将于 5 月 15 日至 19 日赴美访问。届时，刘鹤将同美国财政部长姆努钦率领的美方经济团队，继续就两国经贸问题进行磋商。

棋盘上两个对手的实力差距并没有想象的那样大。美国并无一招制敌的决心和能力，中国也无玉石俱焚的冲动与必要。

光靠金钱，买不来和平；光靠战争，更换不来和平。

▷ 二

无人否认，自从不按常理出牌的特朗普就任以来，这个世界已经进入一个标准的乱世！山雨已来，狂风满楼。无论欧洲、美洲，还是亚洲，都开始生活在莫名的恐惧与愤怒中。没有人知道会去往哪里，包括战栗的股市。

乱世，都或多或少与"那个老流氓"特朗普有关。

"那个老流氓"本是 NBA 超级巨星乔丹独享的一个尊称。乔丹无视一切常规防守、蔑视一切常规挑战，与人对垒时，技术动作简明，招法诡异且环环相扣，人挡杀人、佛挡杀佛，基本是无解，专治各种不服，从而独享"那个老流氓"的荣誉称号。

特朗普不是乔丹，但从不按常规的做派与效果上，确实雷同。

特朗普上任之初，所有人都把他以及他的诸多竞选承诺当作笑话。但上任两年，减税、废医保、驱非法移民、惩福利诈骗、迁驻以色列大使、点射叙利亚独裁政府、震慑鑫胖，迫其承诺停止核试验并启动改革开放、轰击第二大国贸易壁垒、处罚知识产权盗窃，招招辛辣实在，实非夸夸其谈的政客如奥巴马、希拉里之流能望其项背的。

特朗普的执政模型与他的从商逻辑一样简单粗暴：世界或许乱了，但至少，美国赢了。

我一直说，相较于几乎手手打"生死劫"的初段棋手，特朗普是个如假包换的高段位职业棋手：他经常下出一些常人眼里很随意的"无理手"，但若干手后，却发现其实没有一手是"随意手"，全是实招，且每手之间，钩稽关系清晰，并赫然毗连成势。

而围棋的胜败，恰恰就取决于"势"。

特朗普掀起的中美贸易争端，特别之处是时点的选择：他选择了我们经济需求三驾马车"投资＋消费＋净出口"三去其二的时候。

此时再发起贸易争端，掐住净出口这唯一抓手，胜算无疑会大很多。

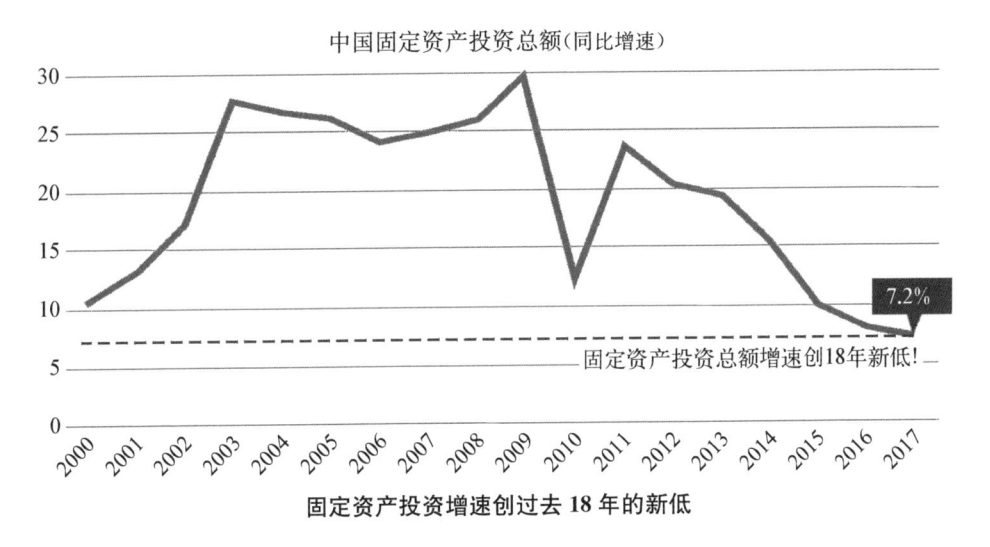

中国固定资产投资总额（同比增速）

7.2%

固定资产投资总额增速创18年新低！

固定资产投资增速创过去18年的新低

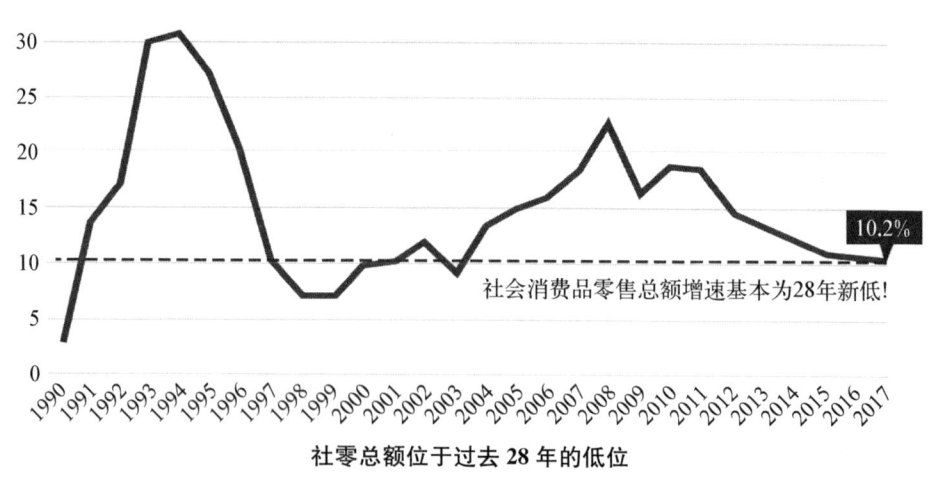

中国社会消费品零售总额（同比增速）

社会消费品零售总额增速基本为28年新低！ 10.2%

社零总额位于过去 28 年的低位

但饶是如此，特朗普其实也并无必胜的把握。从某种程度上看，特朗普的招数，甚至堪称一场"豪赌"。

因为华盛顿这个地球村最有余粮的地主，其实家底也捉襟见肘。

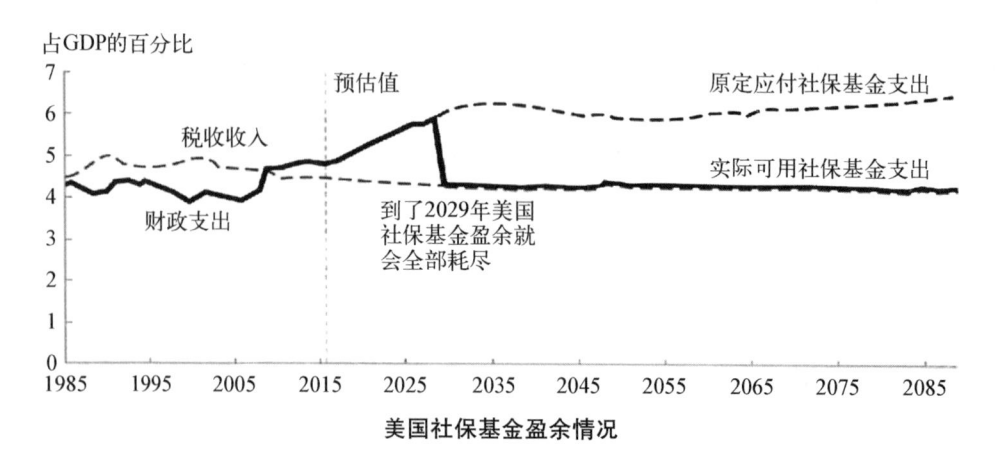

占GDP的百分比

预估值

原定应付社保基金支出

税收收入

实际可用社保基金支出

财政支出

到了2029年美国社保基金盈余就会全部耗尽

美国社保基金盈余情况

上面这张图非常重要，它来自美国国会预算司，基本结论很清晰：按照目前的财政支出与税收差额趋势，最迟到 2029 年，克林顿时期好不容易积累下来的社保基金盈余就将全部耗尽，整个社会福利将断崖式下跌——没有哪个美国总统能扛得住这个现实，要知道，美国人是可以买枪，且可以上街的。

按照美国官方数据，政府财政赤字率大数是在 3 个点左右，但这其实并未考虑特朗普的减税、基建等。如果考虑减税与基建,哪怕将美国海外八千多亿美元的现金全部回流,华盛顿的赤字率也绝不会低于5%。

就是在这种囊中羞涩的情形下,特朗普依然选择了大幅减税,同时与最大贸易对手开打贸易战。

这种本应填坑却逆向挖坑的玩法近乎疯狂,但也并非毫无逻辑:商人特朗普非常清楚,经过了全球央行长期QE吹泡泡的舒适期后,过往共同做大蛋糕,然后遵循各自惯常比例分配的盈利模式已基本没有太多空间。收货币如同空气压缩,无论穷人富人,在越来越狭窄的空间里必须要靠肌肉与拳脚来挤压对手的空间,以邻为壑乃至损人利己,明里暗里打砸抢会是当下最主流和有效的盈利模式。

特朗普在进行一场赌博,赌博的目标是双重的:

1. 美国"great again";
2. 重新拉大追赶者与自身的距离。

赌注则是世界暂时的混乱。

这个盈利模式的成立,需要一个最基本的条件:必须有一个足够体量的对手为之埋单。

所以,棋手特朗普这次确定是玩真的,且会后手不断,一直打下去,直到拿到足够他填坑的物料为止。

所有民粹主义的赤膊上阵、白刀子进红刀子出,对战到底,或者小清新主义的梦想和鼓吹太平盛世、贸易战是暂时的争吵的言论和判断,大概率都是自己在给自己挖坑。

好在,特朗普并无必胜把握,更不是一个街头砍杀的小流氓。

所以他不会ALL IN去搏命。作为一个其实足够理智的高段位棋手,他会适可而止,寻找一个与彼此实力最匹配的姿势。

在围棋里,这个姿势有个专业名词,叫双活。

▷ 三

在围棋里,有两个或两个以上真眼(注意:必须是真眼,不能是假眼)的棋,即为不能提取的净活棋。《应氏围棋规则》则规定:"死活有歧见应以'提取'证明之,提取为死子,不提取为活子。"

事实上,以上两个概括都没有阐明围棋死活的魅力。

实战中,围棋的死活并非你死我活那种绝对的极端。围棋的活法有很多种,有完全无须仰人鼻息的两眼净活,有靠一个你提来我提去的劫死死撑住的打劫活,但最具魅力的,则是双方谁也不能轻举妄动,最后你中有我、我中有你的双活。

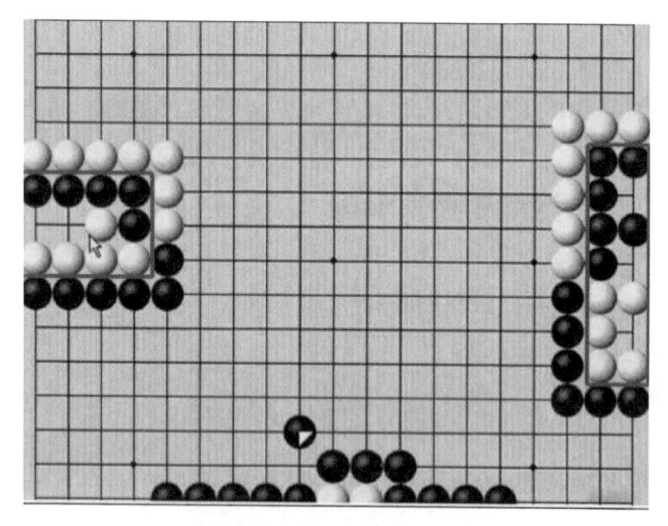

以上框里的黑白棋,均为双活

我上一个实战图,不熟悉围棋的朋友可以跳过此处。

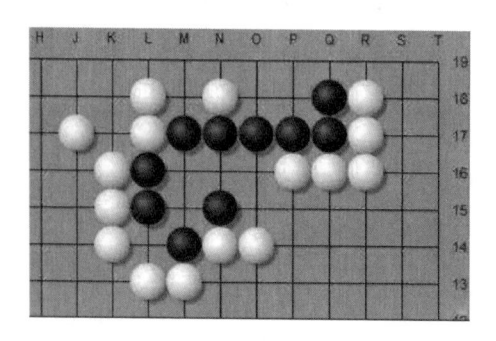

以上,白棋势大,黑棋被团团围住,白先,黑必死无疑。如果黑先,白最猛烈又最合理的攻击该如何进行?黑又该如何正确应对?

答案并不复杂:黑1冲,白2长最强,对此黑3一路夹是生死一招!白4～

8破掉黑下方眼位,黑9必须隐忍,冷静立,白10长必然,黑11隐忍再立后,黑成功做出双活。

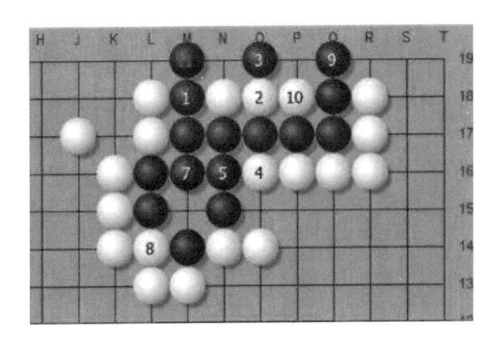

在这个过程里,强势白方的攻击策略非常简单:利用黑方可能的应对错误,能杀死黑棋最好,不能,则最大程度破坏和分享黑方的实空。逼黑方走成共活,是占空最大的最优攻击。

对于黑方,在对攻过程里,哪怕有最丝毫的小清新梦想,或者意气用事的比肌肉、掰手腕赤膊硬上,最后都可能全军覆没,所有黑子从棋盘上被提走。

如果把当下的乱世博弈看作一个棋盘,特朗普虽势大,四处出击,但其实既无实力,也无可能把所有竞争对手从棋盘上拿掉。

生意人特朗普要的并不是整个棋盘,而是实空。

但如果竞争对手应对不当,下出无理手,则另当别论了。

▷ 四

公元1004年,干支纪元为甲辰,在大宋王朝,这一年是景德元年,属龙。

这是大宋王朝319年时光中的第44个年头,也是其第三位皇帝宋真宗登基的第6个年头。沙漏里滴下的日子,如常地向前行进,斗转星移,波澜不惊。假如没有什么意外,新的一年也将很快翻过,淹埋在流沙般的时间碎片中,无影无踪,无从找寻。

但不是!所有的意外,以一场北方强邻"以打促和"的战争开始。

景德元年九月,32岁的辽国皇帝耶律隆绪与当权人物萧太后、统军大将萧挞凛突然率20万契丹精兵铁骑倾巢南犯,一路高歌猛进,跨越大宋数十州县,兵锋直抵黄河北岸的澶州（今河南濮阳），距北宋都城汴梁（今河南开封）仅一河之隔。澶州在，大宋在；澶州有失，大宋便危如累卵。迫不得已，当年11月，宋真宗御驾亲征。皇帝车驾从京城汴梁出发，直驱澶州，迎击辽军。

在此之前，从公元979年（太平兴国四年）宋太宗北伐幽蓟算起，一直到宋真宗景德元年，宋、辽两国处于敌对战争的状态已经持续了26年，绵延不断的战火、纠缠不已的争斗、短兵相接的厮杀，尽管宋与辽的战争，陈师道在《后山谈丛》记载：一共打过大小九九八十一战，只有张齐贤太原战役取得一次胜利，其他均以失败告终，但战争局面其实始终维持在僵持的局面——宋朝无力收复燕云十六州这片汉唐故土，辽国打家劫舍的侵扰也始终无法大规模蚕食宋朝的领地。

但胶着中的战争，像一条绷得很紧却早已失去弹性的皮筋，每年数百十万、甚至数百上千万的军费开支让宋朝疲于奔命，而辽国靡费生命的打家劫舍，真正所获也寥寥无几，军民厌战，是以才有了这次"以打促和"的南征。

历史如同一幅气势浩荡的画卷，它的可圈可点，在于一往无前、无私无畏的生动笔墨，更在于那些波诡云谲的怪笔、柳暗花明的曲笔、旁逸斜出的神笔，它们突如其来，却酣畅淋漓。

两军对垒一日，有一个叫作张瑰的宋军军士正守着一张床子弩监视前方阵地。忽然，辽军大营里走出几个将官巡视战场，他们交头接耳，这群人中有一个穿黄袍的将军指手画脚，气势不凡，张瑰调整好床子弩的方向毫不犹豫地对准此人。要是在平时，将士行动必须请示，然而，张瑰听说御驾亲征，精神振奋，顾虑全消，瞄准对象，奋力一扳开关，"嗖嗖"几声，数箭齐发，辽军将官顿时倒下几个，黄袍将军也在其中。事后得知，这个黄袍将军，恰是辽军统帅萧挞凛，他被射中头部，当晚便死去了。辽军未战，先丧大将，士气大挫。

历史就这样迎来了这个看似鬼使神差其实必然的中华民族命运的转折关头：这场战争以宏大背景开始——宋辽两国最高统治者挂帅出征，以戏剧性效果结束——辽军统帅萧挞凛偶然被北宋床子弩射死，然后旋即以"澶渊之盟"握手言和，不仅避免了大规模死伤性战争的历史悲剧，更为中华民族赢来了长达116年的宝贵和平。

宋辽两国最高统治者在澶渊的军政决策，不仅是一场折射民族生存之"法"的争战，更是一份折射历史发展之"道"的盟约。化干戈为玉帛，这是中华民族史上鲜见的政治智慧与政治妥协——正是在这一历史拐点上，大宋王朝完成了它神秘而神奇的命运签注,中华民族也学会了什么是亢龙有悔、什么是飞龙在天。

对于北宋来说,"澶渊之盟"是个完全平等的合约,"两国结为兄弟之邦,辽圣宗尊宋真宗为兄,宋真宗尊萧太后为叔母",微不足道的岁币换得北宋幽燕地区的和平,可以将主要的精力实力放在内政建设和西北的战事上(西夏)。对于辽国来说也是一个很合适的条约,当时的辽内部暗流涌动,及时从南方宋政权的纠缠中脱身是明智之举。

岁币银10万两、绢20万匹和迁都比起来,代价简直不值一提(当时宋年收入1亿两以上,而宋当时一场中等规模的战事所耗费的军费就高达3 000万两以上),而历史走向证明一切:**此战之后,北宋迈向巅峰**。

一个世纪后,文学家苏辙写道,澶渊之盟"稍以金帛啖之,虏(辽)欣然听命,岁遣使介,修邻国之好,逮今百数十年,而北边之民不识干戈,**此汉唐之盛所未有也**"。

北宋盛况之清明上河图

盟约结成后,"生育繁息,牛羊被野,戴白之人,不识干戈"。

这才是大智慧。

▷ 尾声

回到我们文首的那句话:光靠金钱,买不来和平;光靠战争,更换不来和平。

当今世界,没有任何人有吞下对手、垄断整个棋盘的魄力与能力。作为职业棋手，需要的是知己知彼、审时度势，珍惜每一次下子的机会，能战则战，不能战则逼和，方是博弈大智慧。

但如果我们自己频繁下出无理手，就真的不能怨棋盘太小，或者对手棋风霸道强悍了。

2018 年 5 月 15 日